培文通识
大讲堂

The Wisdom of Law
名案中的法律智慧

徐爱国 著

北京大学出版社
PEKING UNIVERSITY PRESS

图书在版编目(CIP)数据

名案中的法律智慧/徐爱国著.—北京：北京大学出版社，2016.4
（培文通识大讲堂）
ISBN 978-7-301-26575-8

Ⅰ.①名…　Ⅱ.①徐…　Ⅲ.①案例－汇编－英国　②案例－汇编－美国
Ⅳ.①D956.109②D971.209

中国版本图书馆CIP数据核字（2015）第284625号

书　　　名	名案中的法律智慧 Ming'an zhong de Falü Zhihui
著作责任者	徐爱国　著
责任编辑	黄敏劼
标准书号	ISBN 978-7-301-26575-8
出版发行	北京大学出版社
地　　　址	北京市海淀区成府路205号　100871
网　　　址	http://www.pup.cn　新浪微博：@北京大学出版社 @培文图书
电子信箱	pkupw@qq.com
电　　　话	邮购部 62752015　发行部 62750672　编辑部 62750883
印　刷　者	天津联城印刷有限公司
经　销　者	新华书店
	660毫米×960毫米　16开本　26.25印张　339千字 2016年4月第1版　2021年12月第4次印刷
定　　　价	68.00元

未经许可，不得以任何方式复制或抄袭本书之部分或全部内容。
版权所有，侵权必究
举报电话：010-62752024　电子信箱：fd@pup.pku.edu.cn
图书如有印装质量问题，请与出版部联系，电话：010-62756370

法律离我们有多远？（代序）

先看两条法律条文：

第218条　倘医生以青铜刀为自由民施行严重的手术，而致此自由民于死，或以青铜刀割自由民之眼疮，而毁损自由民之眼，则彼应断指。

第823条　因故意或者过失不法侵害他人生命、身体、健康、自由、所有权或者其他权利者，对他人因此而产生的损害负赔偿义务。

前一条法律出自3800年前的《汉谟拉比法典》，后一条出自1900年的《德国民法典》；前者被认为是迄今为止可查的最古老的法典，它是古代法律的典范，后者被认为是现代西方最成熟的法典，它是现代民法典的楷模。两个法典之间，相距近三千年。在这三千年的历史中，人类的法律制度伴随着人类的演化也发生了诸多的变化。上述第218条给我们提供了一幅法律画卷：一个医生手术不成功，导致病人的死亡或者伤害，他因为他的行为而失去了他的手指；上述第823条给我们提供了一个法律的权威，一个威严的尊者命令对有过错的人实施惩罚。法律画卷给我们的是生动、具体和生活化的法律形象，而法律权威给我们的是概念、抽象和职业化的法律形象。法律由具体的个案发展成抽象的规则，被认为是法律的一种"进化"。法律的这种演化带给我们一些积极的东西，同时也失去了一些鲜活的东西。法律的抽象化、规则化和职业化，使得法律的从业者可以从法律的一般原则推演出法律的特殊性，他可以不管具体案件之间千差万别的事实而适用法律、决定案件当事人之间的权利和义务；同时，这种"科学"的法律学也使得法律远离了社会生活，法律的知识被少数"社会精英"所垄断，法律运作的主体不再是社会中活生生的人，而是高高在上的立法者和法官，以及法律的其他附属职业者。这种演化是一种进步？还是一种退步？与之相关的问题则是：法律应该距离生活多远？

中国原本也有自己法律传统，可惜在清末的时候中断了。我们的老祖宗们"不小心"抄袭了日本的法典，而那个日本的法典又是"不小心"复制德国法典的产物。这样一来，我们现在的法律既没有中国社会生活的根基，也没有日本或者德国法典内在于东洋或西洋社会生活的根基。法官们学的是西方的法典，用的是西方传统的法典，而他要处理的又是中国社会本身的问题，在人类共同的问题上，适用西方法律规则是没有问题的，而在东西方有差异性的地方，法律职业者们用西方的法律理念处理中国的问题，无益于中国的社会，同时他们又没有真正弄清西方法律理论所依赖的西方社会生活，也曲解了西方社会。中国学习西方法律已经成为一种事实，"西方法律制度中国本土化"只是学者们的良好愿望，法律制度的趋同化与民族法律个性的丧失，则是法律发展的一般模式。在这个前提下，我们的工作不仅仅是要提倡建设中国特色的法治，更重要的是：我们要弄清西方传统法律如何在西方社会中发生？这也是本书的一个出发点，这就是：从西方社会的生活中去发现西方法律规则的含义。将法律规则与社会生活联系起来，最后形成法律规则体系最典型的法律制度，应该是英国和美国的法律制度，拿专业术语来说，就是英美法系的判例法。本书的内容就是对英美判例的介绍、解读和评论。就每个案件而言，双方当事人之间发生了法律的纠纷，就是一个法律的事件，每个事件都是紧张的、冲突的、微妙的，甚至是带有个人隐私的，从而也是具有社会价值及新闻价值的，每个事件都可以上大报的头版头条。当事人到了法院，法官们就会提出解决问题的若干方案，每种方案都具有法官们的法律理由，法律理由的浓缩就形成了法律的规则。这种法律规则决定了当事人法律上的命运，同时也指导着普通大众在相同或者相似事件中将来的行为，因为法律的规则指引着法律行为的预期结果。与此相一致，我对每个案件的表达分为三个部分，其一是对案件事实的描述，具有好奇心的读者也许会找到他们所需要的东西；其二是对法官所形成或者适用的法律规则的解读，对法律智慧有兴趣的读者会感受到法律智慧的愉悦；其三是对案件进行形而上的评论，喜欢刨根问底的读者可以发现进一步思考的线索。

选入本书的案件，基本上分为三类，第一类可以称为 leading case，一个案件代表了一种新的诉讼形式和诉讼规则；第二类可以称之为 principal case，每一个案件都可以入选法学院的教科书，第三类可以称为 famous case，每个案件都可以成为大众讨论的话题。为了方便起见，本书统称之为"名案"。

如果读完本书后，你有如下的感叹之一，那么我就觉得这本书没有白写：

这本书很好玩，案件很有趣。

法官的分析很精辟，我知道了在何种案件中应该如何处理。

读懂这本书其实不容易，不过，在折磨自己大脑的时候却颇有收获。

哈哈，法律原来是这样，它离我们的生活并不遥远啊！

目录

- 001　法律离我们有多远？（代序）

- 001　"杀了你，还是阉了你？"
- 005　语言威胁与侵权行为
- 008　精神病人的侵权责任
- 012　老师打学生
- 016　五岁儿童承担侵权责任吗？
- 020　儿子告老子
- 024　商家有没有权利搜顾客的身？
- 028　自愿行为与剥夺人身自由
- 032　精神创伤和法律赔偿
- 036　陪伴损失与赔偿
- 040　都是误诊惹的祸
- 044　隐私权的法律保护
- 048　一个男人和三个女人的故事
- 052　私有财产和公共权力的豁免
- 056　生命的价值高于财产的利益
- 060　平安夜里的大火

064	"上帝的意志"与人的行为
068	连带责任和分别责任
072	"自愿承担风险"
076	侵权行为赔偿的计算
080	啤酒里的蜗牛
084	适当注意与不可预料
088	"酒吧里的枪声"
092	不维修道路者的责任
096	紧急状态下的过失标准
100	直接的因果关系
104	"薄薄的鸡蛋壳"规则
108	"可预见的损害"
112	"因果关系链的中断"
116	法律上的因果关系
120	牛奶里的虹鳟鱼
124	我是谁？
128	"不当出生"的侵权行为诉讼
132	死亡者的诉讼权利
136	三个酒鬼的故事
140	"与有过失"与"比较过失"
143	比较过失的经济分析
147	法律上的成本与效益

151	大楼里的枪击案
155	助人为乐的侵权结果
159	违法行为与漠视行为
163	卖酒者的责任
167	"多拔了我16颗牙！"
171	"丧失了生存的机会"
175	医生保守秘密的界限
179	"合理信赖义务"
183	病人殴打护士
187	"病人的知情权"
191	"违反了信赖的义务"
195	"打发病人"的法律责任
199	地方标准与国家标准
203	"专家的过失标准"
207	言论自由与名誉损害的较量
210	私人名誉权与名人名誉权的区别保护
214	名誉损害案件中的特免权
218	间接诽谤的名誉损害
222	恶意诉讼的侵权行为责任
226	"以宪法的名义！"
230	正当法律程序与侵权行为
234	政府机关的侵权和豁免

238	政府官员的侵权责任及其豁免
242	联邦的权威与州的权威
246	"咱们工人有力量"
250	罢工与侵权
254	占大便宜的夫妇
258	欺诈与不实陈述
262	未履行诺言是否承担责任？
266	法律上的相互关系
270	违约和侵权
274	引诱违约的侵权行为责任
278	挖人才与引诱违约
282	妨碍预期经济利益的侵权行为责任
286	窃取商业信息与经济侵权行为
290	商业秘密的法律保护
294	模仿外观设计的法律责任
298	电脑软件的法律保护
302	通用名称与商标
306	通用名称的第二重含义
310	谁对消防队员人身安全负责？
314	工伤意外事故及其赔偿
318	飞机失事与举证责任
322	"开脱责任条款"的法律效力
326	"成文法的规定和普通法的规则"

- 330　房东与房客
- 334　房主对来访客人的侵权责任
- 338　商家对顾客的安全保障义务
- 342　倒霉的老爷车赛手
- 346　健康优先还是财富优先？
- 350　不实陈述的严格责任
- 354　法律上的披露义务
- 358　虚假许诺的责任界限
- 362　有错没错都得赔
- 366　瑕疵产品的侵权责任
- 370　产品责任的抗辩理由
- 374　制造商的过失与严格责任
- 378　服务性行业的严格责任
- 382　血液制品瑕疵的责任性质
- 386　雇主的替代责任
- 390　"用人不慎的代价"
- 394　"借用人员规则"
- 398　"非代理责任"
- 402　"我为老板而抽烟"

405　结　语

"杀了你,还是阉了你?"

事件发生在1975年美国的北卡罗来纳州。本案原告是一位31岁的男子,他与被告的女儿同居,一同酗酒、吸大麻。被告的女儿是一个17岁的中学生。经过长期的准备,被告于那年的4月2日终于将原告骗到了该州某县的郊外。确定了原告的身份后,被告掏出手枪对着原告的眼睛咆哮:"你小子终于出来了。"四个面戴滑雪罩、手持警棍的男人从后面冲向了原告,将原告打成半休克状态。他们将原告铐在农用机械上,继续用警棍打他。被告挥舞着一把刀,剪掉原告的头发,威胁着要将原告阉割掉。在4到5轮的抽打间隙,当着原告的面,被告和打手们商量要用投票的方式决定:是将原告杀死,还是把他阉割掉?大约2个小时后,他们达成了一致的意见,并停止抽打原告。被告告诉原告:回家,从家里的墙上拔掉电话,收拾好自己的衣服,离开北卡罗来纳州;否则就杀死他。原告获释。

原告于1978年3月31日提起了诉讼,指控被告的行为造成了他精神的痛苦。他说,由于被告的行为,他遭受了"严重的和永久的心理和情感之创伤,他的神经和神经系统也遭到了实际的损害"。他说他不能够入睡,总担心被杀,并且慢性腹泻、牙龈不适,不能够有效地工作,每个月都损失1000美元的收入。原告没有提起殴打和威胁的诉讼,因为这两种诉讼的诉讼时效是1年。当原告提出诉讼的时候,与案件发生的时间已相去近三年。鉴于精神赔偿诉讼的时效是3年,原告提起精神损害的诉讼请求。初审法院和上诉审法院作出有利于被告的判决，原告上诉到了北卡罗来纳州最高法院。

　　易克休姆大法官认为，本案件是基于殴打和威胁的精神损害案件。他认为，在北卡罗来纳州，殴打和威胁遵循普通法的原则。威胁是指对一个人作出暴力的表示但是并不打他，而殴打是指将这种威胁付诸打击的行动。殴打诉讼所保护的利益是：未得到允许，身体不受暴力故意侵犯的自由；威胁诉讼所保护的利益是：免受伤害或者攻击之恐惧的自由。法官说，对于殴打和威胁，北卡罗来纳州和美国《法律重述·侵权法》的解释是一致的。在威胁的侵权行为方面，要使一个人承担威胁的侵权行为责任，就要求他使另外一个人处于"即刻"被打的恐惧之中。言辞本身不足以构成威胁，只有伴随其他行为或者条件、使他人有理由感到受伤害或者攻击恐惧的时候，言辞者才承担威胁的责任。法官进一步援引法律重述的解释说，"仅仅有言辞不构成威胁，必须有公开的行为"。威胁可能导致精神的伤害，但是这里的利益发生了变化，精神赔偿诉讼所保护的利益是免受情感痛苦的自由。比如，A是一个果断而且做事不计后果的人，他在一个漆黑的夜晚威胁在偏僻之处将B半道扔下，那么A对B不承担威胁的责任，而应该因其粗暴和轻率的行为承担精神损害的责任。法官还引用了侵权行为法教授普洛塞的看法，得出的结论是：被告将来如何如何的恫吓，不产生威胁的侵权行为责任，而是故意导致他人的精神创伤。

　　大法官回到本案件的事实，他说，殴击原告的身体和剪掉他的头发，构成殴打的侵权行为；恫吓阉割和杀掉，结果使原告感到即刻受伤害和攻击的恐惧，这构成威胁的侵权行为。但是，因为成文法规定了这两种侵权行为诉讼的时限为一年，所以原告受到的身体和心理伤害将得不到补偿。另外一个方面，被告威胁原告，让他回家，从家里的墙上拔掉电话，收拾好自己的衣服，离开该州，否则就杀死他。法官说，这是一种对将来的威胁，而不是一种即刻的威胁。这种威胁不再属于对人身不法侵害的恫吓,而是导致他人精神伤害的威胁。而这种威胁是可以提起诉讼的,这是一种故意导致他人精神创伤的诉讼。

最后,大法官部分维持、部分修改了下级法院的裁定。大法官认为下级法院的错误是:认定被告的威胁不是即刻的威胁,从而不构成对人身不法侵害。他认为,对这一点要予以修改并发回重审,原告可以提起精神赔偿的诉讼。*

本书开篇选取了这个案件,原因很多,其一,趣味性;其二,法律与道德的冲突;其三,这类案件规则的全面性。

本书的着眼点是国外的真实侵权案件,选择侵权案件的目的是为了本书的趣味性。一个侵权案件也许就是一个完整的、复杂的、激动人心的或者紧张的"法律故事",在这一点上,法律的其他部门无法与之争艳。这种侵权的"故事"与我们日常生活相关,这种"故事"经过法官的认定、解释和判决,就与法律联系了起来。法律是专家游弋的领地,法官区别于大众的地方,就在于他们这类人充满了"法律的智慧"。从日常生活中去发现智慧的闪光从而体会到一种美感,这也许是人区别于动物的地方之一。

就这个案件而言,一个生活方式偏离了正统道德轨道的年轻人,做了一件正直的人们所不认可的事,也就是他酗酒、抽大麻和毒害青少年,他因此受到了惩罚:被打、被威胁和失去了某种程度上的自由,最后留下了心理的创伤。这种人是应该受到谴责还是应该受到同情,估计几句话也说不清楚。按照普通的心理和情感,他活该,经常挂在嘴边的名言"失道寡助"和"恶有恶报"也许就是我们的第一反应。这也许是本案第一审和第二审法院不在法律上支持他的社会心理理由。但是,世事不那么简单,因为道德败坏的人毕竟还是一个人,毕竟还是我们的一个同类,道德归道德、法律归法律,这也是西方法律的一种精神。"坏人"的权利应该得到相应的保护,现在也被认为是人类进化的一种记号。也正是在这个意义上，州最高法院给了他必要的公道，为他讨回他应得的权利开辟了道路。

在我们国家，这类案件统称为侵犯人身权的案件，也就是说，被告伤害了原告的人身权利，原告身体受到了伤害，精神受到了威胁，心理受到了创伤。英美国家法律的可赞之处就在于细末之处见功底，拿大话来说就是：那是个法治社会。在这个案件中，法官区分了三种对人身权的不法侵害：殴打、威胁和精神损害。三者的含义和三者之间的区别，法官已经解释得很清楚，如果你看了之后还不明白，那么最好的办法是：回过头去，再看一遍。

* Dickens v. Puryear, Supreme Court of North Carolina, 1981. 302 N. C. 437, 276 S. E. 2d 325

语言威胁与侵权行为

本案是一个男人与两个女人之间的故事,妻子是这个案件中的原告,丈夫是这个案件中的被告。丈夫与前妻离婚后还藕断丝连,妻子要离婚,丈夫不同意且威胁了妻子,妻子把丈夫告上了法庭。法院认定的事实是这样的:原告怀忒克嫁给了被告霍尔康博医生。婚后一个月,霍尔康博医生就去找另外一个女人。原告提出了异议,被告则告诉原告:那位女士是他的第一个妻子,而且自己还会娶她。霍尔康博医生最后搬出了原告的公寓,不过也仍然花一些时间陪她。一天,原告去了那"另外的女人"的公寓,与被告作了一次谈话,说想与他办理离婚。他说:"如果你把我弄进了法庭,我会杀了你。"霍尔康博医生于是开始骚扰原告,经常半夜给她打电话。原告于那年9月提起了"威胁"的侵权行为诉讼。10月,霍尔康博医生去了她的公寓。她不让他进门,他就撞她的房门,并且还说:"如果你把我弄进了法庭,我会杀了你。"原告修改了她的权利要求,把第二次的威胁加了进去。陪审团作出了有利于原告的判定,判定被告赔偿原告35000美元,法官减至15000美元。

在上诉审中,法官引用了两本法学家的著作,具体解释了威胁侵权行为的规则。一本侵权行为法著作写道:如果语言不能够合理地被理解,就不能够成为一种行为。但是,另外一方面,一个非法和无正当理由的要求伴随了一种武力,使对方感受到一种被殴击的恐惧,就是一种侵权行为法上的威胁。美国著名的侵权行为法家普洛塞认为，如果被告没有法律上的权利，他就不能够强迫原告去寻找安全。上诉法官以为，在这个案件中，被告显然没有权利向原告提出任何条件和要求。在这种情况下，我们不能够忽视他对她伤害的威胁。法官说："被告说他的行为不构成威胁，因为他没有一种明显的行为。但是，原告提供的证据表明，被告撞击她的门、试图闯进她的公寓、威胁她如果她坚持'弄他去法庭'就杀了她。就法律而言，我们不得不说这可以充分地被理解为一种伤害或者一种攻击性的行为。我们认为这是一个由陪审团来解决的问题，这个问题是被告是否显然有能力来实施这种威胁的行为。"最后的结论是维持原判。*

在早期的英美法中，对人身的伤害有三种独立的侵权行为诉讼：殴击、威胁和非法拘禁。后来又有了精神损害和侵犯隐私。威胁的最典型例子是被告拿着手枪对着原告的脑袋，而手枪里没有子弹。这种侵权行为的经典表述是：被告攻击性的行为使原告感到一种即刻被殴击的恐惧。语言本身不足以构成威胁，它需要伴随一定的行为。因此，在这个案件中，被告第一次仅仅说"如果你把我弄进了法庭，我会杀了你"，不会成为一种侵权行为，但是，当他第二次说这样的话，而且伴有武力的动作，也就是被告撞击原告的门，想进入她公寓的时候，他的行为就可能构成威胁的侵权行为。在赔偿数额方面，这个案件是较高的。一般而言，此类只有攻击性的行为而无实际损害案件的赔偿费为6美分或者1美元，这称之为名义上的赔偿。

在这个案件中，原告没有提起精神损害的权利要求。如果原告提出这种附带的要求，而且得到法院的判定，赔偿的数量就会大大增加。因为毕竟在本案件中，被告半夜打电话骚扰了原告，侵犯了原告心理的平静权，也使原告遭受到了精神上的损害。如果精神损害成立，那么在一定的情况下，即使没有实际的身体损害，或者即使没有证据确切证明原告精神受到严重的损害，法院也可以判处实质性的赔偿。这样，原告得到的赔偿数额则没有具体的限制。而且，如果被告的行为明显带有恶意，那么原告会得到法院判定的加重性赔偿或者惩罚性的赔偿。这时，法院的目的不再仅仅是赔偿原告受到的损害，而是用来惩罚被告恶意的行为。一般而言，英美法系的国家较多地适用惩罚性赔偿，而大陆法系的许多国家则否定民事法律中的惩罚性赔偿，因为这种法律措施有点用公共权力干涉私人事务的嫌疑。

这个案件留给我们回味的余地还很大。比如说，这个男人有点怪！既然他爱他的前妻，那他为什么当初要与她离婚？既然他还想娶前妻，那他又为何不同意与现任妻子离婚？他想实现一夫两妻或者一夫一妻一妾的梦想，那他为什么又对妻子那么凶？西方社会经过基督教的洗礼之后，一夫一妻制被认为是文明的象征，是基督教文化的传统。本案的男子既不是个阿拉伯人，又不是个印度人，这叫我们很难理解。再比如，家庭暴力是个世界性的现象，我们现在也开始重视，并有了相应的法律规定。但是，在古代社会，情况并非如此。在老祖宗那里，我们过去讲夫为妻纲。依照唐律，夫殴妻为不睦，十恶之八；妻殴夫为恶逆，为十恶之四。法律处罚的程度是不一样的。当然，东西方也有相同的地方，比如，夫妻之间殴杀是婚姻关系解除的充分理由，我们古代称为"义绝"，西方则视为解除婚姻的理由。比较中西历史，西方人离婚比我们复杂和艰难，因为按照天主教的教义，夫妻一体，不可分离，婚姻关系不允许解除，西方人真正获得离婚的权利，要到 18 世纪中叶。

* Holcombe V. Whitanker, 294 Ala. 430, 318 So. 2d 289 (1975)

精神病人的侵权责任

这是一个女婿杀岳父、岳母告女婿的事件，女婿是一个精神病人。女婿是本案的被告，1976年11月20日，他带着他两个月大的女儿去看望他的岳父波尔马剃尔先生。其岳父与妻子（本案原告）及11岁的儿子罗伯特住在一起。傍晚的时候，罗伯特发现起居室里发生动静，他看见被告把波先生按倒在沙发上，用啤酒瓶砸他的脑袋。罗伯特听见波先生大叫："不要这样，你会杀了我！"他跑过去帮助波先生。而后，被告跑到波先生的卧室，从衣柜最底层的抽屉里取出一个7.62毫米口径的子弹盒。随后又到他妻弟的房间从壁柜里拿出一支7.62毫米口径的来复枪。他返回到起居室，朝波先生放了两枪。波先生死亡。5个小时以后，在离波先生家大约半英里的丛林里，人们发现被告坐在一根木桩上。被告光着身子，用他的衣服包着他的女儿。孩子在被告的怀里，一直在哭泣。被告身上有血迹，带着来复枪，这把枪后被鉴定为凶杀的武器。

被告被送进了医院，后转到并羁押在法医学院。被告被指控犯有谋杀罪，但是基于精神的缘故被判无罪。精神病医生波登证实，被告患有严重的偏执性精神分裂症，表现出被害妄想、自大、易受影响和情绪波动，以及幻视。结论是：被告在法律上处于精神失常状态，不能够形成理性的行为方式，只能够作出精神分裂或者疯狂的决定。初审法院认定，被告在谋杀的时候处于精神错乱的状态。波夫人提起了民事侵权行为诉讼，要求被告对殴打和枪杀波先生承担赔偿责任。

法院作出有利于原告的判决，判定被告赔偿原告的损失。被告提起上诉，最后上诉到了康涅狄格州最高法院。

格拉斯大法官认为，精神病人是否承担侵权行为责任，康涅狄格州没有直接的法律规定。大部分地区的法院认为，精神病人要为他们的故意侵权行为承担民事责任。接着，大法官详细地分析了精神病人是否承担侵权责任的法律问题。他认为，让精神病人承担民事的责任，有两个理由，其一，普通法的一个基本的原则就是，如果两个无辜的人之中必须有一个人遭受损失，那么公正的做法是由引起该损失的人来承担；其二，让精神病人承担民事责任，这也是一项公共政策，这项政策的目的是使精神病人的亲属限制他们的行动，并防止侵权行为人冒充或者伪装成精神病人来规避法律的责任。

被告声称，行为必须具备主观动机，而这又需要行为人意志的外部表现。癫痫病人纯粹条件反射或者抽搐之肌肉运动，不是法律意义上的行为。如果被告的行为是一种非理性和无法控制的行为的外在表现，那么它就不具有侵权行为法中行为的含义。大法官说，法院不同意被告的这种看法。他说，虽然初审法院认定被告不能够作出理性的选择，但是认定他的确能够作出偏执和疯狂的决定。理性选择也并不是必须具备的要素，即使一个精神病人的理由和动机完全是非理性的，他也可以故意地侵犯他人的利益。法官说，被告对杀人的供述也还存在着冲突。在医院，他对警察说：他岳父是个大酒鬼，这是他拿酒瓶打他的理由。他说他要让他的岳父为他的坏习惯付出代价，让他认识到他所犯的错误。他还说他是一个超人，他有权力来决定这个世界的命运，他可以让他的床飞到窗外去。但是，当他接受波登医生的检查的时候，被告又说他相信他岳父是红色中国的特务，他相信他岳父不仅想杀死他，而且想伤害他的孩子，所以，他杀他的岳父是为了自卫。基于这些情况，法官说，被告在实施殴打和枪杀岳父的行为的时候，就具有法律上行为的含义。这种行为里包含的主观要素，可以表现为"对一种结果之实质肯定性的希望"。被告说他想惩罚和杀死波先生，我们可以认定被告准备殴打和枪杀波先生。

大法官最后总结说，因为被告精神失常，他不能够形成刑事上的故意，由此他不对波先生的死承担刑事责任，但是在民事责任方面，故意不是诉讼上因果关系的根本要素。结论是维持原判。*

精神病人有各种各样的形态，其中，癫痫类的病人有很大的攻击性，因而天生潜在地具有社会危害性。精神病人的社会危害行为会导致两个方面的法律后果，一个是犯罪，也就是对社会犯了罪，社会权力机关要对精神病人做出规定；另外一个是侵权行为，也就是对个人及其财产的侵犯，法院根据受害人的要求可以判定精神病人或者他的监护人承担民事的赔偿责任。本案属于后一类的案件。

就前者而言，在19世纪以前，精神病人在法律上没有特别的地位，犯罪的精神病人与一般犯罪人一样受到监禁和惩罚。随着精神病学的产生和发展，医生和犯罪学家们开始区分犯罪的精神病人和一般犯罪人。精神病人与非精神病人不同，他们一般没有犯罪的计划，没有特定的犯罪对象，犯罪不计后果，犯罪后没有罪恶感。鉴于这种情况，医生和犯罪学家们认为，让精神病人与一般的犯罪人受到同样的法律制裁是不人道的。因为第一，法律惩罚的目的是为了改造罪犯，既然精神病人是因为疾病而不是主观恶意对社会造成了危害，那么对他们实施惩罚就没有法律上的意义；第二，精神病人本来就是不幸的人，再在他们身上实施惩罚，有悖于人道主义精神。在这种指导思想的支配下，西方国家开始建设精神病院，把犯罪的精神病人送到精神病院而不是监狱。

就后者而言，本案件道出了美国法的一个基本规则，这就是：精神病人的精神错乱本身，不能成为豁免于侵权行为责任的一个理由，也就是说，精神病人也要承担侵权赔偿的责任。在这个问题上，英美法系国家的法律不同于大陆法系国家的法律。在普通法国家，法律不完全免除精神病人的责任。这里的关键是要求被告具有某种程度上的故意，比如被告必须做出了某种行为，必须知道他行为的性质，但是并不要求他知道他的行为是错误的。在大陆法系国家，法典一般豁免精神病人的责任，比如德国；但是有的国家也有例外，比如在墨西哥，如果监护人不存在责任，那么无行为能力人要承担责任。在我国，精神病人既不承担犯罪的刑事责任，又不承担侵权行为的民事责任，而是让他的监护人代为承担赔偿责任。在非法律人士看来，如此理论上的区分有点矫情，突出的问题就是：精神病人自己承担责任与他的监护人承担民事赔偿责任有什么实质的区别？这不是从一个口袋里掏出来的钱吗？精神病人会有钱吗？他如果有钱，这种区分还有些意义，如果他没有钱，那么让他的监护人承担赔偿的责任公平吗？精神病人已经很不幸了，还要他的近亲属承担财产上的损失，这对他们公平吗？这些的确都是问题，而且法学家们也没有给出答案。不过，社会学家的如下描述值得思考：第一，西方社会注重个人，中国人注重家庭和社会；第二，西方人注重法律的形式，中国人注重法律实质；第三，西方人重法治，中国人重人情；第四，法官只管形式上的平等，不管实质上的平等。

* Polmatier v. Russ, Supreme Court of Connecticut, 1988. 206 Conn. 229, 537 A. 2d 468

老师打学生

这是一个中学老师打本校学生，学生家长告老师的事件。高浮是一个中学生，14岁，体重95—100磅，4英尺9英寸高。被告是高浮所在学校的老师，26岁，体重135—140磅，5英尺9英寸高。高浮曾经是被告班上的学生，他们相识。记录表明，高浮喜欢恶作剧，有些时候就喜欢把被告作为作弄的对象，但是这些行为都没有达到违反学校纪律的严重程度。1979年2月15日下午，被告和其他几个教师在学校一间教室外站着闲谈，高浮跑到被告的身后用手轻轻地击打其后背。被告让高浮回到教室里去，高浮不听，却拣起一根橡皮带，在距离被告2英尺远的地方弹向被告并击中被告的脸。高浮转身跑向教室，被告在后面追赶，并用一块木板扔向高浮，但是没有打着他。被告到自己的教室待了10到15分钟，然后到高浮的教室把他拖到相邻的一间空房里。在这间空房里，究竟发生了什么事件，当事人在法庭上的说法不一致。被告说他只是"用力地摇晃"高浮，而高浮却说被告三次或者四次用拳头打他的身体。检查高浮的医生所作出的诊断书表明：高浮的胸前、手臂和背部有挫伤。他倾向于证实高浮经历过某种事故。安娜是高浮的母亲及监护人，她对被告提起了侵权行为诉讼。

地区法院拒绝了原告的诉讼请求，原告上诉到了路易斯安那州上诉法院。上诉院佛里德法官作出了判决。法官说，在路易斯安那州，允许教师在合理的程度内对违反纪律的中学生进行身体的处罚。就每个案件而言，法官要弄清楚的事实问题是：在特定的情况下，该惩罚是不是合理？或者是否超出了合理的限度？

佛里德法官说，这里关键的问题是，被告体罚的行为是不是合理的。而初审法官的答案是明确和肯定的。法官说，因为这是一个事实的问题，而且二审所审查的记录也不能够显示初审法官存在着明显的错误，因此我们必须接受初审法官的裁定。

法官继续说，对中学里发生的这种纪律性问题，有责任心的初审法官作出了很好的和合理的解释，但是，这并不意味着允许我们漠视另外一种责任，这就是尊重教育过程中每个参与者的权利，这些参与者既包括教师和管理者，又包括学生。在适用规则的时候，后者并不就应该得到比前者更多的保护。因此，在出现违反纪律的时候，可以采取合理方式的和必要限度的身体处罚。法官说，在这个案件中，初审法官的理由是："该教师的行为虽然大大地超出了合理力量的限度，但是，原告的行为的确激怒了被告，使被告在愤怒之下对高浮实施了体罚。"在这样的情况下，原告可以视为一个"挑衅者"。而按照挑衅者的理论，如果原告挑衅了被告，那么被告可以进行自卫。在这个案件中，高浮打了被告的背、用橡皮带打了被告的脸，他是一个挑衅者。但是，在该事件发生后的10到15分钟之后，被告显然已经冷静了下来，但是这时他把高浮带到了空房里。因此，在这间房子里发生的事件，显然是一个单独的事件，而不是与挑衅同时发生的一种自卫。因此挑衅者的理论不适用。

因此，二审法官的结论是：修改初审法官的判决，作出有利于原告的判定，被告赔偿原告500美元。*

老师与学生，师傅与学徒，家长与未成年子女，甚至丈夫与妻子，在法律关系上有些相似之处，前者都是强者，后者都是弱者；前者可以代表后者的利益，同时也有惩罚后者的权利。在古代社会，后者都不能够自己独立地参加诉讼。到现代社会之后，学徒和妻子都有了自己独立的人格，他们各自摆脱了师傅和丈夫的人身依附关系，但是，未成年学生并没有取得独立的人格，因为他们的年龄与智能不足以与成年人相互抗衡，在法律上，他们是受到特殊保护的群体。一个未成年的学生，可以同时具备两种身份，在家里，他们受到父母的保护和管教，在学校，他们受到学校的保护和管教。但是，如何兼顾"保护"和"管教"，是一个模糊的、需要法律去明确的问题。

在现代社会，学生作弄老师，老师打学生，看来是个世界性的问题。双方都有法律上的权利，就学生而言，在学校，他有权利不受到老师对其身体的不法侵害；就老师而言，他有法律上的管教权利，其中包括合理体罚的权利。就后者而言，管教权是老师打学生的一种有效的抗辩理由。这种对于未成年人的管教权利，既包括老师对未成年人的处罚，也包括父母对未成年子女的管教。老师和家长对未成年人的管教是否构成一种侵权行为，要看这种管教是否合理以及管教是否超过合理限度。在这个案件中，针对老师对学生管教权利的问题，两级法院法官的结论是一样的。不同的是，一审法院同时考虑法律的问题和事实的问题，而二审法院只考虑到法律适用的问题。这就是通常所说的事实审和法律审的区别。也就是说，二审法院不再去考察实际的事实到底是什么，这个问题采用一审法院的事实认定，因为一审的时候与事件发生的时间最近，当事人和证人的记忆最清楚，他们的陈述最有可信度。另外的一个理由是，二审只涉及对法律的理解和应用，可以提高司法的效率，节约司法资源。这种"事实审"与"法律审"的区分，是英美国家法律的一个特色，可惜我国的法律尚未有这样的区分。

这个案件还涉及另外一个抗辩理由，也就是"正当防卫"。正当防卫是刑法与民法共同的一个法律术语，它是指：被告为了自己或者他人的利益，对正在发生的、危及人身和财产的行为实施一种防卫的行为。这种防卫行为具有危害性，但同时也具有正当性和合法性，在此情况下，正当防卫之行为人不承担法律上的责任。比如，学生打老师，老师用手遮挡，学生的手与老师的手相碰，结果学生的手腕骨折，老师阻挡而伤害学生的行为，就是一种正当防卫的行为，老师不承担赔偿的责任。在本案中，二审法官不认同老师的行为为一种正当防卫，因为学生的挑衅行为和老师的体罚行为之间有 10 到 15 分钟的时间。对正在进行的挑衅行为予以反击，为正当防卫的行为；对已经发生过的行为予以反击，为报复行为。前者具有正当性，后者则不具有。这也是二审法官改变一审法官判决的主要理由。

* Court of appeal of Louisiana, 2nd Circuit, 1980. 389 So. 2d 405

五岁儿童承担侵权责任吗？

两个孩子嬉戏，结果女孩子伤着了男孩子。男孩子和他的妈妈状告女孩子和她的妈妈。儿童相嬉而伤，由谁来承担损失？儿童具备了侵权和赔偿的能力吗？是由家长赔偿还是由儿童自己赔偿？这都是有待回答的问题。真实的事件是：迈克和莎蓉住在同一条街道。麦克8岁，莎蓉5岁。那一天，麦克在街上骑着他的自行车，而莎蓉和其他的孩子们也在街上。迈克不止一次地将自行车骑到莎蓉身边，在莎蓉和其他孩子们看来迈克是想撞她。一个名叫比宁的12岁男孩告诉莎蓉，让她向迈克的自行车扔石块。莎蓉扔了一块石头，想击迈克的自行车，这时，迈克骑车跑到了大街的另外一边，距离莎蓉15到20英尺。那块石头击中了迈克的前额，有裂口，需要做手术。迈克的母亲代表她自己和她的儿子，对莎蓉的父母和莎蓉本人提起诉讼，称莎蓉故意和恶意地伤害了迈克，导致她儿子右眼处撕裂。被告在答辩状中否定了伤害的指控，特别声称：莎蓉才5岁，她不具备故意和恶意行为的能力。

一审法院引用的法律是，未成年儿童故意和恶意的行为导致了他人的伤害，假使他的行为像成年人那样应该承担责任的话，那么，其父母要承担不超过750美元的赔偿责任。根据这个案件的具体情况，法院的结论有：第一，莎蓉没有想击打迈克；第二，莎蓉太小也太不成熟，不可能认识到向迈克自行车扔石块可能会发生的危险；第三，迈克受到的伤害并不是被告故意或者恶意的行为造成的。

原告向巡回法院提起了上诉,认为一审法院存在如下的错误:第一,法院错误地认定莎蓉没有想要以石击迈克;第二,一个5岁的儿童应该对其暴力的行为承担责任;第三,莎蓉的证词表明她的行为出于故意和恶意。

巡回法院的法官迪润顿对上诉人的三点作出了回答。根据当时测试员对莎蓉调查的记录,莎蓉说:"我想击他的手指,但是不幸击中了他的脑袋。"测试员问:"比宁说了些什么?"她回答:"扔石头,对准他的手指。"测试员问:"你扔石头的时候想要击中迈克吗?"她回答:"不。"但是此后就再没有直接或者交叉的调查。按照比宁的证词,他说他当时曾经对一个女孩说过"向他的自行车扔石块",但是那个女孩是谁他也记不起来了。法官认为,当证词发生了冲突的时候,应该由测试员来决定何种证据更可采信。"测试员是证据可信度和重要性的最后裁判者。"法官认为,我们不能够说一审法院错误认定证据。他说,在审查证据方面,初审法院比上诉法院更有优势,它可以通过对证人的观察、相关的情况和整个的证据材料,对证据进行评价。在这个问题上的结论是:一审法院所认定的"莎蓉没想击打迈克"不存在错误,它有认定的事实做保证。

对于上诉人提出的第二点和第三点,法官结合起来解释。按照法律规定,在这种情况下,需要行为人主观的故意或者恶意,那么莎蓉的行为是否为故意或者恶意呢?法官说,通常,侵权行为责任不管当事人的年龄,因为按照行为的性质,同龄儿童应该认识到伤害结果。但是在特别需要主观状态的侵权行为中,如果儿童心理或者年龄的缘故不能有这种精神状态,那么他就不应该承担这种侵权行为责任。在本案件中,从相关证据和他们的年龄上看,可以得出这样的结论:莎蓉没有故意或者恶意地想伤害迈克。法官最后的结论是原审不存在错误。

另外一个上诉法官加可比斯也同意迪润顿法官的看法,他引用了大量的先例和法学家的著作来解释儿童侵权行为责任的问题,他说,一般地讲,"未成年人要承担的侵权行为责任有:威胁和殴击,对土地的不法侵害,侵占,名誉损害,引诱,欺骗和过失"。但是在本案件中,迈克受伤不是基于故意和恶意,所以原审判决应该维持。*

我们国家对于未成年人的法律地位,有明确的成文法规定,一般分为无行为能力人、限制行为能力人和完全行为能力人。不同年龄段的未成年人具有不同的行为能力和责任能力。这既体现在刑事法中,也体现在民事法中。这种以年龄划分法律主体和责任范围的制度,历史悠久,《礼记·曲礼上》"悼与耄,虽有罪不加刑焉",就是讲 80 岁以上的老者与 7 岁以下的幼者,即使犯罪也不施加刑罚。这种传统流传至今且更加完善,中外同理。只是到了现代社会,我们区分得更加详细,未成年人的法律责任细分为刑事责任与民事责任,民事责任又分为合同责任与侵权责任。这个案件讲的是未成年人的侵权责任。

未成年人是否承担侵权行为责任,大陆法系和英美法系有着较大的差距。按照大陆法传统,儿童的侵权行为责任由其监护人承担严格的责任,我国的法律也是如此;但是在英美法系,儿童可以成为侵权行为责任的主体。在这一点上,儿童的法律地位类似于前面我们提到的精神病人的情况。英美法古老的法律原则是,7 岁以下的未成年人一般"推定为不具备实施故意伤害的能力",但是这个原则现在基本上被否定。现在通常的看法是未成年人对他们的侵权行为承担责任。不过,他们的年龄以及与之相关的主观欠缺是有效的抗辩理由。依早期的普通法,父母一般不对其子女承担转承责任,除非父母充当了该子女的"雇主"的角色,比如父母授意子女去侵犯他人。但是,现在美国各州有对这个问题的成文法,大体上都规定未成年人的父母为未成年人故意或者恶意的侵权行为承担 500 到 750 美元的赔偿。而加州规定,父母为未成年故意侵权行为承担10000美元的赔偿。在特定的情况下,比如未成年人枪击伤害他人,父母要承担30000美元的损害赔偿。

在明确了未成年人法律主体资格之后,还有待于弄清的问题是:即使未成年人应该承担侵权责任,那么未成年人的标准是否应该不同于成年人的标准?比如说,一个孩子对其行为的性质和对后果的预见肯定不同于成年人,要一个未成年人像成年人那样行动是不现实的。因此在判定未成年人是否侵权的案件中,法官采用的"注意程度"标准是那个未成年人"同龄人的标准",而不应该是成人的标准,也就是,在那样的情况下相同或者相似的同类人理智行为的标准。成年人的标准要高,未成年人的标准要低。

另外,与这个案件相关的问题是,未成年人的合同责任问题,这是英美国家特有的问题,因为大陆法系国家包括我们在内,未成年人的侵权责任与合同责任不作进一步的区分。按照英美法,未成年人承担侵权责任,不承担违约责任,比如,未成年人租小马骑,正常骑马导致马死亡,他不承担合同责任;不正常骑马而让它越障飞奔而毙,他要承担侵权责任。

* Walker v. Kelly, 1973. 6 Conn. Cir. 715, 314. A. 2d. 785

儿子告老子

这是一个父亲侵占儿子财产，将财产利息移作他用，最后被儿子告上法庭的事件。1954年1月5日，老约翰·思道波（祖父）购买了价值5000美元的美国储蓄债券，准备死后留给孙子小约翰·思道波（本案原告）。该祖父于1954年3月9日去世，当时他的孙子才17个月。此后，原告父亲约翰·思道波（本案被告）将债券的利息兑现。1955年3月19日被告填写了一份表格，在表格上签上了原告小约翰·思道波的姓名，这份表格的目的是要求该债券以原告小约翰·思道波或者被告约翰·思道波的姓名重新发行。被告继续兑现债券所生的利息。1959年11月，被告将债券本身兑现。1975年6月5日，在巡回法院，小约翰起诉其父亲，诉讼形式是对财产的不法侵害和侵占，他寻求赔偿性补偿和惩戒性赔偿。

初审法院巴瑞克法官认定，从1954年到1959年，该父亲持有该债券属于"对财产的不法侵害"，1959年的将债券兑现属于"侵占"。法官判定儿子获得200美元加上1954年到1959年期间每年百分之六的利息，以此作为债券发生利息的补偿。另外，法官判定给原告5000美元，加上自1959年11月份以来百分之六的利息，作为对债券本身的补偿。

原告提起了上诉。儿子提出，当他父亲用自己或原告的名字将证券再发行的时候，父亲的行为就是一种侵占，具体时间是1955年3月

19日,而不是初审法院认定的1959年11月,也就是他父亲将它们兑现的时间。上诉法官认为,上诉院不同意上诉人的看法。他说,侵占的定义是一个人对另外一个人的动产实施了一种显著的、涉及所有权或控制权的侵害行为。这种行为要么表现为否认他人的权利,要么表现为改变了权利人。"一项侵占的本质,不是不当行为者获取该财产,而是剥夺了一个人对其财产的占有权。"因此,一项侵占是指一个人被剥夺了他对财产的占有权。法官说,将此原则适用于本案,就有了清楚的结果。法庭里的记录表明,虽然父亲在1955年不当地将其名字加进了债券,但儿子当时并没有被剥夺财产。甚至在债券重新发放后,儿子作为共同所有人也可以在任何时候将它们兑现。直到1959年,当父亲兑现债券时,儿子才被剥夺了财产。债券被侵占发生于1959年,也就是父亲将它们兑现之时。因此,初审法院并没有错误。在对动产的不法侵害和侵占之间,存在着区别,每种侵害行为的赔偿标准也不一样。儿子还争议道,初审法院拒绝判定其父亲惩戒性赔偿,也存在错误。上诉法院认为,在一定的情况下,侵占和对财产的不法侵害可以判定惩戒性赔偿。要获得惩戒性赔偿,案件必须存在着一种加重性的因素,这就是被告对原告实施了一种超出常理的、严重漠视、蛮横或鲁莽的行为。有时暗指一种恶意,或者是实际的恶意或者是法律上的恶意。上诉法院认为,有证据显示,父亲兑现了利息支票和债券,他也明知这些财产属于他的儿子。但是,也有证据表明,父亲兑现利息支票和债券的目的是维护家庭生活和保持家庭的财务投资,而其子也是家庭的一员。实际上,如果父亲不使用债券,他将不能照料他的家庭。在这些情况下,初审法院认定父亲不是出于邪恶动机去损害他的儿子,或蛮横或完全漠视他儿子的权利。法院的认定,否定惩戒性赔偿是适当的。结论是维持判决。*

儿子告老子,或者老子告儿子,我们经常笑话外国人,说他们没有家庭亲情观念。在中国人看来，家庭的财产是不可以分割的，这是我们的传统，自汉代以后，法律就提倡同居共财，《后汉书·蔡邕传》载：邕与叔父从弟同居，三世不分，得到乡党的好评。再以后，父母在而分家产，则被视为一种犯罪行为。而且，儿子告老子，绝对是不孝；老子要告儿子不孝，则儿子的性命难保，这在汉代与唐代都有典型的案件。反过来，如果父亲或者儿子犯罪，儿子或者父亲要隐藏父亲或者儿子的罪行，也就是孔子所说的，"父为子隐，子为父隐，直在其中"。不过，这种亲属相隐的制度不适用于民事的案件。以西方人眼光看来，中国法的这个特点有两个方面的理由，其一，中国传统法律的特点就是家族法，其二，中国社会没有发展出个人财产的观念。到了现代社会，我国的法律基本上废止了这个制度。

从家族共同的财产发展成个人分别的财产，被认为是人类社会的一种进步，是古代法与现代法的区别所在。按照卢梭的描述，当一个骗子划了一片土地宣称是他自己的财产，而且大家也相信了那是他的财产的时候，私有制就产生了，人类社会从此进入了文明时代。因此，在现代社会，父亲的财产与儿子的财产相分离，不是一件奇怪的事件，儿子告老子或者老子告儿子，不值得奇怪。在本案中，存在着对动产的两种侵权行为形式：一是"对财产的不法侵害"，二是"侵占"。在英国法中，侵占有时被认为是对动产不法侵害的一种；在美国法中，侵占有时被认为是一种独立的侵权行为。这个案件清楚地指出了这两者之间的界限，并判定了相应的赔偿数额。一般而言，对财产的侵占比对财产的侵害要严重，受到的惩罚也更严厉。

本案件还揭示出，对财产损害也可以适用惩罚性赔偿，所谓惩罚性赔偿，是在让被告承担赔偿原告的损失之后，还让被告拿出更多的财产给原告，以示对被告恶意行为的惩罚。在具体适用惩罚性赔偿的时候，需要行为人具有一种主观上的"恶意"，这种恶意可以是实际的邪恶动机，也可以是法律上认定的一种恶意。

与此可以比较的一个美国案件是：一个孙子为了提前拿到他祖父的遗产，把祖父杀了，祖父死后，他要按照祖父的遗嘱继承财产。他叔婶不干，认为侄子不能够杀了人还继承财产，于是把侄子告上了法庭。双方在法庭上互不相让，孙子的理由是：既然他祖父立了遗嘱把财产送给他，他就有权利继承这笔财产；叔婶的理由是，侄子不能够因为自己的错误行为还获得利益。法官最后否定了该孙子的继承权，其中的法律理由是：任何人都不能够因为自己错误的行为而获利，这是法律的一个基本原则。

*　Staub v. Staub, 376 A. 2d 1129 (Md. App1977)

商家有没有权利搜顾客的身？

一个顾客到一个商场购买商品，他诡异的行为引起了商场保安的怀疑。保安把顾客带到保安室并搜身，商家的行为侵犯了顾客的权利吗？下面这个案例就是这种类型的案件。高宝先生在海赫特商店（五月百货公司的附属公司）选购了一双袜子和六条洗澡巾。他说他后来又挑选了一双男式手套，但他没有去交款台，而是走向分送购物袋的机器。高宝称他将手套塞进口袋以便用手操作该机器。他说他正在摆弄机器的时候，商店的保安来到他身边。他说商店的人要求他走过"检查机"，也就是一种放在商店出口处的机器。如果带标签的商品在其范围内出现，机器就发出声音警告。当警报响起的时候，商店的人问高宝："手套如何解释？"高宝说他尚未完结他的购物活动。商店的人将高宝带到商店保安室，在那里他们遇到一个叫哈根的人，哈根告诉高宝，说他将被逮捕。

哈根声称，她一直注视着高宝，看见他拿下了手套并且放进了他的大衣口袋里。在他穿过几个货架时，她一直跟着他，当他准备穿过出口的时候，她通知保安抓住了他，并在相关出口处开启了检查机。商店的其他人也声称高宝在被截住时，是在出口处，而不是在购物袋机器处。

高宝被捕，以试图偷窃受到刑事审判，但是陪审团判定他无罪。随后他对海赫特和哈根提起侵权行为诉讼，要求得到补偿和惩戒性的赔偿，诉讼形式为非法拘禁、威胁和殴打。初审法官判定被告胜诉，高宝上诉。

上诉法官说,在本管辖区内,错误逮捕或非法拘禁诉讼的核心是一种非法的拘留。逮捕和拘留的合适理由可以成为有效的抗辩。这里逮捕官员的诚实信用就足够了,也就是合理相信逮捕和拘留正当有效。法官说,在我们面前的案件中,如果陪审团相信上诉人高宝的全部证词,并得出有利于他的每一个推论,那么可得出结论,商店拘留上诉人不是诚实信用地、合理地相信上诉人是商店小偷。但实际上,上诉人明确告诉商店的工作人员,他还没有对他手里的东西付款时,商店工作人员就动身开启检查机,然后又让步说,他没有支付所有商品,但提供的解释是他还未完结购物。在这些条件下,初审法院推导出一个有利于被上诉人的判定:逮捕是合理的,从而合适地解决了问题。

我们现在转向上诉人关于威胁和殴打的权利要求。我们认为,一位逮捕官员可以使用合理的力量去维持一项合法逮捕。上诉人声称,他受到了殴打,原因是被上诉人使用了超强的力量去维持逮捕。上诉人说克里斯丁先生是海赫特的雇员,他"叫我靠近他,让我'起来'。他对我叫喊并勒住我的脖子……他像这样勒住我,像这样把我逼在墙上……他用手抵住我的身体。他拿走了我的钱包"。后来,上诉人又修改了他的权利要求:只声称他被"置于与被告商店代理人即刻的、有害的和攻击性的接触之恐惧中"。但是法院认为,上诉人未能证明被上诉人所使用的力量超过维持一次合法逮捕的必要限度。记录表明,对过分力量使用的指控是上诉人再思考之后在上诉中追加进去的。他在这个方面的指控和证词是不鲜明的。就这一点而要求改判,似乎过于简单,因为这不能成为实质性的依据。结果是维持原判。*

这个案件其实包含有两宗诉讼,一个是顾客被怀疑盗窃,交给刑事审判,被指控为盗窃。

在这个案件中,法院判定顾客胜诉,他不构成犯罪;另外一个是顾客状告商家,认为商家的行为侵犯了自己的人身权,要求商家民事的赔偿。在这个案件中,法院判定商家的搜身行为没有超过必要的限度,最终没有支持顾客。

商家有没有权利搜顾客的身?其实并没有标准的答案,这要看具体的情况。这涉及两个方面的权利:一个是顾客人身自由和人格尊严不受到侵犯的权利,一个是商家财产不可侵犯的权利。任何一个权利都是不能够被蔑视的,前一种权利称为人身权,后一种权利称为财产权。

进入20世纪之后,法律的发展趋势是人身权优先于财产权。因此,法律倾向于更多地保护顾客的人身权。按照法学家的解释,从古代社会向现代社会的发展,法律发展的模式是"从身份到契约";从现代社会向当代社会的发展,法律发展的模式是"从契约到身份"的模式。在"从身份到契约"的模式中,"身份"是指古代社会个人对家庭家族的人身依附关系,"契约"是指资本主义个人独立与自由,他可以按照自己的意愿处分自己的财产和人身,从而摆脱了人身依附关系。在"契约到身份"的模式中,"契约"强调的是个人的财产权利,"身份"则是个人的人身权利。用词一样,但是含义不同。从法律的角度讲,"搜顾客身"至少可能发生四种侵权行为:不让顾客离去,可能侵犯顾客的人身自由,构成非法拘禁;搜顾客身,也就是对顾客身体的直接接触,可能会构成殴打;几个彪悍的保安做出武力的表示,可能构成威胁;另外,商家的此类行径还可能导致顾客的精神创伤,可能会构成精神损害。在商家对顾客搜身的案件中,这四类侵权行为相伴而生,法官得一一辨析。

当然,有规则就有例外。按照普通法的标准,商家有没有权利搜身,要看其使用的力量是否合理,这种力量是否超过了必要的限度。

在我国的司法实践中，这种类型的案件越来越多了，有些案件还曾经被认为是具有典型性的著名案件，但是我们在处理这些案件时似乎还很简单粗糙。法官要么认定是对顾客人身权的侵犯，要么是精神损害。如果在处理这一类型的案件的时候，我们的法官参考一下国外法官的思路，那肯定有利于法律的精致化，从而更好地保护双方的合法利益。

* Gabrou v. May Department Stores Co. , 462 A. 2rd 1102 (D. C. App. 1983)

自愿行为与剥夺人身自由

商店柜台的商品丢失，柜台售货员被怀疑监守自盗。她被带到了经理室，但当她得知被怀疑后，为了证明自己的清白，她自愿接受检查。在这样的情况下，她可以状告商店侵犯了她的人身自由吗？下面这个案例给出了答案。被告拉贝勒销售公司于1987年12月1日将原告哈狄招为临时工。原告的工作是该公司珠宝部的销售员。12月9日，被告的另外一位雇员觉得她看见原告将被告库存的一块手表据为己有。当天晚上，她将她的感觉报告给了被告公司展示厅的经理。10日上午，被告珠宝部助理经理找到原告，告诉她所有的新雇员都要参观自己所在的商店。他把她带到了展示厅经理办公室，然后离开，随手关了门。几个商店的官员和警察官员在房间里，他们几乎都是男性。原告被告之：她被指控偷了一块表。原告否定她拿了表，她同意接受测谎仪检查。此次会面相持将近20分钟到25分钟。测谎仪的结果支持原告的陈述，也就是说她没有拿该店的手表。第二天上午，展示厅经理向原告道歉，并告诉她公司仍然欢迎她继续在公司工作。报告原告偷表的那位雇员也向原告道歉。这两个雇员发生了简短的争吵，原告离开了商店。

原告对被告商店提起了非法拘禁的诉讼请求，声称在被质问手表事件的时候，被告违背她的意志，错误地拘留了她。地区法院作出了有利于被告的判决，原告向蒙大拿州最高法院提起了上诉。在上诉状中，原告主要提出了两个问题：第一，证据是否足以支持陪审团的认定和法院的判决？第二，地区法院给陪审团的法律意见是否存在错误？

古尔布蓝德森大法官认为，非法拘禁的两个关键要素是：第一，违背一个人的意愿限制了他的人身；第二，非法地实施了这种限制。限制人身可以是通过行为，也可以是通过言辞。关于原告提出的第一点问题，大法官说，在这里，有充分的证据支持陪审团的认定，即陪审团认定，被告没有违背原告的意愿、非法地限制她的人身自由。原告说她被迫停留在展示厅经理的办公室，但是她也承认她愿意留在那里以澄清事实。她没有提出要离开，她也没有被告之她不能够离开。既没有使用暴力的威胁，也没有被强制留下来。虽然她受骗随着助理经理进了办公室，但是她也在法庭上证实：即使她知道该会面的真实目的，知道有两个警察在房间里，她也会自愿地跟他走。综合这些情况，陪审团可以容易地认定：被告并没有违背原告的意愿而拘留她。

关于被告提出的第二个问题，法官说，地区法院给出的法律意见第十条是：如果原告自愿地服从、按照被告的要求停留在展示厅经理的办公室里，那么就不存在非法拘禁的侵权行为。大法官说，这是非法拘禁的关键要素，法院给出的意见不存在错误，因此他认定：地区法院的意见不存在错误，没有必要对此法律意见进行审查。

最后的结论是：最高法院认定，有实质性的证据支持地区法院的判决，他们的法律意见也不存在错误。维持地区法院的判决。*

这也是一宗因搜身而引起的、以非法拘禁形式而提出的侵权行为案，此类案件是对人身权利的一种侵犯。与上面那个案件不同的是，上个案件是商店搜顾客的身，而这个案件是老板搜雇员的身。一般而言，非法拘禁的案件主要发生在商家/顾客和雇主/雇员两类情形之下。非法拘禁既可以构成民事的侵权行为，也可以构成刑事的犯罪。

本案件是民事的侵权行为诉讼，是雇员对雇主的行为提起的诉讼。

民事侵权行为法中的非法拘禁，其构成的要素有：第一，一个人故意地限制了他人的自由；第二，限制行为没有法律的理由；第三，违背了他人的意愿，或者没有得到他人的同意；第四，一定的时间和地点，短时间的限制也可以构成非法拘禁。另外，原告通常必须意识到他受到了限制。拘禁的方式可以是通过暴力行为，比如保安武力制服原告，也可以通过威胁行为，比如被告威胁原告说：如果你离开，那么我们将以刑事盗窃指控你。在上面的案件中，法官没有详细分析原告是真实地同意留在办公室，还是被胁迫而留在办公室，因为原告留在那里，既可能是真实自愿的，也有可能是被迫地而非真实地同意。

非法拘禁诉讼的历史久远，在这一类案件中，并不需要被告对原告造成了实际的损害。这也就是说，被告限制了原告的人身自由，即使并没有造成原告实际的伤害，他也要承担非法拘禁的侵权行为责任。不过，一个特例是：如果造成了原告的实际损害，那么即使原告没有意识到他受到了限制，被告也要承担非法拘禁的责任。

这个案件还有一个有趣的地方是测谎仪的应用，以前我们大多是在侦探片里看间谍如何骗过测谎仪的，在这里，测谎仪应用到了民事案件之中。而且，从案件的情况来看，测谎仪所显示的结果被视为可信赖的证据。我国现在也开始在刑事案件的侦破过程中使用测谎仪，这也是高技术在法律领域的一种应用。用机器设备来探求当事人的主观世界，应该是西方人的创造。在我们老祖宗那里，也有着相似的方法，这就是"以五声听狱讼"，狱者，今天的刑事诉讼；讼者，今天的民事诉讼。依照《周礼·秋官·小司寇》，所谓"五听"：一曰辞听，也就是听当事人的言辞；二曰色听，也就是观当事人的表情；三曰气听，也就是听当事人的呼吸；四曰耳听，也就是察当事人的听觉反应；五曰目听，也就是观当事人的眼睛。通过当事人的心理和生理的反应和变化来考察他们的主观状态和行为的真实性，测谎仪和五听的原理是一样的，可惜的是，我们老祖宗只停留在感性的和直觉的层面上，没有将这个玩意发展到科学与技术的高度。

* Hardy v. Labelle's Distributing Co. , Supreme Court of Montana, 1983. 203 Mont. 263, 661 P 2d 35

精神创伤和法律赔偿

公司的职员自作主张开走了公司的车，公司的经理跑到该职员家里对该职员的妻子大喊大叫，而这可怜的妻子又是个身体虚弱感情脆弱的女子。该女子可以对丈夫的公司以精神受到损害的名义要求赔偿吗？下面这个案件就是这样的。原告玛丽·拉布利尔的丈夫是某福特公司的一名雇员，他为这家公司工作了七年，主要工作是销售二手轿车。医生建议他休假4到6周，于是他向公司请病假。按照通例，雇员在休假期间可以带走所卖的样板轿车，但是病假除外。原告的丈夫与经理翟社商量在其病假期间带走样板车，但没有得到经理的同意。当原告的丈夫与工会代表谈及此事后，他决定带走样板车。1975年4月18日上午5点半，他开着样板车离开了家。当天下午，福特公司的翟社和吉尔伯到了原告的家中，原告在前厅接待两人。这两人反复询问原告的丈夫去了什么地方，轿车放在什么地方。他们告诉她：她丈夫偷了公司的车，如果不归还此车，他们将给州公路巡警队一份详细的公告。这样，她丈夫就会被逮捕，轿车将被强制收回。他们在近20到25分钟的时间里高声并用愤怒的口吻向原告提问并表达他们上述的意图。原告此后变得焦虑不安并经常哭泣，她的眼睛红肿发痒，后发展为自虐身体。经查，前一年原告一直在治病，那年10月曾花了两周的时间在医院接受情感创伤的治疗。此事件的前几个月，她已经开始停止吃药。但是这件事情发生后，她又开始吃药，几个月里不能够料理家务。事件发生的当日或者次日，她丈夫得到了消息马上返回并归还了轿车。原告对该福特公司提起精神损害赔偿的诉讼。两个证人证明，他们看见原告在家里前厅接待了公司的两位职员。一审法院径行判决被告胜诉，原告上诉。

上诉法院魏尔法官从三个方面分析了这个案件。首先，他分析福特公司职员的行为方式是不是具有一种"极端和粗暴"的特征？按照先例，"仅仅侮辱、不尊敬、欠考虑或者轻微威逼达不到粗暴的程度"。一般而言，只有当行为人对社会普通成员表现出愤怒并咆哮的时候，才是一种粗暴的情况。法官说，被告雇员高声和威胁原告、威胁逮捕和给警察发出详细的公告，都是对原告的折磨和侮辱，这些行为都具有"极端和粗暴"的性质。被告称他们有合法的利益来调查样板车的去向，法官说不怀疑被告的合法利益，但是，鉴于被告知道原告从前是一个感情敏感和容易受挫的病人，也知道原告曾经接受过医院的精神治疗，被告职员的行为明显超出了正常行为的限度，陪审团应该由此认定被告的行为具有极端和粗暴的性质。法官还进一步引用法律重述来说明这一点。证据表明，事件之前原告失去了她的父亲和她的孩子，家庭的其他危机也使她备受精神的困扰，她因为精神问题在医院里接受治疗两周。当时，被告职员翟社和吉尔伯知道她的这些经历，而且她在住院期间还收到过被告公司赠送的礼物：一盆室内植物。这都表明被告是知道原告从前的状况的。

其次，翟社和吉尔伯的行为是否是一种故意或者轻率的行为？法官说，明知道原告有精神问题，他们两人还如此对待原告，这足以看出他们是在故意地实施粗暴的行为或者轻率地漠视原告的状况。因此，在主观上可以认定他们存在着一种故意。

最后，法官分析原告损害和被告行为之间的因果关系。法官说，原告和原告邻居提供的证据证明：事件发生后，原告神经过敏、不安、焦虑和哭泣。这期间，原告因为皮肤奇痒而经常抓破脸颊。此后，原告的邻居几乎每天都来照顾她的孩子。在那个时候，原告身体萎靡，经常哭泣和擦伤脸颊。原告的丈夫也证明他回家的时候原告躺在床上。她身体上全是红斑，眼睛红肿。

法官最后的结论是：撤销原审法院的判决，发回重审。*

人类的精神问题自古就存在，只是到 20 世纪之前，它不被认为是个法律可以提供救济的问题。按照传统的普通法，精神损害不能够独立地确立一个侵权行为诉讼。也就是说，精神损害诉讼请求有一种"寄生"的特点，它必须与其他的情况结合起来才可以提起侵权行为诉讼，比如殴击、威胁或者非法拘禁。早期的法律要求，人身的损害必须有身体损害的表象，比如，肉眼可以看出的身体损害，或者，验血和 X 光结果表明存在着损害的事实。纯粹的心理伤害不是一种人身伤害。

随着心理学和精神病学的出现，也随着都市生活节奏的加快，人们开始重视精神的问题，法律也开始将精神损害视为一种侵权行为，法律救济也随之产生。在英国，最早的精神损害案件发生在 1901 年。一个孕妇在公共场所工作，被告骑着一匹马闯进了该公共场所。该孕妇受到惊吓，结果早产。孕妇状告骑马人，法官做出了有利于孕妇的判决。在美国，20 世纪 40 年代，美国法律协会明确承认：即使没有发生身体的损害，精神损害本身也可以构成一种独立的侵权行为诉讼。从此，就有了专门的精神损害诉讼。按照美国《法律重述·侵权法》，构成精神损害的要件有三：行为者的行为是极端的和粗暴的；故意伤害是严重的；行为导致的精神损害也是严重的。在本案中，法官基本上就是从这三个方面进行分析。

在具体司法实践中，存在一些棘手的问题，首先，精神损害如何计算？在一般的人身伤害案件中，损害是客观的，也就是说，他的医药费、护理费、后期的治疗费、误工费、劳动力减损造成的损失、生命减损损失等都可以用数字或者说金钱计算出来，但是精神的损害有时无法用金钱的数字与之相匹配，这就是我们所经常说的"精神无价"。但是，当我们进入了经济社会或者说金钱社会后，除了用金钱来衡量损失之外，就不存在其他可以得到广泛认同的替代方式了。比如，用一般人身损害的尺度衡量精神损害，还能够套上劳动力减损数参考标准。在一个具体的案件中，这个数额由法庭来估算，在美国由陪审团来确定。

其次，如果法律承认精神损害的诉讼，漫天要价和滥用诉讼的情况就不可避免。为了解决这个问题，法官们对精神损害诉讼设定了诸多的限制。其一，精神损害诉讼成立，除了有精神创伤之外，还应该有精神损害相伴随的身体症状，比如腹泻，比如萎靡，比如自残等，而这些症状可以用现代医学诊断出来；其二，区分直接的精神损害与间接的精神损害，前者的要求比后者的要求低，比如，一位孕妇看到一起交通事故的现场惨状之后晕厥早产，这被认为是间接的精神损害，一般不能够得到赔偿。间接精神损害的案件，我们后面会碰到。

* LaBrier v. Anheuser Ford, Inc., 1981, 612 S. W. 2d 790

陪伴损失与赔偿

儿子手术后大脑受损，也许永远不会再醒来。父母悲痛欲绝，觉得自己的精神受到了严重的损害，而且他们也不会再有机会与儿子一起享受天伦之乐，父母以自己的名义状告医院。医院的看法则是，该父母不是直接的受害人，没有资格对医院提起侵权行为之诉。具体的情况是这样的：丹尼尔是一个18岁的男孩，他因右手伤住进了被告的医疗中心，在那里接受手术。在手术后的恢复期，他陷入昏厥，昏厥期长达10天，醒过来后大脑严重受损。丹尼尔的余生将需要进行全面的看护。在他昏厥前后，丹尼尔的父母都在医院里看护着儿子。除了丹尼尔本人的诉讼外，丹尼尔的父母也以自己的名义提起了诉讼，状告该医疗中心。该夫妇提出的诉讼请求有：第一，被告的过失使他们受到的精神损害；第二，"陪伴的损失"，也就是该父母因失去儿子的陪伴而发生的损失。初审法官驳回了夫妇俩的诉讼请求，此案件最后上诉到犹他州最高法院。

霍尔法官写出了判决意见。他说，原告提出的第一项诉讼请求，我们可以引用先例和侵权行为法律重述的相关规则，这个规则就是所谓"危险区域"的规则。这个规则是讲，被告的行为虽然没有造成原告身体上的实际损害，但是如果原告在一定的危险区域内，也就是说，原告的确处于实际的危险中和对自己的安全心存恐惧，那么原告可以因为感情的创伤得到赔偿。这也意味着，如果原告不在被告过失行为的"危险区域"之内,原告就得不到赔偿。法官说,这个规则设定的限制是合理的和卓有成效的,也包含了"侵权行为法的一个基本原则,即一个人不能够因为间接的损害而得到赔偿"。如果不加限制,那么就会得出混乱的、不一致的和不合常理的判决。法官说,就本案件而言,丹尼尔夫妇没有在这样的"危险区域"之内,因此他们的请求得不到支持。

对于原告的第二项诉讼请求,法官说,陪伴损失的诉讼请求基于一种人身的关系,它的含义是:人身关系的一方受到了侵权行为的损害,另外一方通过诉讼的方式寻求赔偿。这种赔偿的理由是他们双方之间"陪伴、社交、合作和情感交流"的损失。一般而言,存在着两种陪伴的损失,一是配偶之间的陪伴损失,二是父母和未成年子女之间的陪伴损失。就这个案件而言,涉及的问题是父母和成年子女之间是否存在一种陪伴损失的诉讼理由。法官的结论是不存在。法官分析道,在早期的普通法中,法律的确承认基于父母和子女之间这种关系的诉讼,但是这种权利要求主要集中在两个方面:一个是子女对父母的"服务"价值,二是父母为子女付出的医疗费用。而且,这里的子女应该是未成年的子女,而不是成年的子女。现代法律的发展对普通法的原则作出了许多的修改,这种陪伴损失的诉讼现在基本上不复存在。更重要的是,犹他州的法律也不承认这种诉讼理由。按照先例和犹他州"已婚妇女法",犹他州的法律取消了配偶之间陪伴损失的权利要求。配偶之间的感情关系比父母成年子女之间的感情关系要亲密,两者最少也要达到平等的法律保护。如果本案允许父母提起对成年子女陪伴损失的诉讼,结果将会是法律的不平等适用。

丹尼尔父母还认为,因为要照顾儿子,他们要调整他们的生活方式,因此他们应该得到他们自己的补偿。法官说,这种说法不具有说服力。丹尼尔的护理费用将会在丹尼尔自己的赔偿诉讼中得到解决。如果再给父母提供补偿,结果会导致对丹尼尔的双重补偿,而法律的原则之一便是尽量减少双重的补偿。

　　法官认为本案件不成立，丹尼尔的父母不能够提起成年子女陪伴损失的诉讼。最后的结论是维持初审法院的判决。*

　　这个事件，实际上会涉及两个法律关系。第一个是儿子与医院的医疗法律关系，儿子可以因为医院的医疗失当要求医院赔偿；第二个是父母与医院的侵权行为法律关系，父母可以因为失去健康快乐的儿子要求医院对自己提供赔偿。前一种案件经常出现，我们称之为"医疗失当"的案件，在以后的案件中，我们会专门涉及；后一种案件不常出现，且涉及两种诉讼形式：第一，侵权法上称为"对第三人的过失案件"或者"间接的精神损害"；第二，"子女陪伴损失"，本案就属于这种情况。因此，本案实际上涉及两个法律的问题，第一，一个事故发生后，侵权行为人对受到精神损害的第三人是否承担一种赔偿的责任？第二，现代的法律是否承认陪伴损失的诉讼？

　　对于第一个法律问题，我们可以对照两个典型的案件。一个怀孕妇女下午在自家的阳台上，等着自己儿子放学归来。她家房子前面是一条马路，马路连着一片草坪。孕妇看着她儿子骑着儿童自行车穿过草坪奔家里而来。当儿子要穿过马路的时候，一辆小汽车开过来。汽车与自行车相撞，儿子被撞倒在草坪上，自行车被压在汽车轮下面。亲眼看到这起车祸，孕妇晕厥流产，她状告肇事司机，认为司机交通肇事的行为使自己流产。这里，交通肇事的直接受害者是儿子，而不是母亲，母亲是司机侵权行为的"第三人"。按照法律的一般原则，被告不对非直接的第三人承担侵权责任，因为被告对第三人的安全没有法律上的注意义务。在本案中，法官所适用的规则，关键是要看该孕妇当时是否在车祸的"危险区域"之内。当然，这类案件也有例外，一个孕妇从公交车上下来，脚刚着地，一辆摩托车在她身边发生事故，孕妇受惊晕倒流产，孕妇状告摩托车司机，法官支持了孕妇。法官的理由是，在后一案件中，孕妇与事故现场距离很近，摩托车司机的行为也会对孕妇发生危险，也就是说，孕妇处在"危险区域"之内。

第二个法律问题是一个有趣的问题。在英美早期的普通法中，配偶一方可以因为另外一方的移情别恋提起诉讼，要求对方和第三者赔偿"陪伴损失"。这种诉讼同样涉及父母子女关系。这种类型的诉讼有时被称为涉及"对婚姻家庭关系的侵权行为责任"。现代法律发展的趋势是：取消这种侵权行为的诉讼。这种发展趋势与西方女权运动有关，因为在法律实践中，这类诉讼基本上都是丈夫对有外遇的妻子提出赔偿的要求。这个类型的案件，可与我国近来婚姻法上妻子对有外遇的丈夫提起离婚并要求赔偿的案件进行比较。两种案件都影响了婚姻关系，配偶的一方受到另外一方和第三者的侵犯，过错的一方要对无过错的配偶进行赔偿。不同的是：第一，西方的一般是丈夫告有外遇的妻子，妻子状告丈夫的很少，因为妻子一般没有经济上的独立，状告丈夫无异于雪上加霜，而我们的情况基本上都是妻子状告丈夫；第二，西方无过错的一方除了状告过错一方外，还可以状告第三者，但是，我们国家的妻子只告丈夫，很少出现妻子告第三者的情况，也许这与中国的"第三者"都是穷苦女子有关；第三，西方社会这种案件的发展趋势是接近消失，法院逐渐不承认这类诉讼，而我们的法律却在强化着这个问题的社会控制。这也许是文化上的冲突，我们更多强调家庭与社会的稳定性，我们的传统观念是：家庭是社会的基本细胞。

* Boucher v. Dixie Medical Center, Supreme Court of Utah P2d, 1992 WL 203120

都是误诊惹的祸

妻子被医院误诊患上了梅毒，妻子认为丈夫生活不检点，丈夫苦不堪言，最后状告医院。法官会支持丈夫吗？事情是这样的：原告的妻子身体不适，她去医院看病。医生对她作检查，检查结果是原告的妻子感染上了梅毒。她开始接受治疗，原告也去医院检查。原告说，由于医院的这个诊断结果，其妻变得焦虑不安，对丈夫有了猜忌，夫妻关系紧张，双方产生敌意，婚姻已濒破裂。复查后表明，原告的妻子根本就没有染上梅毒，也就是说医院的诊断是错误的。原告把医院告上了法庭，认为医院在诊断的时候存在着过失，而且他们也应该能够预料到这一诊断的结果会给原告带来的感情创伤。由此，原告提出两点诉讼请求：第一，要求被告赔偿原告"配偶陪伴损失"，也就是配偶一方未尽到配偶的义务、而对相对方配偶造成的损失；第二，被告赔偿原告"一般的精神损害"。初审法院支持被告，原告上诉，最后上诉到加利福尼亚最高法院，莫斯克大法官对案件进行了法律分析。

大法官分析了控辩双方的争议，原告认为，被告对原告所受到的精神创伤有着不可推卸的过失责任，而被告则认为，医生在下诊断的时候，原告并不在现场，而是后来从他妻子那里得到的诊断结果，这就意味着，原告并不是被告过失行为的直接受害人，医院就不对原告的精神损害承担过失的责任。大法官说，被告对这个问题的看法不成立。他认为，梅毒这种疾病通常是通过性关系传染的，因而通常可以预料的是，当他们得知感染上这种疾病的时候，丈夫和妻子都会经历焦虑、猜忌和敌视。因此，大法官同意原告的理由，也就是被告的行为既影响到妻子也影响到丈夫。因为他所受到的伤害是可以被合理预见的，所以被告在对妻子进行身体检查的时候就对她丈夫负有一种合理注意的义务。

　　本案的另外一个法律问题是，原告只是受到了精神的伤害，而没有受到实际的身体损伤。在这样的情况下，原告是否可以提起专门的精神损害赔偿诉讼？大法官说，一百年来精神损害案件有两个基本前提：第一，它是一种附带性质的赔偿；第二，精神问题要么是一个心理的问题，要么是一个身体的伤害问题。20世纪，医学特别是心理科学得到迅速的发展，但传统的规则还是在起作用。这个规则是讲，要提起精神损害赔偿的诉讼，就要求有身体的伤害。设立这个屏障的理由是为了减少原告夸大其辞的权利请求或者虚假的伤害陈述，从而保障权利请求的客观性和真实性。大法官说，如今的法院大多坚持传统的方法，但也有另外一种新的思路，学者们认为人为设置这样的障碍是没有必要的。著名的普洛塞教授说，"这个困难并不是不可以克服的。惊惧和休克可以有特定的身体症状，其他形式的心理伤害同样有身体症状，它们都可以依医学的证据来证明"。大法官说，这种说法已经被纽约上诉法院所采纳，他们在先例里已经宣告"免于心理障碍的自由如今在本州是一项被保护的利益"。大法官总结说，区分心理和身体特征只会混淆视听，根本的问题却还是一个证据的问题。在这样的情形之下，陪审团是最好的评判者，他们按照他们的经验可以判断被告的行为在多大的程度上导致了原告的精神损害。另外，医疗专家的证词也是一个客观的尺度。

　　大法官最后的结论是支持原告，原告可以单独提起精神损害的诉讼，并可以要求赔偿由此而发生的"配偶陪伴损失"。*

上一个案件谈到了"陪伴损失"的侵权诉讼，这个案件又涉及了这个问题。从本质上看，这种侵权形式是与婚姻家庭制度联系在一起的，是对婚姻家庭关系的损害。婚姻的本质，东方和西方存在着差别，古代社会与现代社会也存在着区别。就西方婚姻制度来说，按照其宗教基础而言，婚姻是男女"人事与神事的结合"，按照《圣经》的解释，女人是男人的"骨中之骨，肉中之肉"，女人长大后一定会离开她的父亲回到她丈夫那里，因为人类之母夏娃就是人类之父亚当的一根肋骨。夫与妻原本为一体，不可分割。从这个意义上讲，婚姻是不可以解除的。而且，当上帝把亚当夏娃赶出了伊甸园之后，就对男女有了性别上的分工。男人辛勤工作以养家糊口，女人依附于男人并忍受生育的痛苦。从历史发展的角度看，随着父权制家庭制度的出现，妻子主生育并操持家务，男人主创造财富养妻儿，这样的性别分工成为了一种社会制度，再后来，随着商业社会的形成，男主外女主内的家庭制度成为"理应如此"的制度。这样的一种婚姻家庭制度在法律上的表现，就是妻子没有法律上的人格，在18世纪之前，当妻子牵涉诉讼纠纷的时候，妻子必须要让丈夫出面，丈夫代表妻子承担法律上的权利和义务。如此，当妻子有外遇的时候，法律上就会认定妻子没有尽到照顾、陪伴和服务丈夫的义务，丈夫因此可以"配偶服务的损失"状告妻子。进入到现代社会之后，这种侵权诉讼形式保留了下来，但是，这个制度中所隐含的"男权主义"被人们遗忘了。也正因为如此，当女权运动在西方兴起之后，妇女们强烈地控诉这种制度，最后导致这种侵权制度不再被法官认可。中国婚姻家庭制度则与西方相去甚远，《礼记·婚义》之"昏（婚）礼者，将合两姓之好，上以事宗庙，而下以继后世"为中国婚姻制度定下了基调，董仲舒用阴阳学说把男主阳女主阴归结为夫为妻纲，宋明理学则最后把夫支配妻视为天理。在中国古代法律中，妻告夫是不可思议的事。只是后来，中国法律学习了西方现代的法律，夫妻法律地位平等的观念才慢慢渗透到法律之中。

当然，本案大法官不是历史学家，他只是在应用具体的法律规则。在这个案件中，大法官除了"配偶陪伴损失"之外，还细致地分析了精神损害案件中的一些细小的法律问题。医生对妻子的误诊是否会导致丈夫的精神损害？大法官最后归结到丈夫是不是被告行为的直接受害者？从法律上讲，这是一个"行为人对第三人的注意义务"问题，这在实践中至为复杂。本案中，因为祸起于"梅毒"，所以大法官断定丈夫是直接的受害人。具体法律规则及其应用，我们在后面的案件中还会涉及。精神损害是一个主观性很强的问题，在这个案件中，法官解决了这样几个问题：精神损害案件传统上要有身体受损的特征；纯粹精神损害也应该有具体的身体症状；精神损害也有客观的参考标准，比如陪审团的经验和医学专家的意见。

---

* Molien v. Kaiser Foundation Hospitals, Supreme Court of California, 1980. 27 Cal. 3d 916, 167 Cal Rptr. 831, 616P. 2d 813, 16A. L. R. 4th 518

隐私权的法律保护

原告布瑞基斯与丈夫分居，她丈夫到原告的工作地绑架了她，持枪强迫原告跟着他去他们以前的居所。警察得到报告后包围了该居所，试图将原告解救出来。原告丈夫逼迫原告脱光衣服，防止她逃跑。原告的生命处于危险状态，但事件又同时很具有新闻价值，惊人、耸动而富于戏剧性。当听到一声枪响后，警察冲进了该居所，将原告安全带出房子。当原告在众目睽睽之下被护送进警车的时候，她随手抓了一条擦盘毛巾遮掩裸露的身体。被告是一家出版公司，它发表了一张原告在绑架事件中的照片，这张照片暴露程度比比基尼要多一点点，比海边穿着的泳装要少一点点。被告还有其他更加暴露的照片，但是没有发表出来。照片的文字描述部分主要体现了悲伤、惊惧、情绪紧张和溃退，而不是表现出色欲的感觉。原告将出版公司告到了法庭，指控他们侵犯隐私、故意的精神损害和不法侵害。陪审团判定原告胜诉，被告要支付原告1000美元的赔偿金和9000美元的惩罚金。被告不服，上诉到佛罗里达州上诉法院，多克谢法官作出了法律分析和判决。

法官说，在佛罗里达州，法律在保护隐私权的同时，也要保护新闻自由和公共利益；为了保护新闻自由和公共利益，有时就要牺牲隐私权来公开相关人员的姓名和发表他们的照片。在一定程度上，获得信息之社会利益优先于个人的隐私权。即使有些事实情况涉及了个人事务,真实也仍然应该被道出、记载或者打印出来,因为这些事件里包含合法的社会利益。这些合法的社会利益通常就被称为"新闻",依照美国《法律重述·侵权法》,这些新闻包括报道犯罪、逮捕、警察突袭、自杀、结婚、离婚、事故、火灾、自然灾害、毒品导致的死亡、罕见的疾病,以及其他真实的、流行的和有吸引力的事件。

在确定隐私权范围的时候,衡量标准是一个人合理情感的概念,个人特别的情感不受到保护。侵犯隐私权不仅仅是公开了一张照片,而是意味着公开的照片侵犯了一个普通人的情感,一个人的隐私是否被侵犯在一定程度上讲是一个法律的问题。就本案而言,尽管公开照片可以带来商业的利益,有些还具有不良的品味,但是在佛罗里达州,法律确立了这样的规则:当一个人在涉及公共利益的事件里成为主角的时候,公开他的照片不构成侵犯隐私权。事件和照片让原告感到窘迫和痛苦,但这并不意味着报社不能够发表具有新闻价值的内容。同样,报道一个事件也没有达到极无礼的程度,而不达到这个程度,就不能构成独立的故意精神损害。法官说,本法院不愿意干涉新闻报道的自由,不愿意妨碍涉及公共利益的新闻报道。最后结论是:初审法院没有支持被告是错误的,修改初审法院的判决。[*]

1890年,美国波士顿年轻的律师沃伦和布兰代斯在《哈佛大学法律评论》上发表了一篇叫做《隐私权》的论文,正式提出了隐私权法律保护的问题,随后逐渐为美国各州法院所接受,这便是美国隐私权法律的起源。在此之前,隐私权中所包含的权利是通过其他诉讼形式来保护的,比如,被告未经同意进入到你的屋子,那么他的行为就是对房屋土地的一种不法侵害;如果有人公开你的手稿,那么他的行为就是对你财产的一种侵犯或者对著作权的侵犯。

现在,侵犯隐私权通常有四种方式,第一,被告为了商业目的、未经同意而使用原告的姓名或肖像,比如未经同意将原告的名字、脸庞或者形体用作商业广告。这一类案件在我国被称为侵犯姓名权和肖像权的案件,这类权利都属于人身权的一部分。这类案件在实践中出现比较多,德国就有过这样一个著名的案件。一家制药厂开发出了一种增进性功能的药品,未经当事人同意,将一个成功商人骑马的照片登在宣传广告上。商人状告药厂。法院在审理这个案件的时候,并没有现存的法律可以遵循,一审法院认为侵犯了商人的财产权。法官认为,如果商人同意做广告的话,他可以得到一笔财产。因为没有征得他同意,商人没有得到这笔财产。但是二审法院做出了改判,认为药厂侵犯了商人的隐私权。这是德国隐私法的起源。第二,被告不合理地侵犯了一个人独处的权利,比如被告在原告居所设置电子监听设备。比较典型的案件是美国一位"天才少年数学家",他长大成年后,独来独往,不与任何人联系,行动诡秘,做了隐士。后来他被人发现踪迹,发现者于是写了一篇报道,名为《他现在身处何方》,登载到了《纽约客》上。天才少年认为作者和杂志社侵犯了他的独处权,以侵犯隐私将作者与杂志告上了法庭。这一类案件,在我国出现得比较少,也没有相关的法律规定。第三,被告公开原告犯罪或者不愿公开的私人秘密,本案就属于这种情况。这种情况在我国现实生活中很常见,但是,法律救济尚未发展到这一步,此类事件被诉诸法庭的不多。第四,被告公开信息的行为使原告处于错误的见解之中。比如,一位年轻的妈妈带着自己的孩子去一家娱乐场所,一阵风吹过,大风将这位女士的裙子吹起缠到了腰上。这个镜头正好被人用照相机拍下,然后,一家报社未经该女士的同意,把这张在娱乐场所裙子高高系在腰间的照片登在小报上。该女士怒告报社,认为这张照片的登出使她周围的人误解了她,认为她的品行有问题。同样,这种隐私权尚未得到我国法律的保护。

就本案而言,原告是以公开不愿公开的秘密而提起的隐私权诉讼。当然有指控就有抗辩理由。侵犯隐私权的抗辩理由有:被侵犯者已经死亡、原告明示或暗示的同意、原告为公众人物、涉及公共利益新闻或事件。本案中被告成功的抗辩理由就是为了公共利益和新闻自由,不得不报道原告的个人隐私。在这样的情况下,个人的隐私让步于社会公共利益,从而保障言论自由。

* Cape Publications, Inc. v. Bridges, District Court of Appeal of Florida, 5th District, 1982. 423 So. 2d 426, review denied 431So. 2d 988 (Fla. 1983)

一个男人和三个女人的故事

1966年金赛在坦桑尼亚的维和兵团服役。此间，他的妻子在一次野餐时死亡。金赛被指控谋杀其妻子，花了六个月的时间等待审判。后被宣告无罪。这个案件给他带来了一些坏名声，其中，《时代》杂志曾经发表过一些相关文章。1971年12月，金赛在旧金山的一次鸡尾酒会上结识了麦珂。那时金赛已是斯坦福大学的一位研究生，而麦珂在一家医疗机构里工作。在随后的5个月里，金赛和麦珂有了暧昧关系。1972年4月5日金赛突然告诉麦珂说，他将终止与她的关系，不愿意再见到她，因为有一位叫爱伦的女士将从英国来与他共同生活。

1972年秋天，金赛在中非找到了一份工作。他与爱伦一同前往非洲，随后结婚。在离开美国之前，他们分别收到来自麦珂的一封信，信中陈述金赛如何虐待麦珂。在非洲期间，他们收到了更多的信件。另外还有熟人转来的信，是麦珂寄给金赛熟人们的。有些信件指控金赛谋杀他的前妻，说他在监狱里度过了6个月，说他是一个强奸犯，并揭露他的一些其他有问题的行为。

1973年7月9日，爱伦和金赛向法院提交侵犯隐私权的请求书。1977年6月28日，经过非陪审团程序审判后，金赛被判定获得5000美元。麦珂上诉。

上诉法院助理审判官米勒分析道，在美国一般有四种侵犯隐私的侵权行为：第一，商业性地利用原告的姓名或相貌；第二，侵犯原告身体的独处权和隐居权；第三，公开原告真实但令他窘迫的私人事实；第四，公开的事实使公众误解原告。本案涉及后两种侵权行为形式。隐私权所保护的利益是个人自由，以防止其私人事务和活动不当地公开，因为这些事务和活动本应该处于公众关注范围之外。

上诉人承认寄出了 20 多封这种信，但她认为这不足以构成侵犯其隐私权。她也承认自己试图"告诉全世界，他是个多么可恨的人"，因此告诉了她能够知道的所有金赛的熟人。其中有金赛夫妇、他们的前配偶、他们的父母、他们的邻居、他们父母的邻居、金赛毕业论文委员会的成员、斯坦福大学校长和其他人员。基于此，法院认为如此多的收信人已充分体现了"大面积的公开"，因此否定了上诉人不充分公开的抗辩。

上诉人还声称，金赛是一个公众人物，所以她依宪法而享有特权这样去做。金赛之所以是公众人物，是因为他曾经是维和兵团的成员，因为他曾因被怀疑谋杀前妻而受过审判。但是，法庭认为这两者不能使被上诉人成为公众人物，而且上诉人还错误地指控被上诉人谋杀前妻。

上诉法院的结论是维持判决。*

这又是一个隐私权的诉讼。侵犯隐私权，我们目前还没有成文法作出规定，在实践中，要么作为侵犯名誉权处理，要么作为精神损害处理，要么就不处理。但是，就国外的情况来看，隐私权早有一套法律规则予以保护。上面的这个案例来自美国，它比较真实地反映了隐私权案件的特点。在上个案件中，我们说到，侵犯隐私权要么涉及一种公开权利，要么涉及一个人身体的或心理的独处权，偶尔也涉及一个人在其社区中的名誉。本案中，法官详细提到了侵犯隐私的四种方式，具体的形式可以表现为未经同意而使用一个公众人物的名字或相貌做商业广告，非法地闯进一个人的家里，非法窃听电话，以及未得到授权去调查一个人的银行账户,公开一个人的犯罪史和现在的身份,不当地使用一个人的照片而使人们对他发生反感。当公开的信息虚假和具有名誉损害性质时,受害人还可以附带提起名誉损害的诉讼。

法律认可个人的隐私权,一般比较晚,这也是一个现代社会的产物。在一个古代社会或者更早的初民社会,是没有个人隐私可言的。人是社会的动物,他必须与他人一起才能够生存。在古代,人类战胜自然的能力有限,因此人与人之间的关系比较密切,在人际关系密切的社会里,不允许有隐私。公开的合作的人类关系维系着社会的生存。这种例子在中国古代社会不少见,比如在秦律《法律答问》说:甲盗千钱,乙知其盗而不报官,而且乙未分得一钱。法律提出的问题是:对乙是否应该治罪。官方的答案是:即使乙未分得钱财,也要与甲同等治罪论处。在此前商鞅"相纠司连坐"之法,也是基于同样的理由。人际关系如此紧密,个人隐私无从产生。

现代社会保护隐私权,其理论依据众多,最有影响的两种理论,一是独立人格和个人尊严不可侵犯,二是个人隐私具有经济价值。根据前一种理论,隐私权源于犹太-基督教文化的最高价值。一位妇女在分娩的时候,不许外人来打扰,是因为分娩是一个"神圣的时刻"。一位妇女堕胎,是女子处理自己身体和事务的个人事务。爱情是双方各自私人感受到的情感,如果爱情超出两个人的界限为众人分享,那就不再是爱情。后一种理论认为,隐私权里面存在着经济利益,每个人都有探视他人内心秘密的好奇心,要满足这些好奇心寻找隐私也要付出成本。人们对政客、财阀和明星的私生活有兴趣,也许是可以从中发现名人成功的奥秘。在两种理论中,前一种占主导的地位。

在这个隐私权的案件中,被告提到了这样的抗辩理由:原告是公众人物,这一点与侵犯名誉权相似,因为公众人物的隐私权不像普通人那样得到较高程度的保护。虽然在这个案件中,法官否定了原告为名人的判断,但是,这个抗辩理由是一个有效的理由。其中的原因是：名人应该是社会大众的楷模，因此他的一举一动都应该得到大众的审查，因为名人得到了比普通人更多的利益，他们因此应该受到更多的限制。另外，因为名人掌握着比普通人更多的权力或者资源，他们有办法来消除因为隐私权公开所导致的消极影响，因此他们的隐私权保护程度比普通人隐私权保护的程度低。

* Kinsey v. Macur, 165Cal. Rptr. 608 (cal. app. 1980)

私有财产和公共权力的豁免

　　一个暴徒跑到你家紧闭大门负隅顽抗，警察要逮住这个小偷又必须破门而入。警察如果冲进你家，就要损坏你的房屋、侵犯你的财产权，警察为了不侵犯你的财产、放纵小偷，又会导致社会不安。在这样的情况下，你该怎么办？下面这个案件就是讲的这种事。明尼苏达州明尼阿波利斯市警察局得到消息，说是有两个犯罪嫌疑人将在该市东北角某地出售偷来的毒品。晚上6点30分，警察到达该地点，不久犯罪嫌疑人带着毒品出现。当警察准备出击时，犯罪嫌疑人发现了警察。嫌疑人驱车以最高速度逃逸，警察在后穷追不舍。最后，嫌疑人弃车分头步行逃窜，其中一个嫌疑人逃到了原告的家里，藏在他家的房间里。原告的孙女和她的男朋友跑出屋子，并报告给警察。警察立即包围了原告的房子，同时呼叫警察局紧急应急小组，请求支援。当时是晚上7点。紧急应急小组由受过专门训练的人员构成，通常的任务就是对付那些负隅顽抗的犯罪嫌疑人、绑架者或者极度危险的犯罪人。在双方僵持阶段，警察一直用高音喇叭和电话与该嫌疑人取得联系。但是直到晚上10点，警察没有得到嫌疑人任何回应。这时，警察开始按照通常的工作程序采取下一步行动。首先，警察向房子里投放催泪弹，至少25枚，想把嫌疑人逼出房子。警察几乎向每层的房间都投掷了催泪弹，几乎损坏了房屋的所有窗户。其次，警察向房子里投掷震动型手弹，企图迷惑嫌疑人。最终，警察冲进房间，将正准备从窗户爬出的嫌疑人抓获。催泪弹和震动手弹对原告的房屋造成严重损坏。

原告对警察局的上级明尼阿波利斯市市政府提起不法侵害的诉讼,其法律依据是明尼苏达州宪法第一章第十三条。这条规定:没有事先或者事后的合理补偿,私人财产不得因为公共利益而被征用、损害或者毁损。而市政府认为,警察的行动是一种实施警察权力的合法行为。一审法院判定原告败诉,原告上诉。上诉法院维持一审的判决,其主要的依据是1966年佐治亚州上诉法院的一个先例。在这个先例中,警察局为了找到一个被害人的尸体而抽干了一个池塘里的水,因为警察的行为是警察权力的合理运用,按照佐治亚的宪法无需给池塘的主人任何补偿。原告上诉到明尼苏达州最高法院。

最高法院法官汤姆加诺维奇首先分析了明尼苏达州宪法第一章第十三条,认为该条的目的就是防止私有财产受到公共权力的侵犯,避免由个人来承担应该由全体大众承担的公共损失。他说,本案件的事实是清楚的,那就是警察在处理危险犯罪的过程中,向原告房子里投放了催泪弹和震动弹,毁坏了原告的财产。市政府要对原告承担损害赔偿责任,这是宪法该条宗旨的要求。法官认为,上诉院过重地依赖了佐治亚州的那个先例。他认为,那个先例的适用范围仅仅局限于在"促进公共利益"方面对财产的实际干涉。而且,本州法院从来都不认为警察实施公共权力的行为能够违反宪法授予的公民权利。然后,法官从学理上分析了"公共权力必要性"的理论。他引用《法律重述·侵权法》第196条,这一条说:如果行为人合理地相信他是为了防止一个对于大众的即刻危险,他就有权利进入他人的土地。他认为著名的普洛塞教授意识到了这个理论潜在的矛盾,而教授认为给予补偿的权利要求通常被否定。法官总结说,按照公共权力必要性的理论,本案的原告将得不到补偿。但是,法官明确表示,"我们不同意这种理论"。他说,我们相信另外一种更好的规则,因为我们不能够让无辜的第三人因为公共权力的应用而受到损害和得不到赔偿。这种考虑的中心便是基本的公正和正义的观念。在最基本的层面上，本案的问题是：让个人承担应该由全体公众来承担的损失，这是否公平？如果让个人来承担，这将会损害我们法律制度内在的正义原则。因此，警察个人因其职务行为可以不承担赔偿责任，但是市政府应该对原告的损失予以补偿。

最后的结论是：修改下级法院的判决，将此案发回重审。*

私有财产神圣不可侵犯，是西方18世纪的一个政治口号，当资本主义制度建立起来之后，这个口号变成了西方国家的一项宪法原则。这个法律原则的含义是讲，每个人生来享有一系列作为人的权利，其中包括生命、自由和财产。美国的《独立宣言》明确地喊出了这个口号，法国的《人权宣言》也确立了这些原则。其后，西方各国的民事制度或者财产法制度都将这个原则具体化。私有财产权应该得到保护成为法律的一项基本原则，也成为西方政治和法律的一个基石。法律发展到了20世纪之后，新的问题开始出现，原有的法律与新的社会情况发生了冲突。如果说19世纪西方国家法律是以个人主义为中心的话，那么20世纪的法律则在保护个人利益的同时，还要兼顾社会公共的利益。这样私有财产神圣不可侵犯与为了社会利益必须牺牲个人利益之间就发生了冲突。上面这个案件出现的冲突，就是这样一种状况的具体体现。原告的法律理由就是宪法规定的私有财产权，被告依据的是公共利益理论。本案展现的法律冲突就是"私有财产不可侵犯"与"为了公共利益牺牲个人利益"之间的冲突。应该说，两者都有法律的依据，一个是州宪法，一个是先例。

在这个案件中，法官还是采取了传统的理论，即使是为了公共的利益，也不允许公共权力机关侵犯个人的财产，如果公共权力的应用侵犯了私人的财产，那么政府应该给予充分的补偿。最后，法官将这个原则上升到公平正义的高度。此案发生于20世纪90年代初，法官在判决书中如此直接求诸抽象的公平正义，这实在是难得。从中既可推测出法官保守自由主义的倾向，也可以说明西方法律传统在法官内心中崇高的地位。

应该说，中国社会缺少这种个人主义以及与之相连的法律精神。在古代社会，我们以家族和皇权为本位，新中国，我们的口号是集体的利益高于个人的利益，比喻的说法是大河无水小河干，就是没有个人利益优先的精神。中国的历史上也没有出现过个人主义的思想家，也没有充分保护个人财产的法律制度。在清朝末年西方法律开始渗透到中国的时候，政治家、法律家和法学家曾经对这些问题产生过激烈的争论。张之洞与沈家本之争、沈家本与劳乃宣之争、劳乃宣与杨度之争，构成了中国近代中西法律冲突在理论上的主旋律，也揭开了中国法律现代化的序幕。但是，在这三次争论中，也没有一个人提出过私有财产不可侵犯的口号。只是在杨度的理论中，似乎存在着反对封建家族本位，提倡个人本位的影子。即使如此，杨度也没有使用个人主义这个词，而是用"国家本位"这个词。这场争论延续了接近一百年，一百年后的今天，我们还在讨论私有财产权是否应该写进宪法。

* Wegner v. Milwaukee Mutual Ins. Co., 1991 479 N. W. 2d 38

生命的价值高于财产的利益

小偷跑到你家,偷你们家东西。你很气愤,打断了他的腿。小偷把你告了,法官还支持了他,你会奇怪:难道可恶的小偷还受到法律的保护吗?我们看这样的案件。被告贝莎继承了一间一直没有使用的农家房产。十年来,该房屋总发生破门而入的事件,造成了一些损害。贝莎和她的丈夫用木板封住了窗户,贴出了禁止入内的标志,最后在一间房屋里设计了一个猎枪射击的机关。该枪安装在一个旧铁床上,枪膛指向房门。一根电线将门把手和枪扳机连在一起,电线可以引发该猎枪。这种设计的目的是射中入侵者的腿。贝莎的丈夫后来也承认他当时"疯了,的确厌倦再次被骚扰",但是他也说并不想伤害任何人。没有任何警告标记来提示房间里该枪的存在。本案原告等二人以前曾经到过被告的这个房屋。这一次,他们来寻找旧瓶和旧罐。他们闯入了房子,原告走进了有机关的房间。结果猎枪发射,原告右腿受伤,部分胫骨被打开了花,他在医院住院40天。原告对贝莎提起诉讼,初审法院的陪审团判定给他2万美元的实际损害赔偿和1万美元的惩罚性赔偿。此案件最后上诉到了艾奥瓦州最高法院。

最高法院首席大法官莫尔首先复述了初审法院的理由。他说,原告表明:他知道在没有得到许可的情况下,他没有权利闯入该房间去偷瓶和水果罐。但他也进一步表明:他已经对此认罪,承认自己在夜晚从他人的私人房屋里盗窃价值低于20美元的财产。他说他被处以

50美元的罚款和60天的监禁，在监禁期间他因为表现良好而被假释。被告在初审和上诉审中主要的抗辩理由是"为了防止夜盗和小偷的非法侵入，法律允许在房间和仓库里使用弹簧枪"。

初审法院认为，原告和同伴在闯入被告房子的时候就实施了盗窃行为，初审法院的法律意见第二条引用并分析了使用弹簧枪的早期案例史，由此指出，只有在防止暴力重罪或者人的生命处于危险的情况下，法律才允许使用弹簧枪。法院意见第六条认为，"禁止房屋的所有人使用暴力的方式、有意或者故意地伤害一个非法闯入者，这种伤害包括侵害他人的生命和导致身体的严重伤害。因此，禁止房屋的主人设置'弹簧枪'和相似的危险装置，因为这些装置可能侵害非法入侵者的生命或者导致他身体的伤害。非法入侵者违法的事实，也不能够改变这个规则。只有当非法入侵者实施暴力重罪，或者从事足以判定死刑的重罪，或者威胁他人生命的时候，使用'弹簧枪'及与其相似的危险装置才是合法的。"

莫尔大法官继续说，很多具有权威性的教科书和判例法都可以用来支持初审法院对这个原则的适用意见。他说，《法律重述·侵权法》第85节也认为，"人类生命和肢体的价值不仅属于他个人，而且属于整个社会。因此其价值高于土地占有者的利益"。土地占有人没有权利对进入土地的人和干预他动产的人使用暴力、侵犯他的生命和伤害他的身体，除非侵入者威胁土地占有人或者使用人的生命或者严重损害其身体。最后的结论是维持初审法院的判决。*

这个案件的事实涉及两种法律关系，一个是原告进入被告的房间里偷东西，这是一种犯罪行为，原告因为这个行为被认定为小数额盗窃罪，他因此被判定罚金和短期监禁；另外一个是被告伤害了原告的身体，这就是本案所涉及的侵权行为。这是两个独立的诉讼，两者不能够相互抵消。

"小偷"在法律中的地位，也可以构成一部"法律发展史"。在初民的小型社会，比如欧洲的爱斯基摩社会和北美早期的印第安部落，小偷小摸行为基本不受到惩罚，因为个人财产权的概念尚不发达，而且生命对于人数稀少的简单社会而言，更为重要。在小偷生命健康与被偷财物之间，法律/习俗选择了保护小偷的生命和健康。在古代社会，随着财产制度的出现和公共权威的形成，小偷的法律地位开始恶化。"杀死夜间盗贼"是一种正当的行为，这一点在古巴比伦法、古代希伯来法、古罗马法，以及古代中国法中都有着类似的规定。墨子所谓"杀盗人非杀人"，简要地道出了其中的道理。比如巴比伦的《汉谟拉比法典》、希伯来人的摩西律例、古罗马的《十二铜表法》，皆有类似的表述，因为在古代这种行为可以视为严重的犯罪行为。以我国古代社会为例，《周礼·秋官·朝士》记载，无故侵入他人室宅庐舍、车船，法律允许房主立时格杀，无罪。依照《唐律疏议》，如夜无故入人家者，笞四十。家主发现后，立时杀死勿论。

到了近现代以后，小偷的法律地位发生着微妙的变化。随着文明的进步，房屋占有人的这种权利越来越受到了限制，早些时候，限制房主不能够恶意侵犯或者伤害入侵者的生命或者身体，晚些时候，法律对房主加上了人道的责任，要求房主对入侵者承担一种合理注意的义务。以英国法为例，在早期的普通法中，"小偷"是一种不法行为人，他的生命和安全并不受到法律的保护，唯一的例外是被告直接地和残暴地攻击他。到1957年前后，法律改革后，小偷的生命健康得到一定程度的保护，不过，法律的保护程度较低。到1984年，小偷的法律地位进一步提升，在损害赔偿案件中，被告对小偷的生命安全承担"人道的责任"，也就是一种公平的责任。小偷法律地位的提升被认为是一种法律的进步，体现了法律对人身权的重视与保护。

本案两级法院的观点和美国《法律重述·侵权法》的相关表述都清楚地划定了界限，这就是只有非法入侵者在危及房屋占有人生命和身体的紧急状况下，占有人才可以对非法入侵者采取非常的措施，比如包括设置枪击装置、伤害，在其他情况下还包括设置电网，放逐猎犬。除此之外，占有人要对非法入侵者承担合理的注意义务。其中的法理依据是：人的生命价值高于人的财产利益。

* Katko v. Briney, Supreme Court of Iowa, 1971. 183 N. W. 2d 657

平安夜里的大火

这是一个发生在一百五十年前的名案。1859年12月24日,旧金山某地发生一场大火,消防队赶来救火。原告的房屋处在正在燃烧的房屋的旁边,即将被殃及。原告拼命地从屋里往外搬运家里的财物。被告是消防队的负责人,为了防止大火蔓延,他命令将原告的房子炸掉,由此毁坏了原告的房屋及财产。原告提起侵权行为诉讼,他声称:如果消防队不阻止他们的话,那么即使不能够搬出所有的物品,他们也可以从房子里抢出更多的东西。因此,原告要求被告承担因爆炸而毁坏原告房屋及财产的损失。被告抗辩道:依照他的工作性质和职权范围,他有权利毁掉该房屋。在第一审中,陪审团作出了有利于原告的判决,被告不服提起上诉。此案到了加州最高法院,莫利首席大法官给出了他的法律意见书。

大法官首先提出了他的问题,他认为本案要考虑的唯一问题是:在发生大火的时候,为了防止大火的蔓延和为了保护相邻的建筑物,在紧急情况下,一个人诚实地拆掉或者毁坏另外一个人的房子,那么,这个人是否应该承担个人的责任?

接着,大法官分析了这个问题的法理依据和普通法的原则。他说,为了防止大火蔓延而毁坏原告的房屋,这种权利要回溯到至高的紧急避险法则和人的自然法则,这些法则独立于政府和社会而存在。他说,道德学家和法学家都重视这个原则。这个原则适用于:在发生海难的时候，一个人可以占用一块木板，虽然这样的占用也许会导致另外一个人死亡。在暴风雨的时候，船长为了保护船舶而可以倾覆船上的货物。为了从敌人那里逃生，一个人可以进入他人的土地。这个原则基于一个古老法律格言，这个格言是：必要性排除私人的权利。大法官说，普通法采纳了这个自然法的原则，确立了在紧急的情况下，当事人有紧急避险权利的原则。他继续说，这个原则一直为法院所适用，比如拆房子来防止大火蔓延、筑堡垒来保卫城市，等等。在这些情况下，个人的财产权利都让位于更高的紧急避险原则。法官进一步分析，着火的房屋本身就是一种公害，减少公害的行为是一种合法的行为，这时，个人权利要服从一般安全和社会的利益，否则会导致整个城市的灾难。

莫利大法官接着提出问题：既然这样，那么谁来判定"因为紧急避险而毁坏他人的财产"呢？法官承认在许多情况下，这是一个难以决定的事情。对原告而言，他肯定认为没有必要毁坏他的房子，原因是他肯定受到他自己利益的影响，结果是每个人都从自己的角度来判断紧急状况的程度。而且在每个案件中，紧急避险的程度也很难把握。在这样的情形下，法官说一般的原则是：如果没有"实际的"或者"明显的"紧急状态，拆掉他人房子的人就要承担不法侵害的责任。在每个案件中，"必要性"应该明确地表现出来。

大法官寄希望于成文法，他说：州立法机关有权力来对这类行为作出界定，其中包括拆掉房子的方式和补偿的模式。这样的话可以更好地避免困难，不至于发生本案所提出的麻烦问题，即谁是紧急避险的裁判人。但是，如果在没有立法的情况下，我们就必须回到普通法的规则。法官认为，就本案而言，有证据清楚表明爆破房屋是必要的，因为即使不爆破，房子也会被大火所吞噬。原告不能够得到补偿，因为他们处于紧急的状态。假使要本案当事人承担责任的话，那么结果只能是：搬运物品就会导致延迟，而延迟会使拆除房屋变得毫无意义。

莫利大法官因此认定,下级法院适用法律存在明显的错误,有关的证据并不能够得出不利于被告的判决。最后的结论是修改下级法院的判决。*

此案是百年前的旧案,但是今天读来仍然具有感染力,而且,因为美国是一个判例制的国家,这个判决还可以作为适用法律的渊源。这个案件涉及的是侵权行为法中紧急避险的抗辩理由。这个原则我们不陌生,可赞美的是大法官的论证方式。他从法哲学的自然法谈到美国的普通法,从普通法说到成文法。整个法律意见书简直就像是一篇论证严密的法学论文,这是普通法系国家法官的独到之处。

从法理学的角度来看,这个案件至少涉及了:法哲学与法律制度的关系、紧急避险与财产损害的关系、个人权利与公共利益的关系,以及普通法与成文法的关系。法官对紧急避险的分析让我们想起康德在其《法的形而上学原理》中关于"紧急避难"的相似论述。康德是个哲学家,然而,他对法律理论也有着重要的贡献。在他的眼里,法律是两个自由意志的人按照普遍的法则相互保持和谐的准则,也是说,一个人的自由与相关人的自由的妥协。当一个人侵犯了我的权利的时候,法律就要对侵权者实施一种强制来保护我的权利。这就是,严格意义上的法律的强制性。但是,康德还认为存在着另外一种强制,这就是来自自然的强制,紧急避难就是自然的强制。他设想,一条船沉没了,他为了自己的生命推倒了另外一个人,后者从木板上掉入水中,而他自己却在木板上保全了自己的生命。在这样的情况下,法律如何处置这个人?一个方面,法律的强制力不允许他剥夺另外一个人的生命,另外一个方面,人在紧急状态下本能地采取一切方法来求生存。两者发生冲突的时候怎么办。在康德看来,自然的强制超过法律的强制,法律因此不能够惩罚紧急避难人。紧急避难人不具有道德上的恶，而法律的目的就是扬善惩恶，这是法律的道德律，在康德看来道德应该高于法律。后来的法学家将这种道德律称之为自然法。康德的结论是：在紧急状态下，没有法律。从案件中，大法官的分析与康德的论述惊人的相似，大法官应该看过康德的书。

大法官还提到了普通法与成文法的区别，并希望将来有成文法作出明确的规定。我国是一个成文法的国家，一般不会涉及这问题，但是在英美国家，是个很头疼的问题。简单地说，普通法是历史缓慢发展逐步形成的一种法律传统，而成文法是根据现实的要求按照公共政策而制定出来的行为规则；普通法是法官处理实际案件积累出来的规则，而成文法是立法者对社会控制创造出来的规则；普通法与传统、习俗和生活方式相关，成文法与政治、公共政策和经济发展相关。在大陆法系国家，我国也属于这类情况，只承认成文法的法律效力。在英美国家，从理论上讲，立法高于普通法，因为成文法是立法机关制定的，而普通法是法官创设的。在一个所谓民主的国家，立法机关代表人民，是最高的国家机关，而法院是审判机关，只是在适用法律，而且法官一般也不是民选的，但是在侵权法领域，法官对普通法永远心存依恋，一方面希望成文法去制定明确的规则，另一方面总想从普通法中寻找法律的理由和依据。

* Surocco v. Geary, Supreme Court of California, 1853. 3 Cal. 69

"上帝的意志"与人的行为

汽船主在一个恶劣的天气里,将船固定在码头上,海浪冲击着船,船撞击着码头,码头主状告船主。码头主的理由是,船撞坏了码头;船主的理由是,自然灾害无法预见、无法控制,紧急状态下没有法律。此案如何处理?看这个案件:被告是一艘汽船的船主。1905年11月27日,该船在原告的码头上停留卸货。晚上10点,东北方向刮起了暴风雨,风速达每小时50英里,且有继续增大的趋势。暴风雨一直持续到29日上午。在这期间,没有一个船长能够有效地驾驶他的船舶。当时,汽船卸完船上的货后,被告曾经发出过信号,要求一艘拖船把他们拖出码头,但是因为恶劣的气候,没有人能够收到这个信息。当时如果连接船和码头的绳索断裂,那么船肯定会漂离。然而实际上绳索却拉得很紧,且只要一根绳索断裂或者磨损,就会更换一根更坚固的绳索。汽船靠在码头的外侧,船头朝向东面,风浪有力地撞击着船舷右侧,船体上下颠簸并冲击着码头,导致了码头的损坏。码头主状告船主,法院判定原告胜诉,陪审团认定的损失为500美元。被告提起上诉,最后上诉到了明尼苏达州最高法院。

州最高法院的奥布莱恩法官认为,在那种恶劣的气候下,要求船长离开码头或者放弃汽船是极其不合适的,因为我们不能够过高地要求他们的审慎水平和注意程度。上诉人认为,在将汽船固定在码头的过程中,负责汽船的人保持着好的判断力和较高的审慎度。法官说法院同意这样的说法。上诉人还声称，因为是在那种特殊的情况下无法控制汽船，所以撞击并损坏码头的行为实际上是一种紧急避险的行为，因此他不应该对因紧急避险造成的财产损失承担赔偿责任。对此法官提出了不同的看法。

对于上诉人的后一种观点，法官区分了两种情况，即神力行为和紧急避险的行为。如果事故的发生完全超出了人的控制范围，那么就是神力行为，这样被告就不需要承担损害赔偿的责任。反之，如果只是紧急避险的行为，也就是有了人的干预，那么就不能够完全排除被告的赔偿责任。法官说，在这个具体案件中，如果汽船在风暴之中驶入港口而瘫痪、撞到了原告的码头而造成损害，那么原告就得不到补偿。或者，连接船和码头的绳索断裂，船体撞在码头或者其他的船上，如果船主不存在任何的过失，那么船主也不承担赔偿的责任。但是，实际的情况是，负责汽船的人故意并直接将船固定在那个位置，从而造成了码头的损坏，这实质上是以损坏码头的代价来保护汽船，因此船主应该就发生的损害承担相应的责任。

法官说，神学家们认为，一个快饿死的人为了活命，可以采取必要的行为来保存他的生命，这不是一种道德上的罪恶。但是法官说，即使如此，我们也不能说：这个人"不"应该对他的行为所发生的损害承担赔偿的责任。另外的情况是，为了公共的利益，我们可以牺牲个人的财产，但这也不能够完全排除对受害者给予法律上的赔偿。假如船主为了固定船体而征用了一根价值昂贵的缆绳，那么不管这种征用多么有道理，我们都不能够说缆绳的主人不应该得到补偿。而且在这个案件中，被告所面临的生命和财产的威胁，并不是来自原告，因而不发生防卫的问题。也不是由于神力行为完全超出了人的控制范围，因此，原告有权利获得赔偿。

最后的结论是：维持原判。*

这个案件涉及侵权行为法的两个基本的抗辩理由，一个是不可抗力，又称不可避免的事故，直译是"神力行为"；一个是紧急避险，又称事属必然，直译是"必要性"。其中第一个抗辩理由强于第二个抗辩理由。不可抗力的核心是人力所无法控制或者无法预见或者无法避免，事属必然核心是有关当事人不得已而为之。前者可以排除人的法律责任，因为人不能够改变"神"或者"上帝"的决定；后者不可以完全排除人的法律责任，因为人要为自己的行为承担责任。两者的区别，法官在这个案件中作出了详细地区分，也假设了各种情况，我们可以大体知道中间的界限。但是，在实践中，如何清楚地区分两者并不是一件容易的事，因为什么是"人力不可以避免"？什么是"人力不可以预料"？有时很难解释清楚。而且，随着科技的进步和人类认识程度的提高，中间的界限更加模糊，因为许多传统法中被列为造成损害结果的神力行为，都可以为现代的人们所预料和预防。

案件发生大约七十年后，这个案件又被提起，成为侵权法学者讨论的热门话题。法学家提出的问题是：船主这个紧急避险人为什么要补偿码头主？其中的法律理论基础是什么？传统上看，侵权法的归责原则是过错责任原则，也就是说，只有当被告主观上存在过错的情况下，他才被法律要求承担赔偿责任，以此实现侵权法律的两个基本目的：对过错行为进行惩罚和对将来类似的行为予以遏止。如果按照这个理论，那么船主不应该赔偿码头主，因为船主已经尽到了一个平常人所有的谨慎义务。如果船主没有主观上的过错，就不能够对他进行惩罚。而且，矫情的问题还有，船与码头撞击，船损坏了码头，但是，撞击是相互的，码头未尝不是在撞船。如同两家相邻，一家是农场主，一家是养蜂主，农场喷农药，一些蜜蜂被毒死。问题是：究竟是蜜蜂飞到农田里被毒死了呢？还是农药飘到蜜蜂那里毒死蜜蜂呢？相反的意见认为，这里不能够把侵权法的原则仅仅限定在过错责任上，过错责任不能够解决这个案件所提出来的问题，不管船主有没有过错，他都应该承担责任，因为他毕竟造成了码头主的损害。如果遵循过错责任不让船主赔偿，码头主需自己承担损失，而这又是显然不公正的。对于撞击是相互的这种观点，他们认为，任何一个侵权结果的发生，双方都存在着相互的因果关系。缺少任何一方，都不能够形成一个因果关系链，就不会发生因果关系。要解决这个问题，就要看究竟是谁撞谁？是船撞击了码头，还是码头撞击了船？是农药飘到养蜂主的土地上，还是蜜蜂飞到了农田里？从而决定在法律上谁应该承担赔偿的责任。惟其如此，我们才可以分清责任的界限，维护公平和正义。

* Vincent v. Lake Erie Transportation Co., Supreme Court of Minnesota, 1910. 109 Minn. 456, 124 N. W. 221

连带责任和分别责任

假设这样的一个情景：北大为了创收，把未名湖租给生物学院养鱼，最后收取20%的利润。半年之后，未名湖里的鱼大量死亡。调查后发现，湖边有两个排污孔，一个排污孔通向化学院的实验室，另外一个排污孔通向法学院的厕所。北大校长与生物学院的院长为了秘密调查鱼死亡的原因，深夜到湖边，点火照明来观察排污孔排出的液体，结果导致化学院实验室爆炸。法律责任如何确定？看这样的真实案件：原告有一个小湖，他花了很多的钱将它清洗并养上了鱼。他声称大约在4月1日前后，被告"东得克萨斯盐水处理公司"的管道破裂，大约10到15桶盐水流到原告的土地及湖里，湖里的鱼死亡，也造成了其他的损害。原告还说，另外一个被告"太阳石油公司"同一天也有大量的盐水和石油流到他的湖里，也是鱼死亡的一个原因。他称两个被告都存在着过失。原告提起了侵权行为诉讼，要求两个被告承担连带责任。此案件最后上诉到了得州最高法院，卡尔维特大法官就连带责任提出了他的法律意见。

大法官说，此案要解决的问题是：原告是否能够举出证据来证明两个被告要承担共同的或者连带的法律责任？大法官说，从本案件表面上看，两个被告之间不存在着一致的行为，也不存在着共同的计划。而按照传统的规则，如果没有这些共同之处，就不存在着连带责任的问题。这个规则是一个先例确立的，大法官引用这个先例来解释连带责任和分别责任的规则。如果每一个被告的行为都是各自的行为，被告之间没有一致的行为和共同的计划，那么法律就不会判定这些被告承担连带的侵权行为责任。如果每个被告的行为是独立的，而他们各自的行为导致了一个共同的损害结果，那么每一个侵权行为人只对他自己造成的那一部分损失承担责任。也就是说，当一个人与他人一起导致了损害，他就要付出代价。但是如果他的行为是独立的、与他人的行为不存在共同性，那么他就只对他自己行为"直接的和最接近的结果"承担责任。

大法官引用了法学家威格莫关于连带责任的论述。威格莫认为，侵权行为法确立连带责任和分别责任的目的在于解除原告不堪忍受的证明困难，也就是证明两个或者两个以上的不当行为人对原告的损害承担多少比例的责任；以及，如果若干被告的共同行为和共同计划导致了原告的损害，然而原告的损害又是不可分的损失，原告也有困难来证明每个被告的责任为多少的情形。

大法官说，如果我们严格遵循上述先例中的规则，那么本案件原告不能够在一个诉讼中同时对两个被告提起诉讼，而要求他们承担共同或者连带的责任，因为虽然两个被告的不当行为导致了原告的损失，但是他们的行为却是相互独立的。从理论上讲，原告所受到的损害是可分的，而从实际的和真实的情况看，原告的损失是不可分的。而且，依照民事上诉法院的解释，原告也不能够单独对被告要求一个判决，因为原告不能够确定被告应该承担责任的比例。换言之，法院对此问题抱有的哲学观点是：宁愿让原告得不到损害赔偿，也不能够让每个不当行为人多承担他不应该承担的责任。大法官评论道，从正义的观点看，这条规则不应该成为法律，以后也不能够视为法律，这条规则应该予以否定。正确的规则是，两个或者两个以上的不当行为人共同造成了不可分的损害，也就是说该损害不能够肯定地划出每个被告应该承担的比例，那么，所有的不当行为者将对整个的损害承担连带和分别的责任,受害方有权利分别起诉任何一人,也可以在一个诉讼中起诉所有的人。在得州法院,一般都认可既无一致行为也无共同计划的连带和分别责任。

但是,这类案件要求造成原告损害的过失行为,应该同时进行。而在本案件中,原告没有证明从两个被告管子里流出的盐水同时进入原告的湖中。而且,如何确定两个被告责任比例也甚为复杂。大法官说,从这个意义上讲,没有充分的理由适用连带和分别的责任。因此,最后的结论是:被告东得克萨斯盐水处理公司管道里流出来的水在进入原告的湖中之前,不存在损害赔偿的连带责任。*

与本案件相关的,存在着三个法律术语:独立责任、分别责任和共同责任。三种情况下的责任各不相同。独立责任简单的例子是:张三过失驾车,撞坏了王五的左车门;一个星期之后,李四过失驾车,又撞坏了张三的右车门。张三和李四承担各自独立的责任,因为他们两个的行为是各自独立的。分别责任的简单例子是:李四骑着摩托车,王五也骑着摩托车,两辆车相撞,结果把人行道上的张三撞伤,李四和王五对张三承担分别的责任。也就是,他们按照自己的损害大小对张三承担自己的那份责任。其含义是,两个行为人各自过失的行为共同导致了受害人的损害,每个人对自己的过失承担责任。本案件讲的就是这类案件,本文开头设计的化学院与法学院分别排污,最后共同导致鱼死亡的行为,也是这个类型的例子。共同责任的简单例子,就是本文开头北大校长与院长点火引起爆炸的情形,这里要求被告之间共同的行为和共同的目的。在这样的情况下,两被告共同对受害人承担赔偿的责任。在后两种情况下,法院有时候会判定两个被告承担连带责任,也就是说,原告可以向任何一个被告主张权利,但是,原告不能够得到双倍的赔偿。

在本案中,法官并没有确立被告之间连带责任,但是在法律分析中，他十分准确地解释了连带责任的规则。从法律理论的角度来说，依照侵权行为法的传统规则，被告之间承担连带责任，其目的是保护原告的利益，也就是使一个侵权行为人成为其他侵权行为人的保证人，以防止因为某些被告人无偿还能力而使原告得不到补偿。但是在实际生活中也存在着问题，比如对被告而言，这样的规则也存在着不公正，因为当有的被告无偿还能力时，先行给付的被告就得不到追偿。对后者而言，他就承担了他不应该承担的那部分损害赔偿。因此近年来，美国有的州法律开始修改甚至取消连带责任。在英国，连带责任问题也在发生着变化。早期的法律规定，原告只能够就一个损害事实提起一个诉讼，只要他得到一个被告的赔偿，他就不能够再就同样的事实起诉另外的被告。而且按照普通法，被告之间也不存在着分担和追偿问题，也就是先行赔付给原告的被告，不能够向其他被告讨回他多支付出去的赔偿数。但是，1935年的《法律改革条例》与1978年的《民事责任条例》作出了修改，用成文法的形式确立了连带责任中的连续诉讼制度和分担追偿制度。

在我国的司法实践中，连带责任应用比较广泛，这在一定程度上保护了受害人的利益。但是，如果法官不作出具体的区分和有力的论证，这种制度也会导致"杀富济贫"现象。这是因为连带责任永远对富人不利：他要首先赔偿给受害人，之后，即使他有权利向其他穷被告追偿，但是如果其他被告没有支付能力或者支付能力不充分，他也就最终承担全部或者绝大部分的责任。

---

*   Landers v. East Texas Salt Water Disposal Co., Supreme Court of Texas, 1952. 151 Tex. 251 248 S. W. 2d 731

"自愿承担风险"

泰森与霍利菲尔德拳击比赛，三场决出胜负。第一回合，霍利菲尔德败下阵来，第二回合，霍利菲尔德一拳打在泰森头上，泰森轻微脑震荡放弃比赛，第三回合，泰森一口咬掉了霍利菲尔德的耳朵。霍利菲尔德要为泰森的脑震荡承担责任吗？泰森要对霍利菲尔德的耳朵负责吗？看这样一个案例：原告是罗得岛州一座大楼的电梯操作员。她沿着一个圆形楼梯往上爬，想到咖啡厅休息，当她踏上楼梯狭窄一端台阶的时候，她滑倒、跌落、严重受伤，该楼梯台阶仅宽3英寸。她紧紧握住狭窄处的扶手，而楼梯台阶较宽处并没有人。原告对大楼及大楼维护人提起了诉讼。初审法院作出了有利于被告的判决，原告上诉。此案最后上诉到了罗得岛最高法院，首席大法官比维拉库提出了他的法律意见。

大法官认为，本案涉及的一个法律问题是"自愿承担风险"理论。这个理论是被告可以行使的一个有力的抗辩理由，一旦被应用，那么就可以免除那个引起危险之被告的责任。要确立原告自愿承担风险，就要看原告是否明确的同意。如果缺乏同意，那么原告就不能算是自愿承担他人所引起的危险，然而，如果原告知道危险的存在并乐意面对和遭遇这个不合理的危险，那么他同样是在自愿承担风险。要认定一个人意识到了危险并理解这个危险的特征，就应该从证据中去确认那个特定的个人是否实际上看到、知道、理解和乐意面对这个危险。

当一个人明知并乐意面对危险时，就可以认定他自愿承担危险。

原告是否自愿承担伤害的风险，一般是由事实的裁判者来确定。如果事实只能得到一个合理的推论，那么该问题就变成了一个由初审法院解决的法律问题，从而成为直接判决的基础。大法官说，就本案而言，初审法院认定原告自愿承担风险而免除被告的责任，是有证据来支持的。原告自己承认在她摔倒之前她曾经使用该楼梯许多年。也有记录表明在相关的时间里楼梯的状况没有实质性的变化。她不否认她知道楼梯井外墙没有扶手，她也知道楼梯在某个点上成楔形，因而在扶手最内侧变狭窄。根据这些事实和情况，可以得出结论说她知道楼梯的状况和结构，从法律上讲，她知道当她走在狭窄楼梯台阶上的时候，她就明确地承担了该危险，这个危险包括滑倒、跌落和受伤。

原告还声称她并不是自愿地面对该危险，因为她没有其他的方式去 12 层的咖啡厅休息。大法官说，我们不否认自愿承担风险理论的这一例外，也就是如果原告没有其他的选择而不得不去遭遇该危险，那么就不是自愿。但是，大法官认为，就本案而言，原告有其他的选择。她的证词也表明大楼内的许多职员离开大楼去喝咖啡或者去吃午餐。而且她也知道楼梯台阶的外侧和中间比内侧要宽，而她选择走内侧。基于这一点，不能够说原告没有其他的方式来避免受伤。最后，大法官的结论是：维持下级法院的判决，原告属于自愿承担危险。*

"自愿承担风险"是普通法的一个古老的原则。这个原则意味着被告引起了一个危险，这个危险可能会导致原告的损害；原告知道这个危险，也知道去冒这个危险的损害结果，但是他仍然去面对和遭遇这个危险，结果受到伤害。自愿承担风险一旦确立，原告就得不到被告的赔偿。在具体的案件中，这个原则的应用千差万别，不过经常出现在体育活动和游戏娱乐活动中。霍利菲尔德将泰森打成了脑震荡，但是，拳击比赛的危险性是每个拳击运动员所知道的，如果他愿意参加比赛，那么就不能因正常比赛造成的伤害而要求对方赔偿。泰森是一个自愿者，不能够要求霍利菲尔德赔偿。反过来，泰森咬了霍利菲尔德的耳朵，这不是拳击比赛正常的损害，霍利菲尔德不是自愿者，他有权要求泰森赔偿他耳朵的损失。一般而言，这个原则要得以确立，就要求原告"明知和理解"该危险并"同意去遭遇"该危险。在本案中，大法官比较完整地解答了这些问题。就法理而言，这个原则是法律上个人主义的一种体现。每个人都是一个有主观意识的主体，他可以有效地保护其人身的安全，他可以自己选择自己的行为方式，并对自己的行为承担责任，其中包括采取有风险的行为而去承担该危险所导致的损害结果。

"自愿承担风险"往往很难与"与有过失"清楚地区分开来。"与有过失"是指受害人自己有错误，我国民法称为受害人过错，民法学家称为过失相抵，结果是受害人的赔偿额相应减少。日本人称这个制度为"过失相杀"。自愿承担风险的结果是受害人得不到赔偿，与有过失的早期的结果是受害人也得不赔偿，后来的法律发生了变化，有过错的受害人的赔偿数额按照自己过错比例而减少。1945年英国"法律改革之与有过失令"规定：自愿承担风险是指原告的确同意去遭遇他所面临的危险；而在与有过失的情况下，原告没有能合理地关注他自己的安全。美国的侵权行为法教授普罗塞则形象地说，一个横穿马路者冲到公路上，公路上汽车飞速行驶，横穿马路者不会同意驾车者撞着他，因此原告是一种与有过失，而不必定是自愿承担风险。

法官在这个案件中，还涉及了这样的一个问题，这就是"自愿承担风险"和"选择危险方式"之间的区别。后一种情况出现在英国，它是讲，如果有多种选择，而原告选择危险的方式，那么他就存在着过失，就有可能是一个自愿者；如果他别无选择，那么他就不是自愿承担风险。在本案中，原告有其他方式去咖啡厅，但是她选择爬楼梯的危险方式，那么她就是一个自愿者。但是后来的英国法规定，如果原告别无选择，只能去做有风险的活动，那么被告要承担过失的责任，将选择危险方式视为一种过失。

* Rickey v. Boden, Supreme Court of Rhode Island, 1980. 421 A. 2d 539

侵权行为赔偿的计算

这是一个英国的人身伤害案件，从这个案件中，我们可以看出侵权赔偿数额是如何确定下来的。原告47岁，他在一次交通事故中严重受伤。其身体和四肢完全瘫痪，穿衣、内外清洗、部分进食都要依赖他人。他的心理、视力、语言和听力未遭到损坏。他的妻子从事故发生到审判之前一直护理着他，后来妻子自杀。原告没有了她之后，心情急躁，他住在一家医疗机构，需要两位全日制的护士做护理。事故之前，他的税后净所得是每年1855英镑。审判法官判定72616英镑的赔偿，被告提出上诉，理由是赔偿数额太高；原告也提起上诉，理由是赔偿太低。后上诉到上诉院，丹宁勋爵做出了判定。

丹宁勋爵在判决中说：第一，关于痛苦、不幸和舒适损失。参考近来的案件，有的案件判定了20000英镑的赔偿，有的判定了13500英镑的赔偿，有的判定了19000英镑的赔偿。在本案中，原告在身体上受到严重的损害，但是他的心理、语言和所有较高的机能都是完整的。因此，初审法官判定的18000英镑的赔偿数额是正确的。第二，关于恩惠费。原告从其雇主那里得到一笔一年828英镑的恩惠生活费。这笔费用是否应该在赔偿中扣除？答案是否定的。已确立的法律原则是，判定给受害人的赔偿不能够扣除受害人得到的保险金、养老金和抚慰金。相似的，赔偿数额不能扣除其雇主支付给他的恩惠费。这是给予原告的、超出法律补偿之外的、合同没有约定的津贴。在本案中,他得到了其雇主给的他余生的减半的报酬。没有人会妒忌他得到这一笔钱。第三,关于未来所得。事故发生时,原告的税后净所得是 1855 英镑。在审判之时,他税后净所得是 1860 英镑。他也许会得到小的工资增加,而且继续工作 10 年而后退休。初审法官将每年 1900 英镑作为被乘数,不存在异议。第四,关于护理费和设备。原告称其所居住的房子和设备十分不符合他的状况,他说将他放在一个为残疾人准备的房子里,根本就不是合适的。因此,他应该被提供一间特别制作的平房,目的是对他进行全面的护理。建筑师所给出数额显示,这种平房的开销大约是 28000 英镑。他还要求他需要一位管家住在里面,每周 15 英镑,两位护士,每位每周 42 英镑,三人食品开销是一周 15 英镑,总计每周 114 英镑,每年近 6000 英镑。勋爵说,一个不当行为者不能过分地指望受害人,但是,我们也不认为应该走得那么远。所有的事情都应该适度,即使在人身伤害的权利要求中也是如此。让他获得赔偿以应付所有合理的开支,要像对一个正常人合适的那样,不能让他因为其特别的个性而予以增加。只要原告接受国家提供的帮助,他将不用什么花费,或至少花费很少。国家健康服务项目已经提供了医疗和护理服务,因之,在人身伤害赔偿中这不成为一项,未来费用的判定应保持在中等数额。第五,乘数。所得损失被同意为每年 1860 英镑,时间从 1972 年 12 月 1 日(审判日)至 1983 年 5 月 3 日,即他 60 岁退休的年龄,也就是 10 年半。初审法官把乘数定为 9 年半,我认为这太高了。被告的建议是 7 年,我接受这种提议。这样,所得损失为 13300 英镑。护理服务费应该是每年 2600 英镑,从 1972 年 12 月 1 日起算,其生命的期望时间为 12 年。结论是:特殊赔偿为 1266 英镑,痛苦和不幸损失为 18000 英镑,未来所得损失为 13300 英镑,护理和看护费用为 24700 英镑,共计:57266 英镑,再加上利息 2050 英镑,总数为 59316 英镑。*

侵权法中法律救济的方式一般大体上分为三种：一是禁止令，二是恢复原状，三是损害赔偿。你邻居家养了一只大公鸡，每天天刚刚亮就引吭高歌，连续三周闹得你心神不定。这个时候，你可以向法院申请一个禁止令，禁止你邻居在居民区养报时的公鸡。再比如，你家邻居开办一家水泥厂，你整年都不能够开窗。这个时候，你也可以将他告上法庭，让法院发出禁止令，不允许他开水泥厂。这就是禁止令。恢复原状更多的是对财产的损害赔偿，你邻居家拆了你家的门，法院让他赔你一扇门。在人身伤害的案件中，这种救济的方式永远不会有完满的时候，你邻居打断了你的腿，他怎么给你安上一条腿，都无法将你的腿恢复到他打你之前的状况。从这点来说，法律永远不能够公平，受害者的损失有时候很难用金钱换回来。在侵权法中，使用得最多的是损害赔偿。对财产的损害赔偿，我们可以用金钱表现出来，对人身伤害的有些部分也可以用金钱表现出来，比如此案所涉及的医疗费用、护理费用、所得损失、生命期望值的损失；但是，有些损失却无法用金钱表现出来，比如，我们前面涉及的精神损害、隐私权以及后面我们还要涉及的名誉权。有些项目是可以用金钱来衡量的，而有些是不好用金钱来计算的。在这样的情况下，数量应该适中。侵权赔偿数额应该保持一个中等的水平，数额太低，对受害人不利；数额太高，既不符合一个社会的经济水平，也有违于侵权法补偿的原则。

　　本案件是一个人身伤害案件，法官的计算是比较全面的。其中，值得我们思考的是所得损失和生命期望值的计算，因为这样的考虑，既考虑到了法律平等的原则，又区别对待了不同的情况。就生命预期损失，受伤者或死亡者的生命预期期间的幸福是不能量化并计算的。赔偿的标准是生活的幸福，而非生命的长度，所以该"期望"不能被实际地或者满意地被判定，合理的方法是判定一个数量相对较少的赔偿额；未来的假定幸福标准是"客观"的，它不依赖于原告或者受害人自己的看法。因此，当事人"不能理智地认识到其损失的程度"不是判定的必要依据。再如，受害者的年龄，30岁的损失毕竟不等同于60岁人的损失。对非常年幼的儿童和年老的长者，其赔偿数额要减少，中年人的赔偿数要高。而且，一个年轻和充满活力的人比一个年长和虚弱的人遭受更多的痛苦。一般说来，原告的社会经济地位和他的生命期望无关。

侵权法的补救，永远比不上受害人受到的损失。一方面，侵权法的目的之一是"让受害人的损失回复到侵权行为发生之前的状况"，但是，这只能够是一种理论上的理想状态。另一方面，如果侵权行为人没有赔偿的能力，法官判定再高的赔偿数额也于事无补。这是侵权法本身的不足。在这样的情况下，保护受害人的更好方法应该是保险、社会保障和国家救济。侵权法中的救济方式，是用侵权行为人的金钱来赔偿受害人，而保险、社会保障和国家救济是用全社会的力量来救助弱者。当然，一个国家保险、社会保障和国家救济程度的高低，则与这个国家的经济水平相关。

* Cunningham v. Harrison (1973) Q. B. 942 Court of Appeal

啤酒里的蜗牛

多诺休女士与一位朋友去一家咖啡厅。该朋友给她买了一瓶姜啤酒，该啤酒瓶是不透明的。多诺休太太倒了一半啤酒到杯子里，喝完这杯啤酒后，将酒瓶里剩下的酒倒出，却发现在啤酒里居然有一只未完全腐烂的蜗牛。多诺休太太看着这蜗牛，想想已经进肚的啤酒，焦虑不安，以致身体不适。她起诉了制造商，认为他们有责任去发现蜗牛，防止其进到啤酒里去。此案一直打到英国最高审判机关，也就是贵族院。

法官阿特金勋爵认为，"你要爱你的邻居"，这条规则已经变成了一种法律，它要求你不能危害你的邻居。律师们随之要提出的问题是在法律上"谁是我的邻居？"勋爵说，这个问题可以有严格的含义，那就是，你必须采取合理的注意去避免某种作为或不作为，你要合理地预见你的行为可能会损害你的邻居。在法律上，"谁是我的邻居？"这个问题的答案是，有些人受我行为的影响是如此的紧密和直接，以至于我应该合理地考虑：当我打算去做或不做某种事情的时候，这种行为的结果会如何。

麦克米兰勋爵认为，侵权行为的类型和形式从来都不是静止和封闭的，它应该不断地发展，从而包含新的内容。这种责任的基本原则是，被告对原告负有某种注意的义务。原告应该证明，由于被告违反了该注意的义务，结果导致了他的损害。在本案中，两个相对的法律原则发生了重合之处,每一个原则都想具有优先性。一个方面,非合同的当事人在任何时候都不能对合同的当事人提出自己的权利要求,这是合同法已经确立了的原则,这个原则称为"合同相关性原则";另外一个方面,一个过失的行为导致了损害,受害人就有权利提起诉讼,并得到法律的救济。这个原则同样已经确立,这是侵权法的一个基本原则。如果存在合同关系,那么在当事人之间会发生合同纠纷的诉讼。但是,即使如此,也不能排除同时存在合同诉讼和侵权行为诉讼的竞合。其中最好的例子是,受损害的旅客起诉铁路公司,他既可以告被告"违反了保证安全的运输合同",也可以告他运送中的"过失",而且他也没有必要去说明,同样的一组事实为什么给一个人以合同的诉讼权利,而给另外一个人以侵权行为的诉讼权利。例外的情况还有:本身危险的物或者已知处于危险条件下的物会产生的特殊责任。这种特殊危险物的责任是一种特定侵权行为诉讼的种类,它是合同法责任和侵权行为责任之外的另外一种责任。勋爵认为这是一种新的法律责任,因为不能够准确地界定"危险物的责任",因此他最后把这种责任描述成过失侵权行为之外的一种责任。

最后,贵族院以简单多数支持了原告,认定制造商有责任采取合理的注意义务,保证它的产品对最后消费者不发生损害。*

英国的法学家们认为,这个案件是英国法律历史上"最著名的案例"。从文献上看,这个案件是英国"过失"责任的源头,也是"危险物"严格责任的源头,还是"产品责任"的源头。

首先,这个案件动摇了"合同相关性"的理论,这个理论被认为是英美合同法的基石。这个理论是讲,合同的义务和责任只发生在合同的当事人之间,合同之外的人不能够对合同提出任何法律上的权利,一个合同发生一个交易,合同履行后一笔交易即告结束,法律术语就是"货物出门,概不负责"。这个法律规则的好处是保证交易的高效率，因此一直得到商人的欢迎。在这个具体的案件中，被告制造商就认为，原告与被告以及啤酒零售商之间不存在着合同关系，因此她不能够对被告提出任何权利要求。如果是原告的那个朋友受到受害，也许会与被告发生法律上的关系，因为是原告的朋友而不是原告自己买的啤酒。也就是说，按照当时的法律，处于多诺休法律地位的人不能获得赔偿。因为她不是购买该啤酒的人，所以制造商的责任不能扩展而超出他的合同责任。但是，自从这个案件之后，"合同的相关性"不再适用，消费者和制造者之间即使没有合同，同样产生法律上的关系。

其次，这个案件还是后来英国产品责任的源头。使产品的制造商在人身伤害方面成为其产品的保证人。美国的产品责任法则是卡多佐法官于1916年判定的一个案件。那个案件的事实是，原告从零售商那里购买了一辆别克轿车，在开车的时候，汽车出现故障，他从车里摔出受伤。经查明，车轮用了有瑕疵的木料，在行车途中辐条粉碎。该车轮是别克公司从另外一家制造商购进的，但证据表明，只要别克公司适当检查，就可以发现瑕疵。原告状告别克公司，别克公司以"合同相关性"予以反驳，同样的理由是，原告不是从别克公司买的轿车，与别克公司之间不存在合同。关于瑕疵产品责任的理论，学者们一直有争论，一种说法是合同的瑕疵担保义务，也就是说，制造商出售自己的产品时，就默示同意保证产品的质量，当产品造成损害时，制造商就应该赔偿违约责任。另外一种说法是侵权行为法的"合理预见"义务，也就是说，制造商在生产产品的时候，应该合理地预见到其产品可能对消费者造成的损害，如果产品造成了损害，就可以证明制造商没有尽到合理注意的义务，因此应该承担侵权行为的责任。合同法的学者认为产品责任属于合同法，侵权行为法的学者认为属于侵权行为法，经济法的学者认为属于经济法。争论得一塌糊涂。

最后，在这个案件中，阿特金勋爵提出了他著名的"邻居公式"，这是以后所有过失侵权行为案件的基础。什么是过失？简单的说法就是：一个理智的人做了不理智的事，造成他人的损害，他应该对他的过失承担侵权行为责任。在接下来的案件中，我们会继续探讨这个问题。

*   Donoghue v. Stevenson, [1932] A. C. 562 House of Lords

适当注意与不可预料

被告肯戴尔看见有两只狗在打架,他用一根4英尺长的棍子试图将两只狗分开。狗在厮打的过程中,冲向肯戴尔。他后退而背对着原告,扬起手里的木棍想打狗。木棍高举过肩,却不幸打中了原告的眼睛。原告对被告提起侵权行为诉讼。被告请求法官引导陪审团:如果被告尽到了通常的注意义务,而原告却没有注意,那么原告将不能得到补偿。法官给出了这样的引导,而将本案留给了陪审团。法官给出的引导是:"如果被告在打狗时是在做出一个必要的行为,或者在当时的情况下做他有义务去做的行为,如果他用一种合适的方式去做,那么只要他在打狗的时候尽到了通常的注意,他就在本案中不承担责任。如果这不是一个必要的行为,如果他没有义务将狗分开,结果干涉了他人,那么被告要对此结果承担责任。如果他明显地采取了特别程度的注意,而事故仍不可避免,那么他不承担责任。这里所使用的词语不是以严格法律意义来理解,而是以通常的意义来理解。"陪审团在此引导下做出了有利于原告的判决,被告提起了上诉。

著名的上诉法院法官肖认为,这是一个不法侵害的诉讼。它涉及了"威胁"和"殴打"的诉讼形式。按照传统的普通法,一个人证明他遭受了另外一个人的"直接暴力",就足以支持一个不法侵害的诉讼,这里,无须考虑该行为是合法的还是不合法的,是故意的、蓄意的还是粗心大意的。但是,对这种传统的看法,法官提出了新的思路。他引用格林莱夫的看法,指出在本案中,原告必须证明被告在主观上是非法的,或者说被告具有主观的过错。也就是说,如果发生的伤害是不可避免的,如果被告的行为也是无可指责的,那么他将不承担责任。如果一个纯粹偶然事故发生了,那么由此发生的伤害并不支持一个诉讼。这里,法官使用了"特别注意"一词,他解释说,在当时的情况下,他的含义不是别的什么,而是强调了注意和谨慎的程度。特殊情况下的紧急状况,可能会要求一个普通注意和谨慎之人在那种情形下运用较高的注意程度以防止危险。在举证责任方面,"适当注意"要求由原告方承担举证的责任。在这个案件中,不管是直接证据还是间接证据,都证明被告显然是在做一种合法的行为,他不是在故意打击和伤害原告。就本案而言,被告不存在确有过错、过失、粗心或者欠缺谨慎的情况,而且原告也没有提出充分的证据来履行其举证责任,因此,被告就不能获得一种补偿。结论是命令进行一个新的审判。*

这是美国一个里程碑式的案件,这个案件标志着法律上一个新时代的来临。这个案件确立了侵权行为法的"过错责任原则",其在美国的重要性类似于姜啤酒案件在英国的地位。

从历史的角度说,早期的侵权行为法采取的是一种客观主义方法,有的学者称为严格责任时代。也就是说,不管被告主观上是否有过错,只要他对原告造成了损害,他都要承担责任。最早的侵权行为形式称为不法侵害,其中包括了对他人身体的不法侵害。这里的构成要素很简单:被告使用了力量,被告和原告身体上有接触。随后的发展扩展了其适用的范围,也就是,即使没有身体的接触也可能构成对身体的不法侵害,比如张三拼命摇树,李四从树上摔下来,两人在身体上没有接触,张三也构成侵权行为。史称"在相似情况下的不法侵害"。在这两个时期,侵权行为的确立,都不需要考察被告主观状况。

如果我们继续往前追溯，会发现侵权法实际上来源于古代社会的"血亲复仇"制度，或者称为同态复仇的制度。在这里，侵权法其实与刑法同源，有的法学家甚至认为犯罪法起源于侵权法。同态复仇制度的核心便是"以手还手，以足还足，以眼还眼，以牙还牙"。古巴比伦法、古以色列、古罗马法、古印度法、古日耳曼法，以及古代中国法都有着类似的规定。张三与李四发生冲突，不仅仅是两个人之间的冲突，而是各自部落之间的冲突，为了维系部落的生存繁衍，必须以一个部落的力量对抗另外一个部落。以日耳曼法为例，李四被张三杀死，李四部落首领出面组织全部落对张三部落复仇。李四的尸体挨家挨户地被存放在门口，每家存放一晚，目的是激发起全部落同仇敌忾的精神与气氛，最后李四部落浩浩荡荡奔向张三部落。在这样的情况下，冲突之中张三与李四的主观状态不具有关联性，重视的是客观结果，而不是主观的过错。反观中国古代法，一方面，乡村社会中家族报复不受正式法律的约束，这也是中国古代社会的特点之一，另一方面，在官方的法律和法学家的理论中，考察当事人主观状态的部分则至为发达。汉代董仲舒《春秋繁露·精华》"春秋之听狱也，必本其事而原其志。"史称"春秋决狱"之"原心定罪"。犯罪行为是次要的，重要的是要看行为人主观上如何。到晋代律学的时候，张斐、杜预已经在《晋律》中区分了"故""失"和"过失"。在杀人中，区分出"谋杀""斗杀"与"戏杀"。可惜的是，中国法律永远没有从政治和道德的控制之下独立出来，中国传统法律文化也就仅仅停留在法律的技巧和法律的形式上。

古代西方法律这种不考察被告行为主观要素的情况有着致命的缺点，特别是随着工业革命的到来，这种方法不再适应社会的需要，因为它给被告过重的责任。工厂主无法预料的事故会使他立即破产，而这样的事故却几乎无法避免。而且，在那个时代还没有现代社会容易聚集资金的公司形式和提供贷款的银行制度，新兴的工厂主频繁破产严重地阻碍了资本主义的发展。在这种情况下,过错责任原则应运而生,这样即使有损害的结果,但是如果被告无法预料和无法避免,那么他也可以不承担责任。这就是本案为什么如此重要。

*   Brown v. Kendall, 60 Mass. (6 Cush) 292 (1850)

"酒吧里的枪声"

用灯红酒绿、纸醉金迷、声色犬马和醉生梦死来形容酒吧，应该不为过，但同时，酒吧里面隐含有酗酒和骚乱，也不为错。下面这个案件就发生在酒吧。一位先生到酒吧，在骚乱中丧生，凶手找不到，该先生的妻子将酒吧告上了法庭。斯蒂文森是一个酒吧老板，他拥有和经营着一家酒吧。杰佛逊是个顾客，那天他去斯蒂文森开办的酒吧消磨时间。突然酒吧发生了骚乱，后来听得一声枪响，杰佛逊应声倒地、中弹身亡。据调查，此前，酒吧里曾经发生过多次的枪击和打斗事件，但斯蒂文森从未雇用过任何保安人员，也没有训练或装备他的雇员们以维持秩序。在杰佛逊被枪杀的那段时间，斯蒂文森不在场，他将酒吧留给了一位女雇员，让她负责看管酒吧，而她却不能维持酒吧的秩序。杰佛逊夫人对斯蒂文森提起侵权行为诉讼，指控斯蒂文森存在着一种过失。斯蒂文森抗辩说，他不应该承担责任，因为他并不知道枪杀杰佛逊的凶手存在危险倾向。一审法院的判决有利于杰佛逊夫人，被告斯蒂文森提起了上诉。

上诉法官麦克唐纳认为，本案涉及的法律规则是：开办公共娱乐场所的业主，对他的被邀请者承担合理的注意义务。即使该娱乐场所所在的房屋处于合理安全的状况之下，他也要尽到这样的注意义务，其注意的程度要与在那里发生活动的危险程度相一致。

法官说，我们的法律要对酒吧所有人加诸这样的责任：酒吧主必须合理地预见到第三人可能对顾客造成的故意伤害。在这类案件中，顾客遭遇伤害危险的尺度，本州和其他州的法律都一致支持一种"合理预见"的标准。法官说，上诉人提出他并不知道枪杀原告丈夫的凶手有着危险的倾向，但法官认为，虽然"知道一个特定凶手的暴力倾向"经常用来作为标准来衡量这类案件的"可预见性"程度，然而我们也不能够绝对地这样理解。我们反对这样的一种论点，这种观点认为，"可预见性"应该依法限于"实际地"或者"肯定性"地知晓一个特定凶手的暴力倾向。法官认为，一个酒吧主人"实际或积极性的知晓"可以基于过去的经验，比如，他知道第三人在一般情况下可能做出无法控制的危险行为危及其顾客的安全。如果情况是这样，那么也可以充分地认定和确立一种可预见性。

  法官说，在不同事实环境下，存在不同的陈述，但是一般规则是一样的。法官引用一个1981年的先例，第四上诉法院将规则总结如下："过失侵权行为的预见性决定了被告的法律责任，被告要保护原告不受到不合理危险的伤害。被告责任的程度限定于可预见危险的范围，这种危险是被告导致的其他人所要面临的危险。为了在法律诉讼中有效，原告必须表明：他在危险的范围之内，而且被告可以合理地预见。侵权行为者的责任不是决定于他的过失行为是否是原告受伤的直接原因，而是决定于发生的伤害是侵权行为人行为合理的和可预见的结果。"法官进而说，杰佛逊夫人的证据符合这种要求，她表明了该酒吧是一个"放纵不羁"的地方，这里有打架和枪杀的历史，她也表明酒吧的主人没有雇用任何保安人员，却将酒吧交给一位不能维持秩序的女雇员。依据这些事实，陪审团认定：对顾客的危险伤害是可预见的。该危险既然是由斯蒂文森而起，那么斯蒂文森就要承受。他理应防止和补救该危险，但实际上他没有做到这些，而且因为他未履行这种责任，杰佛逊才被杀。法官认为，一审法院确认了有利于杰佛逊夫人的判决，是合理的。最后的结论是同意和维持一审的判决。*

这是一个过失侵权行为的案件，比较典型地反映了这类侵权行为诉讼的特点。在英美侵权行为法中，"过失"像是一个"大杂烩"，不能够归结到其他诉讼形式的侵权行为，都可以放在里面，都有可能寻求到法律的救济。在侵权的各种形式中，都存在特定的利益，比如，非法闯入他人土地，侵犯了原告的土地占有权；殴打，侵犯了原告的人身权；侵扰，侵犯了原告对土地的使用权；名誉损害，侵犯原告的名誉。但是，过失要复杂得多，它既可以是侵犯财产，也可以是侵犯人身，也可以侵犯个人名誉，还可能造成经济上的损失。正因为如此，过失的侵权行为法较少一般性的原理。

不过，在司法实践中，法官们逐渐形成了一些过失最基本的构成要素，以交通肇事伤害案件为例，这就是：第一，被告对原告存在着一种注意的义务。司机对路上的行人有一种安全保障的义务，他不能够撞倒行人。第二，被告未能尽到该注意的义务。司机酒后开车，疲惫开车，高速开车，不避让行人，都是没有尽到注意义务的典型。第三，被告的行为对原告造成了损害。司机过失驾驶，撞倒了行人，行人受伤或者死亡。第四，被告的行为和原告损害之间存在着一种因果关系。行人受伤或者死亡的原因是司机过失驾驶。因果关系又分为两类，一个是事实上的因果关系，另外一个是法律上的因果关系。汽车的车身撞击了行人，这是事实上的原因。司机应该预见到过失驾驶对行人的损害但是没有预见到，这是法律上的因果关系。同时满足了这些方面的要件，我们就可以说司机要承担"过失"的侵权行为责任。

在这个具体案件中，叫人迷惑的是：死者死亡的原因是骚乱和枪手的枪击行为，枪手跑了，为什么要让酒吧主承担责任？酒吧主又不是凶手。但是，法官的看法不同，他认为酒吧主与死者之间仍然存在着法律上的关系，认定酒吧主消极的放任行为与受害者死者之间存在着"法律上的因果关系"，酒吧主应该承担侵权责任。值得我们琢磨的是法官对两个问题的法律分析：第一，酒吧主人为什么对顾客有一种注意的义务？这是要件中的第一个，也就是要证明被告对原告的"注意义务"。这是个前提。酒吧主人对酒吧里的客人，以及更一般的，房屋的占有人对在房屋里的人，有一种注意的义务，这是法律已经确立了的东西。这样的案件，我们以后还会遇到。第二，法官如何区分"直接原因"和"危险的可预见性"，也就是说，法官如何将因果关系转化为危险的可能性和可预见性？这是在证明被告行为与受害者死亡之间的"法律上的因果关系"。在这个案件中，法官支持了死者的妻子。这样类型的案件，目前在我国已经开始出现，判决的结果基本上都是给酒吧主和商店主加上了较重的责任。

* Stevens v. Jefferson, 436 So. 2d 33 (Fla. 1983)

不维修道路者的责任

你在马路上骑自行车,路面不平,你摔倒受伤,你想过要找公路局给你"一个说法"吗?我们来看这样的案件。安德鲁是一个13岁的男孩,他骑车上学。自行车道位于西南128街的北面,该道路由县政府负责修补。儿童们经常使用该道路,这一点县政府也知道。该条道路修建于1971年,用沥青铺成,大约5英尺宽。这条道路自建成后从未得到过维护,在有树生长的地方,生长的树根使道路崎岖不平。为了避开这样的地带,安德鲁骑车离开自行车道,进入与道路平行的草地,草地上也有树,最后他骑上了邻近的街道。一辆轿车开过来,正撞着了安德鲁,安德鲁倒地丧生。从当时的情况看,如果安德鲁不骑车进入街道,他就会撞到树上。安德鲁的父亲起诉了县政府,声称它在维护自行车道方面存在着过失。一审法院作出了有利于被告的判决,理由是被告的过失不是事故法律上的原因。原告不服,提起上诉。佛罗里达州上诉法院胡巴尔特法官作出了判决。

法官说,按照本州已确立的法律,要使一项过失的诉讼成立,原告就必须确立三个要素。这些要素在各种案件中表述的语言略有不同,而且也无特别正规的形式;但在实质上,它们包括如下内容:第一,法律确立了一种义务,这个义务要求:为了保护他人,比如原告,被告的行为要符合某种行为标准;第二,被告没有履行这种义务;第三,被告未履行该义务是原告受损或受伤法律上的原因。就本案而言，所有人都同意初审法院对前两个方面要素的认定，但第三个要素，也就是"最接近的原因"，也就是法律上的原因方面，双方存在着争议。

在因果关系方面，佛罗里达州法院与其他大多数地区是一样的，存在历史悠久的"若不是"的事实因果关系标准和"最接近原因"的法律上因果关系标准。这就是讲，来自被告的一种自然的、直接的和持续的过失行为或者不作为，导致了原告的损害结果。事实上的原因可以表达为，"若非"过失行为或者过失的不作为，损害就不会发生。法律上的因果关系，法院最经常使用的尺度是所谓"预见性"尺度，也就是说，原告的损害是被告可以预见到的。如果在被告过失行为之外存在着其他的"介入原因"，如果这种介入原因是可预见的，那么被告对第一过失行为仍然要承担责任。

在本案件中，被告没有适当地维护自行车道，而正在这个地方，安德鲁脱离了道路，被告的这种过失是死亡的事实上的原因。如果采用"若不是"尺度，就可以清楚地发现："若不是"被告的过失，安德鲁将不会被迫脱离自行车道，将不会进入相邻草地面对有威胁的树，不会进入相邻街面，将不会被开过来的轿车撞上而死亡。"若不是"被告在维护自行车道方面的过失，该事件的悲剧性结果将不会发生。法官接着分析，被告道路维护的过失所导致轿车和自行车相撞，是否可以合理地预见。法官说，依据普通经验我们就可以知道，自行车手在自行车道上行走时，存在一种力量，当他面临道路上危险的状态时，很可能会被迫离开道路，而到相邻的道路上去，他这时并不能停止下来。这里，相邻地带是一片大约宽 5 英尺的草地，又有具有威胁的树生长在那里，他可能会被迫驶进邻街以避免撞上该树，可能被驶来的轿车撞上致死。事实上，本案中死者进入街道的行为和轿车撞倒死者的行为，都是男孩死亡事实上的介入原因。但是，这些原因在法律上都是可以预见的，因为从被告原始的过失中，就能合理地预见到那种结果。

最后的结论是：修改原审法院的判决，发回重审。*

这个案件比较完整和全面地分析了过失侵权行为责任的问题，法官把过失的要件归纳为三个方面。这就是：被告注意的义务、被告未尽到义务、原告损害与被告行为之间的因果关系。因果关系又包括事实上的原因与法律上的原因，前者强调"若非"假定性的标准，或者强调被告对损害的预见性。

如果被告行为与原告损害结果之间出现了中介原因，那么被告是否要承担责任？其中的标准是：该中介原因是否中断了原有的因果关系链。关于这个问题，后面有专门的案件进行解释，在这里，死者死亡的原因，一个方面是被告没有维护好自行车道，另外一个原因是轿车事故，后者是原、被告因果关系中的中介原因，被告对原告是否承担侵权责任，就要看中介原因是否中断了原告损害与被告行为之间的因果关系链。在这个案件中，法官认为这个中介原因没有中断原—被告之间的因果关系链，最后支持了原告。

这个案件还有一个特殊点在于：被告的过失是以不作为的形式出现的。所谓作为是被告积极的行为，比如司机撞行人，所谓不作为是被告的消极行为，比如被告没有维修道理。积极的作为发生侵权行为责任比较好理解，消极的不作为发生侵权行为责任比较费解。在后一种情况下，一般要求被告与原告之间存在着"特殊的关系"，比如房东与房客、雇主与雇员、教师与学生、医生与病人等，可惜本案法官没有详细探讨这个问题。

在上一个案件中，我们也许就有疑问：要酒吧主为顾客死伤"埋单"，是否公平？果真如此，酒吧适宜怎样经营下去？在这个案件中，这个疑问也许更加严重。如果仅仅是因为县政府没有维护道路，就要求对所有因使用道路而受伤的人承担责任，那么这样严厉对待被告的法律是否过于"邪恶"？从法律上讲，这个问题最后归结到被告是否能够"合理预见"损害的后果。从社会学的角度说,这个问题实际上涉及一个社会的公共政策的问题,以及与之相关的设定被告多高程度的注意标准。社会学家称为:法律是社会控制的工具;政治学家说:法律只是穿着新外衣的政治。当这个标准高时,法律更好地保护受害人的利益;当这个标准低时,法律保护受害人的利益就略显不力。如何设定和适用这个注意标准,是法官们影响社会生活的一个杠杆。有法学家将过失标准形象地描述为一个"闸门",闸门开得太大,诉讼量大幅度上涨,闸门开得小,诉讼量减少。这个闸门开启的大小,实际上与这个国家的经济水平联系在一起,与这个国家生活水平联系在一起。设想一下,如果这个标准搬到我们国家,那么将会是什么样一个情形?

* Stahl v. Metropolitan Dade County, 438 So 2d 14 (Fla. App. 1983)

紧急状态下的过失标准

一个人在正常状态下的行为，肯定不同于在紧急状态下的行为。一个人是否"过失"，是按照正常状态下的行为标准，还是按照紧急状态下的标准？一个正常理智的人，在紧急状态下的"正常"行为，在正常状态下可能是一种"过失"的行为。这样的行为是不是侵权行为呢？我们看下面这个案件。本案被告西伯特在一家银行前排队泊车，原告威尔森太太驾车等在他后面。被告说原告的车在他后面4到5英尺，而原告称他与原告的车之间有两辆半车的距离。被告称在他泊车的时候，前面的车突然倒车，他于是立即打方向盘倒车，结果与原告的车发生碰撞。其力量很大，把原告车的挡泥板冲压进了轮胎，原告的车无法开动。被告没有鸣喇叭，也没有环顾四周，也没有在倒车之前从后视镜里弄清他后面是否有车。他说他倒车的时候完全是一种"急转的反应"和"条件发射"，以避免与他前面突如其来的车发生碰撞。他承认如果他不倒车的话，他也不知道前面的车会不会撞到他，也没有清醒的想法去看一看他的后面。他说自己"太匆忙挂挡……似乎没有时间去做别的，只是想把车挪开"。只是在与原告的车发生碰撞的时候，他才意识到他后面有车。被告车前的司机逃逸。原告将被告告上法庭，审判法院给陪审团两个法律指导意见：一是"过失"的一般含义，二是"突发紧急状态理论"。陪审团作出了有利于被告的裁定。原告上诉，上诉院维持原判。此案件最后到了阿拉斯加州最高法院，首席大法官拉宾诺维奇代表法院提出了他的判决意见。

上诉人认为，因为被上诉人在倒车之前没有从后视镜里看后面，也没有按喇叭，所以可以认为被上诉人"完全缺乏"注意。他称，一个合理的陪审团根据这些事实不难认定：被上诉人对威尔森太太没有尽到注意的义务，因此应该认定被上诉人存在一种过失。但是大法官认为，上诉人没有考虑到紧急状态下行为人被迫行为的急迫性。在一审中，被上诉人对事实情况的证词被初审法院接受，法院认定他当时处于紧急状态。法律要求陪审团以"相同情况下理智人的标准"来衡量被告人的行为，这些情况就包括紧急状态，这种事实可以使非紧急状态下的不合理行为成为一种合理的行为。按照这个规则，陪审团要根据紧急状态下的行为来判断被告行为的合理性。为了避免与前面车相撞，他急转向、倒车、不按喇叭和不往后看，几乎是同时发生。大法官说，这一组行为在当时的情况下是不是合乎一个理智人的标准，肯定有着不同的看法，鉴于此，这个问题就应该交给陪审团去解决，让他们给出一个意见。

上诉人还声称，上诉院特别地对陪审团给出紧急状态的理论，会使陪审团对原告产生不利的影响。他认为，既然已经给出了过失的一般规则，陪审团就有了适用的标准。这时还给出一个单独的、补充的紧急状态的法律指导意见，这是不公平的和没有必要的。但大法官说，双方当事人都同意，在紧急状态下，如何把握过失的尺度，每个案件大体一致，这就是在"当时的情况下"被告的行为是不是合乎正常理智和谨慎人的标准？这里的问题是，单独给出紧急状态理论的法律意见是不是会造成偏见？大法官首先引用了两个先例，在这两个先例中，当事人要求法院给出单独的紧急状态下过失理论的法律意见，但是法院拒绝，并认定其"不给出单独意见"并不存在错误。随后大法官总结道，在有些法律管辖区里，如果事实要求而法院"不给出紧急状态理论意见"，这些法院会被认定存在着错误。但是，几乎被普遍接受的看法是：初审法院给出了"多余"的突发紧急状态理论的意见，却不会存在任何的错误。因此，大法官说，对这个案件的看法是：法院单独给出紧急状态理论的法律指导意见，不会发生对原告不利的影响。最后的结论是：维持原判。*

过失的核心问题是"理智的人没有做理智的事"或者"理智的人做了不理智的事"。理智的标准就是"理智人"的标准，这个理智的人既不是天才，也不是白痴，而是一个社会中正常、普通人的标准。在一个具体的案件中，"普通理智人"是由陪审团的成员充当的。陪审团的12个组成人员来自社会的普通大众，他们按照生活的常识来判定事实的问题。这是英美法系特有的制度，在刑法和侵权法中起着巨大的作用。在具体的案件中，法官是法律的专家，解决规则问题；陪审团是事实的判定者，解决事实问题。法官与陪审团的结合，既有专家的智慧，又有社会的民情，法律既体现了进步，也符合了社会状况，这是法律制度良性循环的魅力所在。

我们常说，我国的法律制度来自西方国家，不符合中国的国情。其出发点，就是西方的法律"规则"不适合中国社会"事实"。我们引进了西方的法律制度，但是没有引进西方的陪审制度。这样将源于西方的法律制度应用到另外一个无法"兼容"的社会中，有法律"规则"但是无法达到"法治"的现象就得以产生。在这个方面，如何解决西方法律与东方社会"合拍"的问题，有待于社会的发展和法学家、法官的研究和探索。

在一定程度上，这个案件的实质性问题与诉讼程序方面的问题出现了冲突。在实质问题上，陪审团认定被告不存在过失，而得出这个结论，又与法律程序相关，因为法官在事前给出的法律指导就是"紧急状态下"的过失标准。这就是说，在正常状态下，过失标准是正常状态下的理智水平，在紧急状态下，是正常人"在紧急状态下"的理智标准。依照两个平行的标准，陪审团得出的结论是支持被告。应该说，从判决结论上看，与我们通常的看法存在着冲突，因为通常的看法是：被告撞了原告的车，最后的结论却是被告不承担责任。这里，特别地给出一个紧急状态理论，会不会影响陪审团成员的判断？这也是原告上诉的原因所在，可是，到了最高法院，这个案件的最后结论还是：初审法官如此行为不会发生不合理的影响。最高法院仍然确认了在紧急状态下，过失的标准是一个"理智和谨慎人"在"紧急状态下"的正常标准。从而解决了：紧急状态下的过失标准与非紧急状态下的过失标准存在着差别。在这个案件中，与其说是法官和陪审团支持了被告，还不如说，美国法严格的程序制度帮了被告的忙。"法律只解决形式正义，不解决实质正义"，"西方人讲究程序正义，中国人讲究实质正义"在这个案件中，有着典型的表现。

得出这个结论，还与初审法院与上诉法院的分工有关，上诉法院只解决法律的适用问题。在这个案件中，最高法院只是想阐明：在初审中，法官在陪审团作出"过失"判断之前给出的法律指导是否合适？如果合适，具体的结论还是维持下级法院的判决，它要尊重下级法官的判断和判决。在这个问题上，我国的司法制度与英美的制度存在较大的差别，因为我国的上级法院"领导"下级法院的工作，它既审查法律问题，也审查事实问题。从这个意义上讲，我们国家还没有建立起独立的司法制度。

---

*   Wilson v. Sibert, Supreme Court of Alaska, 1975 535 P. 2d 1034

直接的因果关系

一个小的失误，导致一个大的灾难，小失误者对灾难的严重后果承担责任吗？比如，一个船员不慎滑落下一块船木，船木与甲板发生碰撞，碰撞发出火花，火花点燃了汽油气体，最后汽油起火，烧毁了整个船。雇员要对整个船的毁损承担责任吗？具体案件如下：原告波尔米斯和他的搭档有一艘船，他将此船租给被告佛尼斯公司。被告在使用该船期间，此船为火所毁损。当时，该船停留在摩洛哥的卡萨布兰卡，第一号船舱装着挥发性汽油。在航行过程中，外壳存在某些泄露，船舱里存在着汽油的气体。被告的一位雇员将沉重的船用木板吊至船舱口，吊钩在移动其中一块木板的时候，木板落下掉进了船舱。接着就是一束火焰，最后将该船全部毁损。原告要求被告对船的损失进行赔偿，并将此案提交仲裁，仲裁员明确认定是碰撞发出了火花，不过这种现象事先不能够合理地被预见。但是，仲裁机构作出了有利于原告的裁决，判定船主有权利得到赔偿。后来案件到了法院，初审法官仍维持了仲裁机构的结论。被告提起上诉，上诉法院班克斯法官和斯库顿法官提出了他们著名的法律意见。

班克斯法官分析道，在这个案件中，仲裁员们认定了这样的事实，也就是认定厚木板的坠落源于被告雇员的过失。而在法官看来，木板的落下又是火灾发生的直接原因。在这样的情况下，木板落下导致了火花，火花的发生并不能够为人们合理地预见，但法官认为所有这些都不具有决定性。他说，被告年轻的律师试图区分两种情况，一种情况是过失行为导致损害之"程度的"可预性，一种是过失行为导致损害之"类型的"可预见性。该律师承认，既然过失已经导致了损害，那么对于过失行为人，我们就不能因为他不能够预见过失的危害程度，就作出判断。但是，过失行为人有权利相信这样的事实：他不能够合理地预见其过失行为会导致的危害类型。但是法官说他不同意这位律师的这种区分，他的结论是：假定未尽到注意的义务构成了过失，假定损害是过失的直接结果，那么在我看来，导致危害结果之行为人的预见性，是无关紧要的因素。法官因此认定原告损害赔偿的权利要求并不牵强。

斯库顿法官则说，要确定一个行为是否构成过失，我们有必要考察该行为人是否能够合理地预见该行为发生的损害；如果不能够预见，那么就不构成过失。但是如果该行为能够或者有可能导致损害的结果，那么即使实际发生的损害结果并不是他所期望的结果，也不能够排除他的责任。只要过失行为事实上直接和充分地导致了损害结果，只要不是与该过失无关的其他独立原因导致了损害结果，那么区分实际结果和可预料的结果就没有必要。一旦确定行为是过失，那么其实际运作之不可以预料并不重要。在这个案件中，装卸货物导致木板坠落，坠落导致了火灾，这些环节都容易造成损害，损害的对象有可能是工人，也有可能是货物，也有可能是船舶。他们不能够预料其行为会导致超出他们预料的损害，也不能够预料火花和汽油气体发生火灾最后导致船的毁损，这也不能够排除他们的责任，因为他们的过失行为是损害发生的直接原因。法官的总结是：基于以上的原因可以认定，经验丰富的仲裁员和下级法官的判决是正确的，驳回被告的上诉。*

侵权行为有各种各样的形式，每一种侵权行为的构成要素都不一样。在这些差异性中，有一个要素，每个侵权行为都必须具备，这就是被告行为与原告损害的因果关系。也就是说，在一个诉讼中，原告必须证明，由于被告的行为导致了原告的损害，即被告的行为是原告损害的原因。从古典哲学意义上讲，任何事件的产生都有其原因，探求事物之间的因果关系，似乎是人类的本性。哲学家们总想弄清事物之间的因果律，从而发现事物发展的规律。法律家们似乎也没有摆脱这种俗套，在传统的法学家和法官那里，因果关系是他们经常探讨的问题，也是一个经常让人困惑的问题。一般而言，侵权行为法中的因果关系包括两个方面，一个是事实上的因果关系，即被告行为是原告受损事实上的原因；一个是法律上的因果关系，即被告行为与原告损害之间关系不过于牵强附会。在一个具体的案件中，当被告的行为和原告损害之间同时具备了这两种因果关系的时候，被告才承担侵权行为的责任。

事实上的因果关系，要求被告的行为的确导致了原告的损害。比如张三酒后驾车撞了行人李四，张三"酒后驾车"的行为，就是李四"受伤"结果的原因。在具体的案件中，事实上的因果关系的尺度是"若非"标准，比如张三撞李四的案件，要确定张三行为与李四结果之间是否存在事实上的因果关系，就要问："若非张三酒后驾车，那么李四就不会受伤？"英国有一个1969年的案件，原告的丈夫因为呕吐到医院看病，医生没有给他做检查，而是对他说，如果你明天上午还是感觉不好的话，你就去找你自己的医生去看病吧。五个小时之后，原告的丈夫死亡。后查明，原告丈夫死于砒霜中毒。这就意味着，即使被告给该丈夫进行检查，该丈夫也得死亡，死亡的原因是砒霜中毒，而不是医生失职。最后，法官认定，医生不检查的行为与丈夫死亡结果之间，不存在着事实上的因果关系，医生因此不承担责任。

仅仅有事实上的法律关系是不够的，还需要具备法律上的因果关系。法律因果关系强调"被告对损害结果的预见性"，早期的英国案例注重原告损害和被告行为之间"直接"的因果关系,也就是说,被告雇员过失掉木块的行为是船毁损的"直接结果",本案件就是最经典的案例,此案在英国法中占有着重要的地位,它是"直接因果关系"的代名词。但是究竟什么是直接的原因,本案的法官并没有明确地界定,而且在实践中也经常发生不公平的现象,比如本案件中,被告雇员一个小的工作失误而发生整个船损毁大的结果,而让被告承担如此大的损害赔偿,不合乎现代私法的原则。因此,后来的案件将法律上的因果关系发展出"危险区域内"规则和"可预见性"规则。前者强调原告处在被告行为的危险范围之内,后者强调被告应该能够预料其行为的结果。

---

* Polemis v Furness, Withy,& Co. Limit. [1921] 3 K. B. 560 (C. A. 1921)

"薄薄的鸡蛋壳"规则

"直接结果"的因果关系论从1921年到1961年在英国都处于主导的地位，直到1961年被"可预见性"的因果关系论取代。即使如此，直接结果因果关系论有时候也被法院采用，本案件就是典型例子。苏格兰爱丁堡邮政局的职员在地下施工铺设电话线。5点钟的时候，他们喝茶休息，洞口敞着，无人看管，洞口上有帐篷，周围挂着煤油提灯。一个8岁男孩和一个10岁的男孩发现了无人看管的地洞，他们沿着连着提灯的绳子，进入了洞内。他们爬出洞口过程中，没有发生事故。但当他们到达地面的时候，把提灯踢进或者掉进洞里。接着发生的是提灯摔裂、煤油挥发。煤油气体遇到提灯的火焰，随着一声爆炸，大火燃起。8岁的休斯因爆炸掉进洞里，严重烧伤，当把着熔化着的金属梯往上爬的时候，手指也被烧伤。休斯对邮政局的法人代表苏格兰检察总署提起诉讼。苏格兰法院做出了有利于被告的判决，理由是尽管烧伤是可以预料的，但是煤油挥发和爆炸则是不可以预料的。此案最后上诉到了贵族院，也就是英国最高审判机关。

三位勋爵发表了对此案件的看法，瑞德勋爵说，邮政局工作人员没有看管好敞开着的地下洞穴，这是错误的。如果他们做了他们应该做的事情，那么这个事故就不会发生，这也是清楚的。我们应该能够认定他们对上诉人负有注意的义务。然而，上诉人没有能够得到赔偿。

当然，原告应该证明被告的错误是原告损害的原因；这类案件也有可能存在着新的介入原因,但是本案不属于这种情况。这里,事故的原因是那些提灯,只不过提灯是以不可预料的方式发生了危险。对于事件的过程,专家也承认没有人希望它发生,也不太可能被预料到。至于原告受伤的直接原因究竟是爆炸?还是烧伤?这一点不甚明了。而被上诉人答辩的重要一环就是说:爆炸是伤害的真实原因,而爆炸又是不可以预料的。勋爵说,如果因为不可以预料而排除被告的责任,而不管被告对原告未尽到他应该尽到的义务、且未尽义务又在事实上导致了损害,那么就是不合理的。勋爵的结论是,这个案件的事故源于一种危险,但是该危险以不可以预料的方式发生。按照他的这种判断,应该允许原告提起上诉。

另外一位勋爵古斯特认为,初审法院和上诉法院得出的结论是该事故不可以预料,其注意力主要集中在爆炸的不可预见性,因为它以特殊的方式发生。但是,按照勋爵的看法,下级法院所关心的这个问题非本质的要素,也就是说爆炸并不是决定性的因素。而且,他们的推理方式也是错误的。爆炸是烧伤的唯一原因,但是烧伤可以由煤油气引起,也可以由火焰引起,不管是哪种情况,这都是一个烧伤的案件,因此,爆炸是因果关系链条中非本质的要素。简单地说,烧伤是具有潜在危险的煤油灯所导致。

第三位勋爵皮尔斯说,爆炸产生了一种事故和损害,它不同于可以预见的不幸和损害吗?他认为不是。一个人的行为导致了危险,因为这个危险是由特殊的爆炸而产生,因此要排除行为人的责任,这种看法过于狭隘。因此他也同意这项上诉。[*]

这是英国 1963 年的一个著名案件,这个案件解决的问题是被告行为和原告损害之间的法律上的因果关系。这个案件的微妙之处在于:被告的不当行为是轻微的,而原告受到的损害却是超常的严重。在这样的情况下,被告是否要对原告严重的损害结果承担责任呢?这类问题在英美侵权行为法中称为"脆弱的头颅"或者"薄薄的鸡蛋壳"规则。按照这个规则，被告要对原告严重的后果承担责任，其法理的依据是被告"不能够过高地指望原告"，也就是说，原告有一个"脆弱的头颅"，被告不要自以为原告有铜头铁臂。在妇女怀孕和血友病情况下，这类问题也许更为常见。

"脆弱的头颅"规则不意味着一种严格责任。严格责任与过错责任相对，过错责任需要被告人主观上存在着故意或者过失，也就是要求被告主观上存在着过错；而严格责任并不需要被告主观上有过错，只要是被告的行为导致了原告的损害，被告都要对原告的损害承担赔偿责任。这里所谓的"脆弱的头颅"规则，要求被告的行为通常会对普通的人造成伤害，或者，要求被告必须存在着错误，因为他可能知道或者应该知道原告特殊敏感的状况。"脆弱的头颅"规则意味着，只要认定被告主观上有故意或者过失，他就逃脱不了对原告不可预料的人身伤害。

这个规则是上一个案件中"直接结果"因果关系的延续，只是在适用的时候有了进一步的发展。在适用这个原则的时候，英国的法官们抽象出了两个基本的原则：第一，如果损害的类型是可以合理地预见到的，那么不管损害以什么不可预料的方式发生，法律上的因果关系都可以成立。本案件就属于这种情况，邮政局雇员应该预见到离开工作地就有可能发生损害，但是他们无法预见发生爆炸的结果。即使如此，他们离开的行为与小孩受伤的结果之间也被认为存在着法律上的因果关系。第二，假定损害的类型可以合理地预见到，那么不管损害的严重性多么不可预料，法律上的因果关系也可以成立。比如，由于被告的过失，原告嘴唇烧伤。因为原告嘴唇组织已经含有癌细胞，嘴唇烧伤后导致原告感染上了恶性肿瘤。他状告被告，烧伤后三年，原告死亡。被告认为，他不应该对原告的死亡承担责任，因为感染上恶性肿瘤是无法合理预见的。法庭认为，被告不能够"过高地指望原告",这里,关键在于被告是否能够预见到烧伤,而不在于是否可以预见到恶性肿瘤。法院最后判定被告要承担侵权责任。另外,在这个规则应用中,法官们区分"人身损害"与"财产损失",在人身伤害的案件中,"脆弱的头颅"规则应用得多;而在财产损害的案件中,一般不适用这个原则,而适用较严格的"可预见性"规则,下一个案件就属于这种情况。

* Hughes v. Lord Advocate [1963] A. C. 837 (H. L.)

"可预见的损害"

原告拥有一个木质码头，长40英尺宽400英尺，位于澳大利亚悉尼港茅茨湾。被告是燃油轮船"马车山"号的承租人，该船停泊在卡特克斯码头，与原告的码头相距600英尺。由于被告职员的过失，大量的储存油流进了海湾，油在原告的码头积聚成了厚厚的一层。码头上有焊接作业，原告询问卡特克斯油业公司经理是否安全。该经理保证是安全的，因为燃油的沸点为170度，而海水中漂浮的油不可能达到这个温度。但是，焊接熔化金属片焖燃了一个棉花碎片，碎片在油上漂浮，结果棉花点燃了油层，引起大火，大火严重毁坏了原告的码头及停泊在码头上的船只。原告对被告提起了诉讼，初审法院作出了有利于原告的判决，被告上诉，新南威尔士最高法院否定了上诉。而后此案提交到英国枢密院，枢密院作出了最后的裁定。

被告方的理由是，虽然油会燃烧，但是在当时的情况下，被告没有也不能够合理地预料到浮油会引起大火，而且当时著名的科学家韩特教授也提出支持被告的专家意见。原告方的理由是，被告的燃油流到了原告码头，影响到了码头的作业，这虽然是一种小的损害，但也是一种损害，而且重要的是：燃油的燃烧是大火损坏原告码头的直接原因。原告的依据是一个过失直接原因论的著名先例，这个先例确立的原则是：如果被告存在过失，那么不管他是否能够合理地预料到损害的结果，他都要承担全部的责任。

枢密院着重讨论了这个直接因果关系论。他们认为，大家都非常熟悉直接因果关系规则，但是其权威性已经开始动摇，现在它不再被视为一个好的法律，因为它不符合现在的正义和道德的观念。这个规则意味着，一个过失的行为，不管它是如何轻微和细小，不管它实际的损害多么微不足道，只要它是一个"直接的"原因，那么它所引发的结果不管如何不可预料和如何严重，过失行为人都要承担全部的责任。而按照民事责任的原则，一个人只对他行为造成的损害承担责任。超过了这个限度，它就是一个苛刻的法律；低于这个限度，就不利于社会文明的秩序。让一个人承担他行为造成的相应的损害结果，不是依据一个自然、必要和可能的结果，而是因为我们要采取一个理智人的标准，而按照人类共同的良知，一个人只对他自己行为可预料的结果承担责任。否则，如果采用直接原因的原则，那么就会导致永无休止的和无法解决的因果关系，因为一个律师不能够像哲学家那样陷入到逻辑和形而上学的争论。

　　而且，究竟什么是"直接"的原因，也是个难于回答的问题，这要依赖于具体的环境。事后的聪明不是一个标准。我们不能够离开具体的环境来抽象地说被告应该承担赔偿责任和承担什么样的责任，我们只能判定被告承担他自己造成的责任，而不是其他，责任判定的标准是其合理的预见性。比如，A 的行为导致 B 的损害，这是可以预见的，随后又导致了 C 更大的损害，这是不可预见的，在这样的情况下，A 只对 B 承担责任，而不对 C 承担责任。直接原因论用"直接原因"取代"可预见性"，这只会导致逻辑混乱和不公正。

　　枢密院最后的结论是：允许被告上诉，驳回被上诉人（原告）对上诉人（被告）的过失指控，但是被上诉人可以在相应的法院提出对上诉人公害的诉讼请求。*

　　这是英国法中一个非常著名的案件，其在历史上的地位是在法律因果关系规则上,用"可预见性"标准取代了"直接因果关系"标准。枢密院谈及的理由很多,其中值得称道的是它以现代私法理念作为判决的基础,也就是"每个人只对自己的行为可预料的结果负责"。这种个人主义的观点源于西方 18 世纪的哲学。它是讲,每个人都是一个独立的存在,都有自己的意志和意识,每个人都可以按照自己的意愿处理自己的人身和财产。这种哲学观在法律上的表现,成为近代西方法律制度的基石。自由、平等、人权、法治等法律的理念都与这种哲学观点相关。在 18 世纪之前,哲学、政治学与法律学的理论纠缠在一起。法律理论尚没有成为一门独立的科学,而在另外一个方面,法律活动又是一个专业的职业性的活动,它着重的是法律的实践而不是法律的理论。理论渊源于古希腊的哲学,实践渊源于古罗马的法学,这是法律领域的一个奇怪的现象。在这个意义上,法哲学理论与法律实践的理论永远存在着"说不清道不明"的关系。侵权行为法被认为是具有法律实践性的领域,学者们喜欢说的一句话是:侵权法是一个法律实践的领域,而不是一个哲学的领域。法律需要的是可以直接适用的规则,哲学的原则得不出明确具体的解决问题的方案。这就是本案枢密院成员们抱怨哲学的原因,他们区分了哲学上的因果关系和法律上的因果关系,认为哲学不能够替代法学。

"直接因果关系"和"可预见性标准"是法律因果关系中的两个基本尺度,在众多的先例中并行不悖,后世也各有发展。比较而言,前者更多地考虑行为的客观结果,而后者更多考虑行为人的主观状况。如果我们探究一下这个案件与前两个案件之间的区别,我们可以这样来理解:在广泛的意义上,法律上的因果关系都强调可预见性,直接结果的因果关系与可预见性的因果关系不存在冲突,都强调被告对其行为的结果应该预见到,但是由于过失没有预见到。不同的是,两种预见性的程度要求不一样,前者称为"直接结果尺度",后者称为"合理预见尺度"。前者的尺度比较宽泛,对被告的责任要求比较高;

后者的尺度比较狭窄，更多地保护了被告的利益。如果用后者的尺度来衡量前一类案件，那么前二则案例中的被告都将不承担侵权行为责任。

此案是英国枢密院的一个判决，枢密院是英国审理其殖民地区上诉案件的最高审级。如果说贵族院是国内最高审判机关的话，那么枢密院则是前殖民地区的最高审级。不同的是贵族院要求多数意见通过判决，而枢密院要求一致通过判决。香港 1997 年主权回归中国之前，其最后的审级就是这个枢密院。

---

* The Wagon Mound [1962] A. C. 388 (Privy Council 1961)

"因果关系链的中断"

张三将有瑕疵的车租给李四，车在路上抛锚，李四下车修车。王五过失驾车，将李四撞伤。张三对车的瑕疵有过失，王五对李四的撞伤有过失，比较而言，王五的过失行为中断了张三的过失行为，王五对李四承担侵权行为责任，张三不承担责任，王五的行为"替代"了张三的过失行为成为李四受伤法律上的原因。这种情况称为因果关系的中断。下面这个案件就是讲这样的情况。

被告公司设置一条地下气体管道，为此目的而掏空了公路东面的地底下。被告雇用一家管道公司密封管道，原告是这家公司的一个职员。原告用一瓶液体釉工作，该液体温度高达400度。被告不顾原告的反对，坚持要求原告在公路西面作业，这样就使得原告面对东马路开过来的汽车。被告所采取的安全保护措施只是设置了一个木质的路障，以及安排一个持旗人打信号。

一个叫狄更斯的人开车过来，他癫痫发作失去知觉。当时，狄更斯正在接受癫痫治疗但由于过失而未服药。他开着车撞碎了木质路障，撞击到原告，把原告撞飞到空中。400度的釉液体飞溅到原告的脸上、头上和身体上，原告身体烧成了一团火球，可是他却奇迹般地活了下来。原告对狄更斯和被告公司提起了诉讼，初审法院判定原告胜诉，被告提起上诉。后上诉到了纽约上诉法院。

原告认为被告在保护工作现场方面存在着过失，他所提供的专家意见认为：通常和认可的保护工人的方法是围绕洞口设置路障，其宽度要覆盖所有的挖掘区域。这些路障要么是卡车，要么是笨重的设备，要么是一个土堆。而且应该有两个持旗人在现场，这样才可以让过往车辆不撞进工作区，从而保护工人不受到伤害。而被告声称，原告受伤完全是因为狄更斯的过失，这是一场交通事故，因此从法律上讲，原告的伤害和被告的失职之间不存在着因果关系链。

首席法官库克说，法律上的因果关系是一个难以解释清楚的问题，不同的案件要考虑不同的因素。一旦法院认定所面临的案件是一种被称之为"显然和明显"的案件，那么就由事实的认定者决定法律上的原因。按照法律重述，为了证明是一种"显然和明显"的案件，原告通常要证明：被告的过失是原告所受损害的实质性原因。原告没有必要去证明事件精确的发生方式是什么，伤害的程度如何，以及这种事件是否可以被预见。

如果有第三人的行为介入被告过失和原告损害结果之间，那么就出现因果关系链的问题。这时，就要确定：第三人的行为是否是通常的或者可预见的结果？在当时的情况下，如果介入行为是一种异常的行为，如果它在通常情况下不会发生，如果它独立于或者不关乎被告的行为，那么它就是一种替代的行为，它就中断了被告过失和原告损害之间的因果关系，成为原告损害法律上的原因。因为该问题涉及是否可以预见和是否为通常，因此该问题应该由事实的认定者去解决。

库克说，就本案件而言，我们不能够说狄更斯的过失是一种替代的原因，不能够说其行为中断了被告行为和原告损害之间的因果关系链。就证据而言，陪审团可以认定被告失于提供安全保障措施，该玩忽职守的行为"显然"是危险的，有可能导致驾驶员过失进入工作场地而伤害工人。驾驶员的过失或者鲁莽并不排除被告要承担的责任。事实的认定者可以得出结论：被告制造了危险，该危险可预见的、通常和自然的结果是使轿车驶入未保护好的地区，导致工人的伤害。因此，驾驶员的介入行为并不是一种替代原因，不能够使被告免于责任。最后的结论是维持原判决。*

一个损害结果的发生，有时候有多个独立的原因，这样，是两个独立的原因共同导致了原告的损害？还是其中的一个原因导致了原告的损害？两个被告都要承担责任？还是其中的一个被告承担责任？要看具体的情况，如果一个被告的行为取代了另外一个被告的行为，导致了原告的损害，那么法律上就叫做因果关系链的中断。因果关系链的中断是经常出现的一个问题，而且在实践中没有明确的和肯定的界限。

在实践中大体上存在着三种因果关系的介入：第一，原告自己的行为介入。比如，被告过失导致原告的腿伤，原告在下楼的时候，自己过失摔倒，腿骨折。再如，原告在被告的电梯中受困，原告自己从电梯顶上爬出，该非正常的爬出行为最后导致自己受伤。在这两个案件中，被告先前的过失行为和原告后来自己不慎的行为导致了原告的损害，被告是否对原告的损害承担责任呢？这就是原告过失行为介入原—被告因果关系链的例子。这一类的案件，法律上叫"原告的与有过失"，就也是原告自己对损害也负有责任。这个问题，我们在以后的案件中会遇到。

第二，自然灾害的介入。比如，被告的船与原告的船发生碰撞，原告的船在开往修理站的途中遇到风暴，最后原告的船严重损坏和沉没。这里，风暴这个自然的现象中断了被告过失行为，被告不对原告船的沉没损害承担赔偿的责任。

第三，第三人行为的介入。本案就涉及了"第三人行为介入"的法律效果。第三人的介入行为有可能中断原有的因果关系链，从而使第三人承担责任而免去被告的责任；介入行为也有可能不中断原有的因果关系链，从而并不排除被告的责任。本案就是"介入行为"不中断因果关系链的典型例子。原告受伤既因为被告失于保护工人的过失,也因为狄更斯驾车的过失。但是因为狄更斯的行为不是"异常的"行为,不是"通常情况下不会发生的"行为,不是"独立于或者不关乎被告的"行为,因此狄更斯的过失不中断被告的过失行为,被告和狄更斯都要对原告承担赔偿责任。但是,在实践中,第三人的介入行为是否中断了被告行为很是复杂,这个案件讲的是美国法的尺度,在英国法中,法官们一般要考察第三人的介入行为是否是被告行为"自然和可能"的结果。比如,原告与被告在单行线上驾车发生冲撞,警察勘验现场之后,没有关闭单行道,而让原告开车逆向行驶,结果与开过来的汽车发生第二起交通事故。在这里,原告逆向行驶不是被告第一次过失碰撞行为"自然和可能"的结果,被告因此对第二起交通肇事损害不承担责任。有时候,法官要区分介入行为是积极的作为还是消极的不作为,区分介入行为是侵权行为还是非侵权行为,最后来判定被告行为是否被介入行为中断。

* Derdiarian v. Felix Contracting Corp., Court of appeals of New York, 1980 51 N. Y. 2d 308, 434, N. Y. S. 2d 166 414 N. E. 2d 666

法律上的因果关系

旅客在火车站的月台上意外受伤,他不状告肇事者,而是把铁路公司告上了法庭。铁路公司应该对月台上的人都要承担法律责任吗?我们看这个案例。原告帕尔斯格拉夫要去海滨度假,她从被告铁路公司那里购得火车票,站在被告公司月台上等车。一辆列车进站,两个乘车人飞奔而至。这时,火车已经开动,这两人试图抢上火车。其中一个顺利登上火车,另外一个手里拿着一个包裹,想从月台跳上车厢。他脚底不稳几乎摔倒。这时,车厢的一个工作人员在车厢内伸手将这个人拉进车厢,月台上的另外一个工作人员在他后面将他推上火车。在这个过程中,包裹脱手,掉到了月台栏杆上。这是一个15英寸长的包裹,并用报纸包着。实际上,这个包裹是一包烟花爆竹,但是从外表上不可能发现里面的内容。结果当然是包裹落下,发生爆炸。爆炸的冲击力溅起几英尺外月台边上的残片,残片飞起,砸到了原告的身上,原告受伤。原告对铁路公司提起侵权行为诉讼。初审法院判定被告承担6000美元的赔偿,并返还一定的诉讼费。铁路公司不服,提起了上诉。上诉分院以3比2表决维持原审判决,并判定被告支付原告100美元诉讼费。铁路公司继续上诉。

此案最后上诉到了纽约上诉法院,上诉院的法官们对此案件有着不同的看法。最后,法院以4比3的表决撤销原判,驳回原告的诉讼请求。卡多佐法官代表多数写了判决书。卡多佐法官首先说,如果要追究被告职员过错的话，那么只存在着被告职员与持包人之间的不当行为，而不存在被告职员和原告之间的不当行为。在当时的情况下，谁都无法注意到包裹里面存在着潜在的危险。法官解释了过失的法律含义，他说，只有一种法律利益或者一种权利遭到侵犯的情况下，才可能存在一种过失侵权行为诉讼。抽象的过失证据不起作用。按照案件的当时情况，过失是一种欠缺注意的行为。法官分析道，原告站在月台上，她有权利要求她的人身安全不受到故意的侵犯。但是她并没有提出这样的诉讼请求。她也有可能就一种不合理危险所发生的非故意侵犯提出权利要求，但是这种情况存在着自身的限制。如果一个普通警觉之人都看不出危险，那么一种清白的行为或者无害的行为就不具有侵权行为的性质，因为这里可能仅仅是一种偶然的不当行为。

法官说，我们也不能够说，造成如此危险的人就具有一种免除法律责任的权利。不过，规则是，如果一个普通谨慎的人都可以清楚地发现事故发生的可能性，那么就没有必要要求被告特别通告事故发生的方式。接着，法官分析了这样的一种情况，故意针对 A 的危险行为，结果却是不幸伤害了 B。在这样的情况下，如何合理理解其范围，有时是法院要解决的问题，有时是陪审团要解决的问题。但是，就本案件而言，报纸包着的包裹会在车站炸起碎片，在一个最细心的人那里都是无法预料到的。

法官继续分析，法律上的因果关系，无论是最接近的原因还是因果关系的疏远，我们都还没有清晰的认识。责任的问题永远优先于危害结果程度的问题。如果根本就不存在一个侵权行为责任，那么就没有必要来考虑侵权行为的损害赔偿问题。卡多佐法官的结论是：撤销下级法院的判决。驳回原告的诉讼请求。*

前面讲到过两个案件，一个是 1921 年的木块撞击甲板烧毁轮船案和 1961 的"马车山"案，这两个案件都是英国法上的案件。在前者，法官强调被告对于损害结果的直接原因，而在后者，法官强调被告对于危害结果的预见性。这两个案件是英国法中法律上因果关系的两个主导性案例，而这里讲的这个"火花案"，则是美国侵权行为法中同类著名的案件。有个美国教授称这个案件是美国侵权法中最著名的案件。为什么称为"最著名"？他并没有解释。也许是著名的卡多佐法官在本案中提出了他与众不同的意见；也许卡多佐法官与马歇尔法官、霍姆斯法官以及汉德法官等在美国法律史上齐名；也许是在这个案件中，法官第一次完整地总结了美国法上义务、责任和过失的问题，特别是"法律上因果关系"的问题。

这里，法律上的因果关系强调一种"预见性"因素，如果一个普通人可以预见到被告类似行为对原告的损害的结果，那么被告对原告就有一种注意的义务；如果被告没有尽到这种注意的义务，他就要承担原告损害的赔偿责任。反之，如果原告受到的损害无法预料，那么被告就在法律上不承担原告的损失。这是法律上因果关系最简单的表述。至于"预见性"的尺度是什么？在英美国家的法律实践中更为复杂，有时法官们区分"最接近的因果关系"和"因果关系过于疏远"，有时区分"危险范围区域内"和"直接的因果关系"等，以此来确定被告的责任及其范围。

在这个案件之前的七十多年里，美国的法官们一直在讨论"过失"责任范围的问题。到本案发生的时候，美国法律协会正在起草《法律重述·侵权法》，也就是对判例法中相互冲突的法律理由进行归纳整理，希望形成一个逻辑明确、理由正当的法律规则体系。当时"顶尖"的法官和法学家们作为法律顾问对"过失"发生了激烈的争吵，其中，卡多佐和汉德之间的冲突最为明显。他们假想过几种类型的过失案件，比如，张三在道上开车，遇到一个包裹严实的箱子，张三不知道箱子里有什么东西。张三碾过了箱子，箱子内其实装有炸药，于是发生了爆炸，爆炸如此强烈，把道路旁李四家的房子炸毁。问：张三对李四的房子是否承担赔偿的责任？再比如，张三不慎将枪掉下，砸到了李四的脚，枪落地后引发了扳机，子弹打中了王五。问张三是否同时对李四和王五承担责任？讨论的结果与本案件一致，也就是，张三只对自己可以预料到的损害承担责任，而对他不可预料的损害不承担责任。也就是，在第一个例子中，张三对李四的房子不承担责任，在第二个例子中，张三只对李四承担责任，而对王五不承担责任。

---

*　Palsgraf v. Long island railroad Co., 1928 248 N. Y. 339, 162 N. E. 99

牛奶里的虹鳟鱼

病人左胳膊受伤,到医院动手术。从手术室出来之后,左胳膊好了,右胳膊却受了伤。病人在手术过程中被麻醉了,他不知道在什么地方由谁伤了他的右胳膊。他该怎么办?原告找梯雷医生看病,医生诊断出他患阑尾炎而需要做切除手术。医生安排另外一个叫斯潘伽德的医生为原告动手术。这个医院归斯维福特医生所有并由他管理。原告到了医院,梯雷和斯潘伽德医生给他皮下注射、使他入睡和将他唤醒。医院护士吉斯勒用轮椅将原告推进手术室,安排手术前的准备,让他躺在手术床上。原告称,在他平躺着的时候,他肩上部、脖下1英寸处顶着两个坚固的物体。瑞瑟医生给他上了麻醉药,原告失去了知觉。原告次日上午醒过来的时候,发现照顾他的护士是汤普森。

原告声称,在手术前他右手臂和肩膀从来都没有受过伤,也不疼痛,但是当他在医院里醒来的时候,他肩部和脖子之间处剧痛。他向护士和梯雷医生诉说此事,医生给他作了一些治疗。但是,疼痛不仅没有停止,还蔓延到手臂的下部。出院后,情况变得更糟,他不能够转动或者抬起他的胳臂,后来肩部周围发展成了肌肉萎缩和麻痹。他还从梯雷医生那里接受治疗,后接受斯潘伽德医生的建议,他带着夹板工作。医疗证据表明,他的疼痛来自肩和脖子之间的外伤、压迫和拉伤。

原告将斯潘伽德医生、梯雷医生和斯维福特医生,以及吉斯勒护士和汤普森护士告到了法院。初审法院得出的判决是:原告提起的诉讼不成立。原告上诉到了加州最高法院。

加州首席大法官吉布森认为，原告的理由是：本案应该适用"事物自道缘由"的原则，因此判定此案不成立是不合适的。被告的立场是：原告受到的损害是事实，但是，他不能够证明是哪一个特定的被告或者哪一个特定的器械造成了他的损害。

法官认为，失去知觉的病人在手术台上受到损害，同火车旅客在铁路事故中受到伤害，或者行人因为坠落物受到损害，或者受到爆炸物伤害的情况是一样的。在这种情况下，应该适用"事物自道缘由"的原则，因为在这种情况下，除非医生和护士自己承认，受到损害的病人永远也不知道谁造成了他的伤害。要保证避免不公正，法院就要启动一种近似于绝对的责任。法官说，基于这样的考虑，本案件应该适用"事物自道缘由"的原则。

对于被告的看法，法官认为，在一个现代的医院里，病人可能受到不同人的不同方式的看护，他们之间也存在着各种各样的关系。比如在本案件中，梯雷是诊断医生，斯潘伽德是手术医生，他们两个在法律上具有独立的法律人格。瑞瑟是麻醉师，汤普森是护士，他们两个是斯维福特医生的雇员。关系虽然复杂，但是他们中的任何一个人都应该对病人尽到通常的注意义务以使病人不受到不必要的伤害，有过失的人都要为他们的失职而承担责任。伤害他的人要为其伤害行为承担责任，负责照看他的人因其失于照顾而承担责任。雇主要为他的雇员承担责任，负责手术的医生要为手术中辅助人员的过失承担责任。一些被告要被认定承担责任，而另外一些被告会免于承担责任，即使如此，也不能够排除适用"事物自道缘由"的原则。每一个被告因此都要解释他自己的行为，承担自己没有过失的举证的责任。如果要求失去了知觉的病人来认定谁或者哪个器械造成了他的损害，那显然就是不合理的。

法官最后说，我们在这里并不会详尽地将"事物自道缘由"的原则应用到这个案件，我们只是简单地认定：在失去知觉的情况下，病人在接受手术的过程中受到了严重的损害，因此，负责照顾他和控制器械的所有被告都应该对自己的行为作出解释，从而确定他们是否承担过失的责任。最后的结论是：撤销原判决。*

边沁曾经说过：法律的艺术就是如何应用证据的艺术。原告控告被告，就要拿出证据来证明，是被告伤害了原告。这在法律上叫做：谁主张权利，谁就要承担举证的责任。原告拿不出证据，他就不能够指望法官判定被告承担损失。我们通常喊的口号是：以事实为根据，以法律为准绳。举证的目的就是要在法庭上弄清案件的真相。但是，这只是一般规则。有规则就有例外，本案说的就是例外的情况，因为在医生/病人，学生/老师，雇主/雇员，制造商/消费者，政府机关/普通市民之间，他们在专业知识、信息资料、经验财力等方面都处于不平等的地位，让处于劣势地位的原告拿出证据来证明处于优势地位的被告存在着过失，并不是一件轻松的事情。在这样的情况下，法官们创造了新的法律规则，其中之一就是本案所说的"事物自道缘由"。

这个案件较为全面地解释了侵权行为法中著名的"事物自道缘由"原则。一个法学家形象地将这个原则表述为："某些间接证据非常充分明显，如同你在牛奶里看到鳟鱼一样。"通俗的说法是"事件本身就说明了问题"。这个原则在实践中的效果是举证责任的倒置。但是一旦适用"事物自道缘由"的原则，那么就要求被告证明他不存在着过失。在英国，最早确立这个原则的案件发生在1865年。在那个案件中，原告站在被告的仓库门口，被告的一袋糖落下砸在原告身上，原告受伤。原告提起侵权之诉讼，初审法院作出有利于被告的判决，因为没有证据证明被告存在着过失。原告上诉，法院重新审判，支持原告。

法官认为，从整个案件的情况看，事件处于被告的支配之下，如果管理得当，就不会发生损害。这个时候，不是要求原告来证明被告存在着过失，而是要求被告证明自己不存在着过失。此后，"事物自道缘由"成为法律的一个基本原则，通行于英美法律。按照英国学者的看法，适用该原则的基本要件有：第一，发生损害的事件完全在被告专门的控制之下。比如此案中。病人失去知觉，由被告们摆布；第二，如果被告不存在过失，那么原告通常不会受到损害。比如此案中，在正常的情况下，进手术室，没有受伤的右臂通常不会受伤；第三，对事件没有其他的解释。如果事实清楚，那么唯一的问题只是：是否可以推演出有无过失。比如此案件中，不知道原告的伤是在哪个环节出了问题，因此，原告把所有的关系人都告上了法庭。

在这个案件中，吉布森法官没有直接判定原告胜诉或者被告败诉，而是认定本案适用"事物自道缘由"原则，由被告拿出证据来证明自己不存在着过失。它解决了法律程序方面的问题，而没有解决法律实质性问题。当然，程序问题保证了相对的公平和正义。

* Ybarra v. Spangard, supreme court of California, 1944, 25 Cal. 2d 486, 154 P. 2d 687

我是谁？

法律是对既成社会秩序的确认，社会则每天都在变化。美国哈佛大学那位前法学院院长庞德说，法律稳定不变，社会不断变化，它们之间永远存在着冲突。法律既是对过去文明的总结，也是对现在文明的反映，也应该促进将来的文明。他的意思是说，法律应该随着社会的发展而发展。从这个意义上说，法律永远会落在社会的后面，法官永远是社会的保守势力。但是，法律也有自己的生命，它具有一种自我发展的能力。法律历史学家将法律的这个现象称为"西方法律的传统"。法律的这种生命力，在英美法律中表现得更加突出，从下面的这个案件，我们可以看出这个特点。

某妇女因为患有精神衰弱症，而住进了纽约市立精神医院，进行治疗。由于该医院未尽到充分注意的责任，失于监督，结果导致该妇女遭到强暴。而后该妇女生一子，取名威廉。威廉长大后，认为自己实际上是一个不应该出生之人，因为他不能获得一种正常孩童应该得到的家庭生活，也得不到父母的抚养和照顾，同样也没有财产的权益。更让他伤心的是，他是私生子，因此经常遭到同学的讥笑。他思前想后，决定状告医院及医院的所有者纽约州。他不知道他的父亲是谁，他也不能够责怪他的母亲。他之所以存在于这个世界上，全是医院的责任，因为是医院当初没有对他母亲尽到适当监督义务，使他母亲遭强暴，也使他最后得以出生。他对纽约州提起了侵权行为之诉讼请求，对其所受的损害，要求州政府承担损害赔偿的责任。

纽约州地方法院判决原告胜诉。法官认为，虽然原告的母亲遭到强暴时，原告尚未出生，也就是说他当时还不是一个法律上的人。尽管法律上不存在先例，但是这一点都不影响该侵权行为的成立。因此原告有资格和理由提起诉讼。法院在判决理由中还特别强调，"普通法是能够发展的，而且必须要能发展"。法院认为，肯定此项请求权并不会导致严重的法律后果。但是，二审法院否定了一审法院的这个判决。吉布森法官在其简短的判决理由中说："承认这种请求权，实属不妥。不当出生的损害赔偿难以确定，而且从法律政策上讲，也欠缺合理的依据。"1966年12月29日，纽约州最高法院判决同意二审法院的这项观点，认为原告所主张之请求，固然具有新意，不过本案情形特殊，影响也会深远，应该审慎考虑。再则，就法律构成而言，某人在此种情形下出生，而不在他种情形下出生，却也实在难以认定是不法行为导致了他人受到损害，因而构成一种侵权行为。*

这种侵权行为经常被认为是侵权行为法的一种新形式，通常被称为"不当出生"的侵权行为。起初，这种侵权行为是通过过失形式来提起诉讼，也就是说，医院对病人的安全有一种注意的义务，但是医院没有尽到这种义务，导致原告母亲受到损害，这种损害的结果直接导致了原告的出生，而他的出生对他而言又是一种损害，因为"未经同意而出生，致在人间受苦"，因此医院要对原告的出生承担损害赔偿的责任。这种案件，被告有时是父母，有时是医生，有时是医院，本案却是州政府。同类型的案件还有，一个纽约州的女子爱上了一个波多黎各的男子，并同居怀孕。后来，该女子发现该男子在波多黎各已有家室，于是离开该男子。再后来，该女子生下一子，母子俩一起生活。孩子慢慢长大，有两件事让他不开心，一是他为混血儿，被人骂为杂种，二是他没有爸爸，被人视为野种。总觉得自己是一个不该出生的人,最后,把父亲告上了法庭。这也是一个较早的案件,法官也没有支持原告。但是,到了20世纪60年代,这种不当出生的案件逐渐从过失侵权行为法中独立出来,成为一种独立的侵权行为形式,慢慢形成了同类系列的诉讼形式:不当怀孕、不当出生和不当生命。

本案涉及的法律难点问题有两个方面。第一,原告有没有诉讼资格?这有点类似于"胎儿继承权"的争论问题。早期的案件一般都持否定的态度,著名的霍姆斯法官就持否定的态度,到了40年代美国法律界有了激烈的争论,到60年代有了采取肯定说的判例。现在美国绝大多数的州都认定,原告有权对出生前所受到的损害请求损害赔偿。人的生命究竟从什么时候开始算起,一直存在着争论。而且西方人也特别喜欢探讨这个问题,甚至演变成宪法性的社会问题。比如堕胎的问题,宗教家、伦理学家、心理学家和社会学家对此的看法都不一样,由于对生命的看法不一样,对相应的法律应对措施也有不同主张。他们经常探讨的问题是:堕胎究竟是女人对自己身体的处分权,还是一种对生命的谋杀?直到今天,也没有一个结论。第二,是否存在先例?霍姆斯法官在一个1884年的案件中就明确指出美国当时没有这样的先例,而在英国,1976年《天生残疾(民事责任)法令》通过以前,也不存在这样的先例。不过,因为普通法的特点似乎是开放的体系,正如上述案件初审法官所言"普通法是能够而且必须发展的",加上"有损害就有法律补救"的原则,最后使"不当出生"有了法律的依据。从根本上看,这类新型的案件出现,法官是否支持也有一个政策性的考虑,比如,如果法院承认这种诉讼,那么任何一个人只要当他感到生活不顺的时候,他就有权提起此类诉讼,其结果一则诉讼量上升,二则增加司法的成本。

目前,病人家属状告医院的案件在我国时常出现,比如病人在住院期间跳楼自杀,自杀原因不明。在此情况下,医院对此死亡者的人身安全是否有注意的义务,法律还没有明确的规定。至于是否存在子女状告父母或者医院"不当出生"的侵权行为,似乎未有报道。将来是否会有,目前尚无法预测。

* William v. State of New York, (1965 260 NYS 2D 953)

"不当出生"的侵权行为诉讼

上一个案件发生在20世纪60年代，法院没有承认不当出生的诉讼请求，到了本案件的70年代，事情发生了变化。伯尔曼夫人怀孕9个月，于1974年11月产下一女莎容。母亲怀孕时年过38，一直在爱伦和阿塔迪医生的照料和看护之下，这两位医生都是妇科和产科专家。不幸的是，莎容患有唐氏综合征，这是一种遗传性的缺陷，通常称为"先天痴呆症"。伯尔曼夫妇将两位医生告上了法庭，他们认为医生偏离了通常的医疗标准，因为他们没有告诉伯尔曼夫妇一种称为"羊膜穿刺"的测试方法。这个方法是将一根长针穿刺到母亲的子宫里，提取羊水的样本，通过对胎儿染色体的分析，可以分析出胎儿的性别和明显的染色体缺陷。医学研究表明，这种测试方法准确率很高，对母亲和胎儿的危害很低，低于1%。伯尔曼夫妇称，如果被告将这种方法告诉伯尔曼夫人的话，她就会去做这个测试，从而可以发现胎儿是否会染上唐氏综合征，然后决定是否采取流产。由于未尽到通告的义务，伯尔曼夫人才产下先天残疾的莎容。

伯尔曼夫妇在诉讼中提出了三个方面的诉讼请求：第一，他们代表莎容向被告提出"身体损害和精神创伤"的赔偿请求，因为她的一生将受到先天痴呆的痛苦；第二，伯尔曼夫妇自己对被告提起精神损害的诉讼，因为他们生下了天生残疾的女儿；第三，伯尔曼夫妇对被告提起医疗和其他费用的赔偿请求，因为他们将要付出对孩子养育、教育和管教的费用。1977年11月4日，初审法院作出了有利于被告的判决，原告上诉，后上诉到新泽西州最高法院，帕西曼法官提交了法律意见书。

法官说，以莎容名义提起的诉讼，法律上称为"不当生命"的诉讼理由，也就是不应该有她的生命。在正常情况下，如果医生不存在过失，母亲将会生出健康和正常的胎儿。本案中，如果被告医生向她母亲通告存在着羊膜穿刺的测试方法，那么她母亲就不会把她生下来，她就不会到这个世界上来，她也就不会在这个世界上受苦。法官说，我们实在是不愿否决莎容的诉讼请求。不过现实的确存在着巨大的困难。首先，生与死的价值和损害难以确立，其次，当莎容被带到这个世界上来的时候，法律并不承认她受到了伤害，因为先天缺陷存在于她出生之前，而那个时候她还不是个法律上的人。另外一方面，这里也存在着对生命的看法，法官深情地说，我们每个人都不是完美的，都不能够充分享受这个世界赐予我们的所有幸福。只要我们能够感受到爱与被爱，只要我们能够感受到痛苦和快乐，这个生命就是有意义的。从这个意义上讲，生总是比死要好，这就是生命的意义，也就是所谓生命的神圣性。法官说，出于这个缘故，我们否认莎容有提起"不当生命"的诉讼理由。

以伯尔曼夫妇名义提起的诉讼，法律上称为"不当出生"的诉讼理由，也就是说，由于被告的过失，让他们生出了不该出生的女儿。原告称，被告没有告诉母亲羊膜穿刺的测试方法，她因此失去了流产的选择权。法官说，早期的法律否认不当出生的侵权行为诉讼，原因有二，一是这种损害难以计算，二是公共政策不允许这种诉讼。近年来法律发生了变化，至少法律确认了妇女选择流产的宪法性权利，公共政策也就不再反对这种诉讼，因此法官说，本法院从法律上确认不当出生的诉讼请求。麻烦的是损害的计算问题，被告的过失只是导致原告失去选择的机会，而让被告来承担天生残疾儿童养育、教育和看护的费用，这是没有道理的。不过，原告受到的精神损害则是可以计算出来的，因为近年的法律可以将它们转化为金钱的价值。因此，原告无权要求被告赔偿医疗和其他方面的费用，有权请求精神损害的赔偿。*

这个案件典型地涉及了所谓"产前侵权行为"的诉讼问题，一般而言，这类诉讼包括三类：不当生命、不当出生和不当怀孕。

不当生命是指儿童作为原告对医生或者父母提起的诉讼。上一个案件讲的就是这样的情况，当时的法官对此做过评论，总体上是反对这种诉讼请求。他们曾经引用美国著名的霍姆斯大法官于1884年的经典评论，霍姆斯反对这种诉讼，理由是侵权行为发生时，该儿童不具有法律上的人格，另外，如果承认这种诉讼，那么任何人都可以因为生活的不幸而诉之于法律。所谓不当生命，指的是儿童自己的"新生命"，儿童认为自己的生命是不应该产生的。在这个案件中，法官对生命的看法耐人寻味。生命的本质就在于对痛苦与幸福的体验，并不在于健康与残疾。残疾本身就是对生命的一种体验，这种观点比较鲜明地带有西方人的看法和感受：生命是宝贵的，也是神圣的，任何生命都应该得到尊重与关怀。

不当出生是指父母对医生提起的诉讼。美国早年的法律也否定这种诉讼，二战以后，法律发生了变化，许多法院都承认这种诉讼的合理性，从而确立了不当出生的侵权行为诉讼。在这个问题上，存在着父母对于生育的权利和义务，特别是妇女对于生育的选择权。在这个问题上，中国与西方存在较大的差异。在中国现有的情况下，只要孩子没有脱离母亲的身体，母亲都有堕胎的权利，而这在西方人看来是不可思议的事情。在母亲体内的胎儿是一个物还是一个人，在法律上是个令人头疼的问题，如果是个物，那么母亲有权利处理而不承担法律上的责任，但是，如果已经被法律视为一个人，那么堕胎就是一种谋杀。这里，母亲生育权与胎儿的生命权发生了冲突。女性主义者强调女性处分自己身体的权利，而道德家和宗教家强调胎儿的生命权。当然，这里会涉及，胎儿的"生命"从何时算起？天主教的教义则称，男性胎儿40天、女性胎儿80天就应该具有生命。而美国联邦最高法院推荐的时间是妊娠23到24周，这时，母亲开始感受到了胎动。12周以前妇女可以堕胎，12到23周之间，州在特定情况下可以干预堕胎，23—24周以后堕胎，被视为一种犯罪。

不当怀孕则在时间上更早，它是讲，父母不愿生孩子，但是由于医生节育手术过失或者指导过失，母亲有了身孕，而控告医生的诉讼。这种诉讼的原告有时也可以得到赔偿，通常包括：母亲怀孕的痛苦，怀孕、流产和生产的费用，以及这段时间的工资减损。

从这个案件的情况看，法官基本上否定了子女"不当生命"的诉讼请求，确认了父母"不当出生"和"不当怀孕"的诉讼请求。

---

*　Berman v. Allan, Supreme Court of New Jersey, 1979. 80 N. J. 421, 404 A 2d 8

死亡者的诉讼权利

有出生的问题,就有死亡的问题,这是一个事物的两个方面。关于死亡的法律规则似乎比关于出生的法律规则要明确,并易于处理。我们来看看关于死亡的若干法律问题。

1976年8月20日,被告开着一辆普利茅斯1969轿车,同车有他的妻子、儿子和女儿一家人。晚上6点15分,他们在特拉华州某县275公路上发生车祸,6点40分妻子被送到医院,被宣布死亡,死亡证明认定死者死于颅骨碎裂而发生的溢血。从发生车祸到在医院被宣布死亡,她显得根本无生还的可能。事故发生后,儿子由被告以及祖父母看管,女儿由外祖父母看管并收养。死者母亲被认定是死者的财产执行人,她对被告提起了"不当死亡"和"幸存者"的侵权行为诉讼,被告则认为原告证据不足。初审法院作出了支持被告的判决,原告上诉,此案件最后上诉到特拉华州高等法院,梯斯法官提交了法律意见书。

法官认为,本案首先要解决的问题是:一个人死亡后,其死亡的事实是否能够成为确立一个诉讼的理由?也就是说,本案中的岳母是否能够因为女儿的死亡来起诉她的女婿?法官说,按照普通法的原则,"一个侵权行为诉讼请求权随着那个人的死亡而消失"。这样,只要是发生了死亡,与之相关的诉讼请求和损害赔偿就得不到法律的救济。这种法律过于苛刻,因此,特拉华州议会通过了两个成文法,这就是幸存者法律和不当死亡法律，从而确立了不当死亡和幸存者的侵权行为诉讼。依照幸存者法律，除了名誉损害、恶意诉讼和刑法案件之外，幸存者或者不当死亡者的财产执行人可以提起损害赔偿的诉讼；依照不当死亡法律，死者的丈夫或者妻子或者其他法律代理人可以提起诉讼，寻求死亡而发生的损害赔偿。出于这个缘故，可以说成文法对普通法进行了改进。

接着，法官分别就此类案件中的精神损害和惩罚性赔偿进行分析。他说，依照不当死亡法律，法律不承认精神损害的效力，在这样的诉讼中，赔偿只限于金钱的赔偿；但依照幸存者法律，从受伤到死亡期间造成的精神损害可以成为损害赔偿的一部分。不过，这里需要原告提供足够的证据证明精神创伤的存在，仅仅宣称死者当时活着和经历了痛苦是不够的。法官认为，在本案中，原告没有提供充分的事实来支持她依幸存者法律所要求的精神损害请求，而依照不当死亡法律，精神损害又不是这类案件所能够包含的内容。

原告还提出了惩罚性赔偿的要求，但法官说，惩罚性赔偿不适用于不当死亡案件。按照不当死亡法，死者财产执行人可以"得到死亡赔偿，以及附带的损失补偿"。同样，依照幸存者法律，财产执行人的损害赔偿限于：从事故到死亡期间的精神损害；伤害所发生的损失；伤害和死亡导致的所得损失。但法官说，本案件没有精神损害赔偿的基础，因此不能判定惩罚性赔偿。法官说，基于以上的理由，同意作出有利于被告的判决。*

在说到法律中自然人的法律地位的时候，通常的说法是，自然人的权利始于出生，止于死亡。关于出生，有所谓婴儿独立呼吸说，婴儿与母体脱离说；关于死亡，有所谓心脏死亡说和脑死亡说。标准不一样，法律权利也各不相同。按照英美的早期普通法，如果一个受伤的人在法院作出判决之前死亡，那么他的诉讼权利丧失，也就是说，原告死亡导致其诉讼理由的丧失；如果受伤的人仍然活着，但是被告在作出判决前死亡，那么原告的诉讼权利也丧失，也就是说，被告的死亡导致原告诉讼理由的丧失。其中的理由也许是，权利是与活人联系在一起的，法律救济仅仅局限于生命的存续期间。但是，这样的法律存在着过于苛刻的方面，就死亡而言，一个人死亡之后，他的有些法律权利并没有丧失，比如他的知识产权，比如与他身份有关的商业价值。而且，一个人死亡之后，死亡者与他亲属之间的权利也不会立即终止，比如死亡财产的继承权。

因此，现代法律也在发生着变化。在英美普通法中，如果一个人死亡，死亡者就没有权利，相关人也没有权利去提起一个基于死亡原因的侵权行为诉讼。但是，后来的成文法作出了新的规定，使死亡的事实并不影响侵权行为诉讼的运作。从一个健康的人到死亡之间，存在着一个过程，也就是所谓死亡的过程。这个过程可以大体上分为"幸存期"和"死亡期"，两个不同的阶段，法律上的权利也不同。前一个时期的成文法称为"幸存者"成文法。后一类法律称为"不当死亡"成文法。在上述的案件中，死者母亲同时提起了两种诉讼请求，但法官作出了区分，因为这两类法律的损害赔偿各不相同。总的说来，幸存者的法律权利多于死亡者的权利，因为幸存者的权利既包括幸存期间的权利，也包括死亡后的权利，而死亡者诉讼只涉及死后相关的权利。

在幸存者诉讼中，损害赔偿可以包括医疗费用和死前工资损失，以及丧葬费。死亡之后的收入的损失一般通过不当死亡诉讼得到救济。受害人先受伤后死亡，那么精神损害是幸存者诉讼主要的赔偿，这时需要原告有足够的证据来证明受害人受伤之后死亡之前肯定还活着。上述案件中，原告败诉就是因为她拿不出充分的证据；而在不当死亡诉讼中，不存在精神损害。因为只有一个人还活着的时候，才有可能感受到痛苦，才会受到精神的损害。从这个意义上看，法律对活人的保护要重，这也算是法律对于生命的尊重。与此相关，不当死亡诉讼不存在惩罚性的赔偿，而幸存者诉讼有可能判定惩罚性赔偿，法理依据是：不当死亡诉讼是亲属提起的一种新的诉讼，而幸存者诉讼是死者生前诉讼的延续。

　　死亡之后，死者还有没有名誉和隐私之类的权利？这也是一个麻烦的问题。一般来说，英美法不承认对死者诽谤之类的有关尊严的诉讼请求。尊严是与活着的人相关的，他死掉了，就没有什么尊严可言。但是，里面也存在着问题，我国不断出现这样的诉讼，社会名流、政治家、科学家、艺术家，以及作家，这些名人死了许多年，他的后代还在提起诉讼，指控被告侵犯了死者的名誉。中国人对死者的祭奠和尊重，带有朦胧的宗教神秘色彩，这一点可以追溯到殷商，中国人有对死亡祖先的崇拜，后来发展为孝道。父亲死后，一个儿子安葬了父亲而没有通知另外一个儿子，这另外一个儿子告那一个儿子，法院认定的是儿子的"祭奠权"；前妻生的儿子，要把前妻的名字刻在父亲的墓碑上，后妻生的儿子要把后妻的名字刻在父亲的墓碑上，双方不同意在墓碑上同时刻上一夫两妻的名字，于是发生了诉讼。这里，我们应该区分两种情况，一个是死者自己的权利，一个是死者后代的权利。对死者的诽谤侮辱，不应该是对死者权利的侵犯，而应该是对活着的后代的侵犯，这与每个民族的死亡观有关。当然，除了对祖先的崇拜，现代人还加上了物质的利益，显赫的祖先可以为活着的后代带来政治上和经济上的具体利益，这也是中国的传统，古代法律上成为"八议"之末。

---

*　Magee v. Rose, Superior Court of Delaware, 1979. 405 A. 2d 143

三个酒鬼的故事

原告冈萨雷斯，被告加西亚、龙基斯特和罗伯茨，都是一家发电厂的工人，他们晚10点到第二天上午6点轮班。他们还都是一家轿车合伙组织的成员。这一天，四个人完成工作后去附近的一家名为兰町的酒店喝啤酒、龙舌兰酒和其他酒精饮料，喝酒时间长达3个小时。原告喝了大约三瓶啤酒，其他三人喝得更多。大约次日上午9点，罗伯茨回家，被告驾车带原告和龙基斯特去另外一家饮料商店，在那里，龙基斯特和被告又购买一瓶龙舌兰酒。原告多次要求将他带回家，未果。他给妻子打电话，让她来接他，但是家里没有人接电话。加西亚和龙基斯特喝完了那瓶龙舌兰酒后，又驱车到一家酒吧喝另一种饮料，尽管原告抗议，但是没有什么效果。在被告和龙基斯特继续喝龙舌兰酒时，原告也喝了一瓶啤酒。这时，酒吧发生一起骚乱，警察赶来调查。对于他们三人，一位警察建议说：因为原告似乎是三个人中醉得最轻的一个，他因此应该驾车带另外两个人回家。

原告然后驾驶被告的车去龙基斯特的家里。原告帮助龙基斯特回到其房屋，当他回到轿车里时，发现被告坐在驾驶员的座位上，被告坚持要驾驶。二人发生了争吵，原告又试着给妻子打电话，但是仍然无人接电话。最后，原告坐上副驾驶员的座位上，被告驾车。后来，原告在车上睡着了，被告驾驶轿车明显失去控制，最后翻车，车翻倒于自由道中间地带。一项测试表明，被告的血中有20%的酒精含量，就是说，被告毫无疑问地处于酒精麻醉状态之中。原告提起过失侵权行为的赔偿诉讼，被告提出"比较过失"和"承担危险"作为抗辩。审判法官拒绝指导陪审团考虑"承担危险"原则。陪审团作出有利于原告的判定，但认定他对自己的伤害也要承担 20% 的责任。被告上诉，争议说，审判法院应该指导陪审团考虑"承担危险"原则的抗辩。

二审法院法官斯蒂芬认为，承担风险的抗辩是过失侵权行为法的新近发展。要使承担风险的抗辩有效，就要符合它的本质要素。这个要素是：原告对特殊危险和危险程度有实际的认识，而且他自由地和自愿地面对并遭遇这个危险。"与有过失"和"承担危险"二者都会阻碍原告获得赔偿，承担危险要求对危险的理智认识和主观的默许，而与有过失经常涉及疏忽大意或偏离理智人的行为标准。承担危险采用的是一种特定个人和环境的主观标准，而与有过失采用的是一种客观的、理智文明人的标准以及原告的行为。"比较过失理论"也存在着三种不同的承担危险的方式：全部取消它，使它不成为一种抗辩；维持它，将它作为一种完全的和分别的抗辩；在某种程度上，将它融入与有过失之中。在那些合并了抗辩的州里，经常将暗示承担危险和与有过失两者完全合并，而将明示承担危险保留，作为一种分别的抗辩。法院认定上述的最后一种方法是一种较好的看法。

在本案中，被告的过失驾驶是原告受到伤害的直接原因，原告唯一的与有过失是他在同一辆轿车中乘车。所以本案中原告的行为是一种典型的与有过失的变体，即"对于被告的过失所发生的危险，原告特别地知晓，但又合理地遭遇它"。在本案中，原告的行为清楚地处于一个重叠的区域，即理智的人理智地选择了一种不合理的行为方式，由此表明他对自己的安全缺乏合理的注意。原告实际知晓被告处于麻醉状态，他被警察建议过他应该驾车；他证明他可能知道危险，因为他试图与其妻联系；他有另外的选择，如留在龙基斯特的房子里或叫一辆出租车，但他选择了与被告同车。在存在一种合理安全的另外选择方式的地方，原告自由选择了较危险的方式，这是不理智的，结果导致了与有过失和承担危险。在这个程度上，适用比较过失的理论。结论是维持原判。*

到这里，我们已经反复提到"过失"一词。应该说，过失是法律中一个比较重要的术语。在侵权法中，至少存在着三种过失的概念。第一，过失指的是行为人主观的一种状态，与主观故意相对。比如，司机驾车朝人撞去，他就是故意；司机看路边广告牌上的美女不看道，朝人撞去，他就是过失。前者他是想撞人，后者并没有想撞人。在这种过失中，一般又分为两种情况。首先是粗心大意的过失，比如，看到道路前一摊水，出租司机没有看清，以为是平整的土地，结果将车开到河里，把乘客淹到水底；其次是过于自信的过失，比如，那个司机将那摊水看清了，以为自己车好，开车过去，结果车掉进了池塘，乘客落水。第二，过失与故意一起构成过错，构成侵权行为法中的一个归责原则，这个含义与严格责任相对。比如，张三拣了一瓶啤酒，讨好地送给我，我喝了之后上吐下泻，因为啤酒过期变质。张三的行为对我来说就是一种过失，他因主观有过错而要承担责任。张三是个酿酒小老板，讨好地送啤酒给我喝，我喝了之后上吐下泻，因为啤酒的配方有问题。张三主观上没有过错，但是他要对我进行赔偿，因为啤酒生产商对消费者承担严格的责任。这两种过失的含义，我们国家的法律都有相应的规定。第三种过失的含义，则是英美法中特有的概念，我国及其他大陆法系国家都不存在这种独特的"过失"含义。这就是英美法系作为一种独立的侵权行为诉讼形式的"过失"。有学者认为是英美侵权行为法最重要的形式之一。在英美法系的法律实践中，大量的侵权行为案件都是通过这种过失的诉讼得到解决的，而且，这种法律形式发展最快，从中还延伸出了许多新的侵权行为诉讼形式。

本案就是这样一个过失的案例。就本案而言，涉及了三个术语："危险的承担""与有过失"和"比较过失"。第一个术语来源于古老的英国法传统，我们前面已经举过"自愿承担风险"的例子：在拳击比赛中泰森一拳把霍利菲尔德眼睛打伤出血，霍氏不能要求泰氏赔偿，因为他知道拳击是危险的，他知道他可能会被打伤的，但是他还是想跟泰森打。第二个名词我们不陌生，通称"被害人过错"和"过失相抵"。本案中，原告可以坐公交车，可以坐出租车，可以不回家，可以找个地方睡一觉，但是，他却坐在酒鬼被告开的车上，这本身就存在过错。第三个名词是进一步数量化，把原告和被告过错的程度用数字计算出来，让各方承担相应的责任比例。这一点很实用，美国人用得多。当经济学应用到侵权法后，将损害变成数字比例，并与金钱挂钩的时候，这种方法使用起来就更加方便了。不过，在一个具体的案件中，原告与被告各自过错的比例，由案件的陪审团来决定。

* Gonzalez v. Garcia, 142 Cal. Reptr. 503 (Cal. App. 1977)

"与有过失"与"比较过失"

上一个案件已经提到了"与有过失"与"比较过失"。其中,"与有过失"有着相当长的历史,这里的案件就是英国法中这个制度的历史起点。本案是一宗发生于1809年的最后上诉到贵族院的英国案例。被告住在德比小镇上,他家位于镇尽头的公路旁。他想修整一下他的房子,搭起的支架伸到了公路上,影响到了公路一侧的畅通,但公路另外一边仍然有空间,并不影响过往通行。8月的某天晚上8点,原告骑马要穿过该路段。当时正好是掌灯时分,不过,光线亮度足以分辨出100码距离以外的障碍。证人证明,如果原告不是骑马急奔,那么他应该看到并避免该路障。然而实际上,原告骑得太快,没有发现路障,结果撞到了支架上,从马上摔了下来,原告受伤。证据表明,原告当时没有醉酒。

原告将被告送上法庭,声称被告修房的支架伸到公路上,这是原告受伤的原因,被告对此存在着过失,因此应该承担过失的侵权行为责任。被告则称,原告对自己的安全失于关心,急驰而不看路,因此也存在着过失。原告是因为自己的过失而导致了他的伤害。

初审法官贝莱在审查了案件证据后指导陪审团:如果一个人合理和正常地骑马,他就能够看见和避免路障;如果陪审团可以认定原告沿公路骑马过于急促,没有尽到通常的注意义务,那么陪审团应该确定一个有利于被告的判决。法官认为,按照本案的证据,原告是以最快的速度骑马,又是通行在德比大街上。如果他尽到了通常的注意义务，他就肯定能够发现路障，因为这个缘故，可以说该事故完全是源于他自己的过错。

法院作出了有利于被告的判决，原告上诉，他希望能够找到一个规则可以得到一个新的诉讼。此案最后上诉到了贵族院。爱伦伯鲁勋爵认为，如果一方当事人自己没有采取通常和一般的谨慎行为，那么即使他人存在着过错而设置了路障，他也不能够指望和利用这种事件。如果一个人骑马，走错了方向，那么我们也不能说另外一个人有权利去故意骑马撞他。一个人有过错，而另外一个人尽到了通常的注意义务，我们就不能够让后者分担前者的损失。本案件要成立，就必须要求两件事同时发生：被告过失地在路上设置了路障，原告不需要采取通常的注意来避免它。而这个案件并不是如此，因此，勋爵判定：拒绝一个新的诉讼。*

有指控就有抗辩，过失的抗辩理由有三：第一是原告自愿承担风险，前面的案件已经讲过。这是一种完全的抗辩理由，也就是说，自愿承担风险成立，原告就得不到任何赔偿。第二是这里的原告与有过失。见于早期英国的法律，这也是一种完全的抗辩理由，本案就被视为最早的关于"与有过失"的案例，原告没有得到法律的救济。第三是原告在实施非法行为的时候受伤，比如，一个小偷跑到你家地窖里偷大白菜，不小心被大白菜压倒受伤，他因非法行为受伤，不能够得到侵权法的救济。这里主要涉及第二种抗辩理由。

一般而言，与有过失又称促成过失、过失相抵或者受害人过错，其含义是原告对自己的安全失于通常的注意。通常，原告与有过失都会减少或者免除被告的赔偿责任。我们来看看这个制度的发展史。

在早期的案件中，原告的与有过失会使原告得不到任何法律的救济。这个规则就是上述案件发展起来的一个古老规则，也就是说，被告堵塞了公路，导致了原告伤害，被告存在着过失；然而，原告骑马过快，应该发现路障但是没有发现，他对自己的安全不负责任，也有过失。既然原告存在着过失，他就不能够指望被告给予赔偿。这个规则被称为被告"完全的、要么全有要么全无的抗辩理由"。

由于与有过失的抗辩理由遵循的是要么全有要么全无的规则，因此其缺陷不言自明。法官们开始适用这个原则的例外条款来避开这个制度的应用。1842年有个英国的案件，原告将一头驴系在公路上，被告驾驶着马车开过来，被告的速度太快，结果撞到了驴，驴被撞死。法官最后判定被告应该承担责任，理由是，如果被告的马车跑得慢一点的话，就可以避免事故。到了1911年，英国有了成文法规定，如果双方都存在着过错，那么就应该按照过错的比例负担相应的损失。到了1945年，英国颁布了《法律改革·与有过失》，正式规定按照过错比例，原告与被告各自承担自己的损失。

美国则采用了一个新的规则，这就是"比较过失"的规则。这个规则意味着，如果原告存在着过失，他仍然可以得到赔偿，但是他的赔偿数额要相应地减少。美国最先采用这个规则的州是纽约和威斯康星，前者的成文法有时称之为"纯粹的比较过失体系"，后者的成文法称为"改进过了的比较过失体系"。到1992年止，美国只有3到4个南方州的法律没有采用这个规则。

比较过失的基本含义是：被告对原告的损害有过失，原告自己也存在着过失，在这种情况下，要比较原、被告双方的过失比例，按照这个比例在双方当事人之间分配损害的数额。比如，原告受到损害的总数是10000美元，原告的过失为49%，被告的过错为51%，那么判决的结果将是判定被告给付原告5100美元的赔偿。至于双方过错的比例，是一个事实的问题，因此一般由陪审团来确定一个合适的比例。

---

* Butterfield v. Forrester, 11 East. 59, 103 Eng. Rep. 926 (1809)

比较过失的经济分析

住在旅馆里被人强奸,强奸犯未捉拿归案,受害人状告旅馆老板。老板有过失吗?受害人能够得到法律的救济吗?如果她也存在过错的话,那么结果将如何?下面这个案件就是这个类型的案件。原告苏珊与迈克订婚,迈克入海军,并在芝加哥北部大湖海军培训基地受训。他们约定受训结束之后结婚,当时苏珊21岁。苏珊和迈克的父母去芝加哥参加迈克受训毕业典礼。他们住进了一家便宜的汽车旅馆,双人间每晚36美元。旅馆的所有人是亚当斯夫妇,他们是本案的被告。迈克父母离开后,苏珊仍然住在旅馆里,因为迈克将在那里长期工作。汽车旅馆附近是一个犯罪高发区,谋杀、卖淫、抢劫和毒品泛滥。亚当斯夫妇有时告诫女顾客晚上不要步行出门,但是没有给苏珊和迈克父母说过。那天晚上苏珊睡得很沉,后被敲门声惊醒。她开灯,发现是早上1点。她从门上的猫眼里望出去,没有发现人。她开了门锁,打开了门,以为是迈克从基地回来。门口站着一个她从来没有见过的男人,他说他要找辛迪,她说没有这个人。他说要杯水喝,当她从浴室里拿出水的时候,男人坐在桌子旁。男人说水不够凉,还说他没有钱。男人自己去浴室取水,苏珊开始紧张。房间里没有电话,电视机有防盗警报,但是苏珊没有被告知,因此不知道警报设置。几分钟之后,男人进到浴室,后伸出脑袋要苏珊进去,苏珊拒绝。不久,男人从浴室里出来,腰以下部位裸露。苏珊想跑,男人在后面追上并抓到苏珊。她大叫,但没有人出现。汽车旅馆里没有警卫，亚当斯夫妇住在旅馆另外一头的地下室，听不到苏珊的大叫声。暴行持续了一个多小时，男人至少强奸苏珊两次。强奸犯没有受到起诉，因为事后苏珊因太紧张而无法指认嫌疑人。在亚当斯夫妇拥有该汽车旅馆的 7 年里，发生过一起强奸案和一起抢劫案。

苏珊与迈克结婚，但是强奸引发继发性紧张症，严重地影响到她的生活。她对亚当斯夫妇提起诉讼，认为被告没有提醒过原告危险，以及没有采取预防措施来保护她。陪审团由四位女性和三个男性组成，他们认定被告存在着过失，而且是原告受到损害的法律上的原因，他们认为苏珊的损害总额为 85 万美元。但是陪审团进而认定苏珊自己也有过失，而且她的过失比例占总数的 97%，而被告的过失比例仅为 3%。结果陪审团判定苏珊获得 2 万 5 千美元的赔偿，这个数正好是苏珊治疗奸后继发性紧张症的费用。

原告提起上诉，巡回上诉法院法官波斯纳写出了他的判决意见书。他说，按照传统的与有过失规则，有过错的原告将得不到任何补偿，他认为这个法律过于苛刻，因此大多数法院采取了比较过失的规则。首先，波斯纳分析了为了避免伤害，原被告双方所需要的成本。他说，如果要避免原告的伤害，任何一方当事人所付出的成本一样，那么原被告双方各承担 50% 的损失。按照这个方法，在本案中，陪审团判定苏珊避免受到攻击所付出的成本是亚当斯夫妇要付出的成本的约三十二分之一。苏珊的过失在于在没有弄清楚门外是谁的情况下就开了门，还在于半夜被惊醒而没有保持高度的警觉，而亚当斯夫妇的过失是没有保护住客的安全，没有警告住客可能发生危险。但是也承认，警告也并不能够避免攻击，正如同告诫住户不要把手指插进电插座中一样。波斯纳其次分析了亚当斯夫妇雇警卫的成本和效益。他说，亚当斯夫妇的过失在于没有提供保安，没有安装电话，没有设置警报器。但是，他也说，雇保安的费用每晚为 50 美元，一年的费用将是2万美元。这不是一笔巨额的费用，但是比起苏珊保持高度警惕而付出的成本来说，这还是要高出许多。最后，波斯纳也对陪审团认定的97∶3的比例提出疑义，他说如果他是事实的判断者，他会判定被告承担更高比例的责任，但是他不是事实的判定者，因为这个工作是由陪审团要解决的问题，作为上诉法官他要尊重下级法院及陪审团对事实的认定。最后的结论是维持原判。*

选取这个案件的理由有二，一是因为，这个上诉法官是目前美国最红的法学家之一，通过近三十年辛勤的工作，他将法律经济学发挥得淋漓尽致，法律的经济分析成为美国法学的一支显学。他后来当了法官，任美国第7巡回上诉院法官。二是因为，在这个案件中，他试图用经济分析的方法来分析比较过失的法律问题，开始用经济分析渗透到法律的实践领域。

比较过失实际上是根据原被告双方的过错比例来确定承担责任的比例，因为这个缘故，经济分析的确有着广泛的空间。作为法官的波斯纳并不像作为法学家的他那样大胆和无限发挥，在许多问题上，法官波斯纳还是在传统的框架内应用经济分析。比如对与有过失和比较过失的分析仍然坚持传统规则，只是在细节问题上试图应用经济分析的方法。

在这个案件中，波斯纳分析了双方当事人避免事故所需成本的比例，比如，让老板对每个客人都保持高度的负责态度，保障客人的安全，这无疑会极大地增加旅馆经营的成本。如果是在一家五星级的酒店，酒店老板有这个责任，因为他们收费高。在这个案件中，老板是小本经营，每晚36美元。如果加大旅馆的安全程度和老板的注意程度，最后的结果肯定是旅馆破产。大投入小收益不符合经济效益原则，不符合成本—效力原则。

再比如，老板是不是应该雇保安？按照法官的分析，其成本与效益也不成比例。雇保安的成本一年为 2 万美元，而如果苏珊自己保持高度警惕，她所付出的成本要低得多。而且，在 7 年之中发生一起强奸案和一起抢劫案，在这犯罪率很高的芝加哥来说，犯罪的频率很低。因此，如果让老板高成本雇保安来防止 7 年一遇的强奸案，明显成本高于收益。从这两点分析来看，老板不雇保安，没有对客人保持高度的注意程度，就不构成过失。

在确定原被告过失比例上，其经济分析得出的结论是与陪审团的结论有冲突的，但是作为法官，他必须尊重陪审团的判断。从旁观人的角度来看，法官，特别是陪审团对原告没有表现出足够的同情。一个方面，他们认定旅馆老板有过失，另外一个方面，在判定过失比例的时候，他们又明显偏袒被告。从背景材料上看，受害者是一个农村贫困女子，没有读过多少书，也没有自我保护能力。美国法院也存在着"地方保护主义"？芝加哥的法官在保护本地的小业主？或者，美国法官偏袒富人，歧视穷人？没有答案，从法律职业者的角度讲，他们不关心这个问题，社会学家也许会研究这个问题，但是，他们离法律实践太远。从判决书上看，波斯纳还是同情这个女子的，但是在陪审团面前，他也无能为力。

---

* Wassell v. Adams, United states Court of Appeals, Seventh Circuit, 1989. 865 F. 2d 849

法律上的成本与效益

上个案件，我们提到了经济分析法学，这里有必要进行适当的补充。从学术上讲，用经济学原理分析法律现象，起源于20世纪60年代早期。科斯的"社会成本"理论和卡拉布雷西的"事故成本"理论，标志着经济分析法学的产生。到70年代，美国经济分析法学发展到了繁荣时期。按照学者们的分析，普通法中本来就包含着法律的经济分析，较早的案件就是现在我们要谈到的这个案例。

本案涉及三方事主，第一个主体是驳船"安娜C"的船主康诺公司，第二个主体是拖船船主卡罗拖船公司，第三个主体是操作卡罗公司拖船的格里斯运输公司。格里斯公司的职员在操作卡罗公司拖船的时候，由于过失而导致了"安娜C"漂移。风驱动着安娜C，顺势撞击了一条油船，油船的驱动器在安娜C的船底撞开一个洞。康诺公司职员没有在船上，因此谁也不知道船已经发生了损害。假设安娜C上有职员在船上值班的话，格里斯公司的职员就会及时抽水而挽救安娜C。因为安娜C上没有水手，结果是驳船倾斜，货物倾泻，船体沉没。法院认定格里斯运输公司和卡罗拖船公司承担责任，但是在确定康诺公司是否有责任的问题上，法院有着不同的看法。问题的关键是：康诺公司的职员当时没有在安娜C船上，其职员不在岗位是否构成一种过失？如果是，那么就应该减少对康诺公司的赔偿数。

此案件最后上诉到了联邦上诉法院第二巡回法院，著名的汉德法官提出了他著名的法律意见。驳船上没有人值班，结果船体移动而发生损坏，在这样的情况下，该船的船主是不是要承担责任？汉德法官认为不存在一般的规则。但这的确是个问题，需要有一个一般性的规则来处理这样的案件。法官认为，在其他相似的情况下，所有者的责任决定于三个方面的因素，或者说决定于三种变量的函数关系：第一，驳船损坏的可能性，第二，所发生损害的严重性，第三，充分预防该损害所要承担的负担。这个函数关系还可以进一步演化成一个代数公式：损害的可能性称为 P，损害称为 L，负担称为 B。法律责任取决于 B 是否小于 P 乘以 L，也就是 B ＜ PL。

　　法官将这种思维方式应用到这个案件。他说，驳船发生移动而发生损害的可能性，随不同的时间和地点而有所不同。比如，如果有风暴，危险就大些；如果停泊在一个繁忙的港口，那么发生偏移就要更频繁一些。但是也要考虑的是，水手即使应该生活在船上，驳船却也不是水手的监狱。在适当的时候，他也要下船。在这个案件中，水手于 1 月 3 日下午 5 点离开驳船，驳船于第二天下午 2 点发生损害，也就是水手离开驳船 21 个小时以后发生损害。在这期间，水手都没有在船上。法官说，水手在法庭编了许多的故事，但是我们认定他其实没有任何离开的借口和理由。而且，损害发生在日短夜长的 1 月，发生在潮水涌动的高峰期，这样的情况会使驳船不停地颠簸。因此我们可以合理和充分地认定：驳船没有充分地得到看护。因为这个缘故，我们认定：在白天的工作时间里，如果没有合适的理由，康诺公司应该有一个水手在船上，这种要求是公平的。最后，法院判定：没有水手在安娜 C 船上，康诺公司也存在一种过失，结果是减少康诺公司能够获得的赔偿数额。*

　　英美法的主角是法官，有时候称为法官法。法官犹如明星一般，通过他们聪明的"表演"，法律实践精彩至极。在美国法律史上，许多法官都是标志性的人物。在众多法官"明星"中，美国法学院的学生一般称四个法官为美国最伟大的法官"四重奏"。他们是霍姆斯、布兰代斯、卡多佐和这个案件的法官汉德。本书到这里，四个法官都已经"登场亮相"。在"不当出生"的案件中，我们提到了霍姆斯；在"隐私权"案件中，我们提到了布兰代斯；在"法律的因果关系"案件中，我们提到了卡多佐；在这个"法律与成本"的案件中，我们提到了汉德。

这个判例在美国法中经常被援用，是一个很有影响力的判决。汉德法官和他在这个案件中确立的这个 $B < PL$ 代数公式因此而扬名于美国法，学术上称为"汉德公式"。随着经济分析法学的兴起和传播，汉德的法律经济分析模式越来越为人们所认同。这种模式有时称为"成本—效益"原则，有时候翻译成"风险—收益"原则，也就是在一个判决中要体现以最小成本获得最大效益的原则，最大限度地发展生产力。这场变革是革命性的，在此之前，分析过失侵权的工具是"理智人标准"，但是，这个"理智人"是个模糊的、具有伸缩性和相对性的概念。带有太多的习惯色彩、道德色彩和公共政策色彩，从这种模糊分析中想得出清晰的法律规则，我们不能够给予太高的期望。而如果把经济学中的具体、清晰、"冷血"和"理智"的方法应用于法律的分析，也许有着另外一片世界。这也许是法律的经济分析方法在法律界和法学界"加速度"渗透的原因所在。

对于这个案件，后来的波斯纳称汉德公式为"过失的经济含义"，他从学理的角度发展了汉德的这种方法。波斯纳在他的论文中假定：驳船因无人看管而发生损害，每年平均为25000美元，而24小时保证有一个水手在船上值班，每年开销为30000美元，那么，按照汉德的公式，上述案件中的康诺公司就不存在着一种过失。波斯纳认为这是正确的，原因是这样的判决合乎经济效益的原则，因为我们不能够付出较多的成本来防止一个较小的损失。

经济分析的法学家们逐渐把这种经济分析的方法应用到法学研究中。到 20 世纪 70 年代，法律的经济分析形成了一种法学流派。法学家们把这种方法几乎扩展到法律的全部领域，而且这种方法越来越多地为实际中的法官们所采用，在一定的程度上改变了法官们传统判案的思维模式。当然，它也面临着一定的困难，比如，在财产法领域，法律的经济分析畅通无阻；而在人身权领域，经济分析举步维艰。精神世界、隐私世界和名誉世界，以及正义、公平和法治，这些带有浓厚人文色彩的价值概念，我们能够用数学公式和金钱数额表现出来吗？经济学家们认为可以，传统的法学家们认为不可以。

* United States v. Carrol Towing Co., 1947 2nd Cir App. 159 F. 2d 169

大楼里的枪击案

你到一家五星级的饭店度周末,被一个狙击手暗枪致伤。狙击手跑掉了,你把五星级饭店告了,说是他们保安工作没有做好,饭店应该对你的受伤负责。你能够胜诉吗?我们看这个案件:原告威廉·南蓝是某工会的成员,他一直致力于揭露该工会的腐败现象。因为这个缘故,他遇到了威胁其生命的事件。他向警察局报过案,但是随后没有发生任何情况,原告也就相信他是安全的。九月的一天晚上7点15分,原告去曼哈顿中心区的一个办公大楼出席工会的一次会议,该大楼属于被告黑尔姆斯莱茅有限公司所有。当时大厅保安员没有在场,南蓝弯腰在桌上签名以进入大楼的时候,他被一个身份不明的枪手击中。枪击手逃跑,有迹象表明枪击事件与南蓝以前受到的威胁有关。

南蓝控告了大楼的所有权人。他的理由有二:第一,大楼的所有者能够预见到这种暴力,但是他们没有采取有效的保护措施。第二,大楼的所有者有责任去配备大厅的保卫人员。该案的陪审团给出了矛盾的意见:一个方面认定被告存在过失,另外一个方面又认定被告不能够预见第三人的暴力攻击。这样,法院作出了判定被告胜诉,理由是原告没有能够证明他受到枪击是可以预见的,也就是说原告没有能够证明被告的过失。原告提起了上诉。

纽约上诉法院法官加伯瑞利引用了"法律重述"对这个问题的规

则:"对公众开放土地的占有人对进入该土地的人们承担有一种责任,这个责任是保护进入土地者不受到第三人的故意伤害。占有人有义务:第一,发现正在发生或者可能发生的此类行为,或者第二,给出充分的警告,使来访者避免受到伤害或者给他们予以保护。"同时,法官也认为,土地的占有人(不管是所有人还是承租人)都不是来访者的安全保证人。因此,只有在占有人从以往的事件中知道或者有理由知道"第三人有可能对来访者实施伤害的情况下",他才有义务采取保护措施。只有在这些条件满足的条件下,土地的占有人才有义务"采取预防的措施和安排充分的人员提供合理的保护"。

  法官说,将这些原理应用到本案,我们就可以发现原告提供的证据可以充分地证明被告的过失责任。他说,虽然没有记录表明在原告受到袭击的地方曾经发生过枪击事件,但是大楼里其他地方发生的犯罪事件也可以证明占有人有义务采取安全保护的措施。而且,即使是由于大楼保安员个人失职没有在场,那么按照雇主和雇员连带责任原则,大楼的占有人也应该承担该枪击事件的替代责任。

  法官说,本案的另外一个重要问题是:被告的不作为和原告的伤害结果之间是否存在着因果关系。在这个问题上,原告有义务去证明被告的不作为是他受到伤害结果的实质性原因。这里,法官应用了原告提供的专家意见。按照专家的意见,即使是一个不带武器的保安员在场,大厅里也不会发生犯罪事件。当然,这里要区分该枪杀行为是偶然的事件还是故意的暗杀行为。但是法官说,专家在证词中明确地推论:如果狙击手知道大楼保安人员在注意他,那么任何类型的杀手都会在开枪的时候犹豫不决。法官因此认为,从现有的证据中可以推断出:南蓝进入到大厅那一刻保安没有在场,是南蓝受伤的"最接近"原因。因之,不能说原告没有提供充分的证据证明被告的过失。法院最终的结论是撤销原审判决。*

这种案件最简单的表述是：张三在李四的房屋里受到王五的伤害，张三要求李四承担侵权行为责任。这种案件在美国法中称为：被告因为第三人的行为承担原告的损害赔偿责任。其中，张三是原告，李四是被告，王五是第三人。其实，在这一类的案件中，包含着两个法律关系，第一个是张三与王五的关系，王五伤害了张三，在上面具体的案件中，就是原告与狙击手之间的关系，既包括刑事的谋杀，又包括民事的伤害。第二个是张三与李四的关系，张三在李四的房子里受到了伤害，在上面具体的案件中，就是原告与被告的关系，被告因为没有提供安全措施而对原告承担过失的侵权行为责任。在这个案件中，因为狙击手跑掉，最后原告选择大楼主作为被告。第一种法律关系是明确的，而第二种法律关系则比较复杂。如果不让被告承担责任，那么法律的保护面过窄；如果让被告承担责任，那么法律保护过宽。如何确定这类案件的范围，法官们煞费苦心。

在美国法中，这类案件属于过失侵权行为的一种特殊情况。过失的一般的构成要件同样适用，这就是：被告对原告的人身安全有一种注意的义务，被告没有能够尽到这种注意的义务，结果导致了原告的损害，而且原告损害和被告的不作为之间存在着因果关系。只是在具体的问题上，需要进一步地解释，这就是控辩双方的焦点，即"被告对原告是否承担注意的义务"和"被告不作为和原告损害结果之间是否存在因果关系"。对于前一个问题，法官们有所限制，虽然在本案件中，法官确立被告对原告负有注意的义务，但是这里要求被告与原告之间存在着特殊的关系，即大楼主与大楼里的人之间的关系，而不是一般人与一般人之间的关系。这个案件确立了房屋的占有人对房屋内的人的注意义务。对于后一个问题，法官扩展地适用了因果关系的概念。如果没有保安，原告就有可能受到伤害；如果有保安，狙击手就不容易得手。应该说，这种因果关系不是严密的。这里，我们可以与医生—病人案件进行比较，医生没有给病人看病，最后病人死于疾病。在大楼这样的案件中，法官保护了大楼里的客人；而在医院的案件中，法官更倾向于保护医院和医生。中间应该存在着某种不一致，但是普通法就是这样，充满了逻辑的矛盾，但是有法官为此种冲突开脱，比如霍姆斯的那句名言：法律的生命在于经验，而不在于逻辑。

如果说美国法对此类案件采用的是过错责任原则的话，那么英国法则对此有了成文法，采用了一种近似于严格的责任，也就是，房屋的占有者对在房屋里受伤的人承担赔偿责任。早期的英国普通法只对进入房屋的受邀请人和被许可人承担赔偿责任，自20世纪50年代以来，占有者对非法进入房屋的人也承担一种人道的赔偿责任。这种案件我们后面会涉及。

*   Nallan v. Helmsley-Spear, Inc., 1980 50 N. Y. 2d 606, 407 N. E. 2d 451

助人为乐的侵权结果

雷锋是我们的好榜样，因为他喜欢助人为乐，也就是说，他是一个道德上的楷模。但是，如果他好心做了坏事，怎么办？比如，一个老太太倒在马路边，他抱起老太太往医院跑，结果，中风的老太太经受不起颠簸，最后死在雷锋的怀里。老太太的儿子找雷锋讨"说法"。估计在这个时候，雷锋也会"英雄流血也流泪"了。下面的这个案件就是讲的这个道理。

18岁的法维尔和16岁的希格里斯特一边喝啤酒一边等一个朋友。几个十几岁的女孩走过，他们两个试图跟她们搭讪，但是女孩们没有理睬他们。女孩们向她们的朋友说及此事，说她们受到了跟踪。6个男孩因此追打法维尔和希格里斯特，希格里斯特逃脱，而法维尔遭到痛打。后来，希格里斯特在一辆轿车底下发现了法维尔，他将冰块放到法维尔的头上，把他扶入车后排躺着开车转悠了两个小时，后停在一家餐馆前。法维尔在车后排座"睡着了"，到半夜的时候希格里斯特把车开到法维尔的祖父家，试图唤醒法维尔，但是没有成功，就把他留在了轿车的后排座上。三天后，法维尔死亡。证据表明：当时如果采取及时的医疗照顾，法维尔的生命就可以得到挽救。法维尔的家人对希格里斯特提起侵权行为诉讼，陪审团做出有利于原告的判决。但是，上诉法院改判，认为希格里斯特没有任何义务来帮助法维尔。

此案最后上诉到州最高法院，列维大法官说，如何帮助危难中的人们，并没有一般的规则。但是，我们通常确立了这样的一种义务：每一个人都应该避免采取一种积极的行为使情况变得更糟。法官引用著名侵权行为法教授普洛塞的理论："如果被告试图帮助他、负责或者控制了情况，那么他就被认为是自愿地与受帮助者建立了一种关系，由此关系而发生法律的责任。如果被告对原告的利益没有尽到一种合理的注意义务，那么他就应该承担责任。""如果被告实际上开始提供了帮助，那么他无疑就有了一种注意的义务。"

法官说，就本案而言，陪审团必须弄清被告是否想帮助受害人。如果是这样，那么被告就要对受害人承担一种合理的注意义务。在这个案件中，有充足的证据显示被告对受害人有这种义务而且违反了这种义务。被告看见受害人在打架，把冰块放在受害人的头上减轻他的痛苦。当希格里斯特驱车转悠的时候，希格里斯特把法维尔平放在轿车的后座上。证据也表明当他把受害人送回家的时候，也曾经想把受害人唤醒。希格里斯特争辩说，因为他没有义务帮助受害人，因此他不能因为没有提供医疗辅助而承担责任。法官说，法院的一般规则是这样的：要认定一个人对处在危险中的人承担一种责任，就必须认定他们之间存在一种特殊的关系。因为这种特殊的关系，救助者因此承担合理注意的义务。法官援引加州上诉院的一个先例，一个帆船主应该采取一种积极的行为去救助落水的客人，理由是如此行为才合乎"人道主义的考虑"和"普遍接受了的社会行为规范"，这种行为规范可以认为具有了法律义务的性质。

在本案中，希格里斯特和法维尔是同伴关系。不难认定，当一个同伴处于危险之中的时候，另外一个同伴在不危及自己的情况下，有义务来提供帮助。法维尔挨了打，还失去了知觉。希格里斯特知道或者应该知道，如果把他放在车后座上，那么次日上午才会有人发现他。在这种情况下，如果希格里斯特不让他得到及时的治疗或者不告诉他人受害人的状况的话，那么他的行为就有悖于"人道主义的考虑",不符合"普遍接受了的社会行为规范"。法官因此认定：希格里斯特和法维尔是在从事共同的活动，他们之间存在着一种特殊的关系。最后的结论是：撤销上诉院的判决，重新确认陪审团的意见，也就是认定被告希格里斯特对受害人法维尔存在一种合理的注意义务。因之，希格里斯特要承担侵权行为责任。*

助人为乐行为涉及法律的规则是：一个人没有义务采取积极的或者肯定的行为来保护他人，也就是说一个人没有帮助他人的义务。但是，这条规则也有例外，上述案件就是一个典型的案例，也就是说，一旦你帮助了他人而因为过失发生了危害的结果，你就有可能因为你的救助行为而承担一种侵权行为责任。通俗地讲，如果你不做好事，那么没有人责难你；但是，如果做了好事却没有做好，结果导致坏事的发生，你就要承担责任。这种情况有时称为救助人的不作为之侵权行为责任。这是过失侵权的一种特殊情况，特殊之处就在于，救助者对被救之人是否存在着"注意的义务"。要让他们两者建立起这种"注意义务"关系，就存在着法律上的先决条件，比如本案中，救助人与受害人有一种特殊的关系；他已经实施了救助行为；他不采取救助行为会使受害人的情况更糟糕等。在这种案件中，要确立救助者和受害人之间的特殊关系至为重要，一般这种关系包括：房主和来访者的关系，雇主和雇员的关系等。

法官说，这种责任的法哲学基础是人道主义和既定的社会行为准则。应该说，法官的看法过于简单化了，这类案件实际上体现了法律与道德复杂的既冲突又一致的关系。美国法律的道德理论基础，实际上是一种个人主义。这种个人主义是西方近代的产物，每个人对自己的行为负责，在不干涉他人自由的前提下，享受最大限度的自由。17世纪的洛克提出了这套理论，18世纪的孟德斯鸠发展了这套理论，19世纪的穆勒将这种自由主义发展到极限。这种道德观不同于古代社会的道德观。《孟子·梁惠王上》所谓"老吾老，以及人之老；幼吾幼，以及人之幼。天下可运于掌"，《论语·子路》所谓"善人为邦百年，亦可以胜残去杀矣"，都是讲在一个人际关系紧密的社会里道德的重要性。这种古代的道德观是一种集体的道德观，与西方17—18世纪的个人主义道德观是不一样的。如果拿古代社会的道德观生活在一个现代个人主义的法律制度下，"英雄流血也流泪"就不可避免。在这个意义上，道德与法律存在着冲突。霍姆斯所谓"以坏人的眼光看法律"，从而提出道德与法律的分离，就是看到了法律与道德之间的冲突。

然而，个人主义也有其道德观，如果"大同社会"的道德观无法实现，那么就可以退而求其次。西方当代道德家们又区分了实体的道德观与程序的道德观。他们说，如果法律不能够实现崇高的道德目的，那么法律应该合乎最低限度的道德要求。这样，道德与法律就又连接在一起，他们称为法律的道德性。如果你不帮助他人，那么你也不会发生法律上的责任；但是，如果你帮了，就要对自己负责也要对他人负责，不能够帮助他人之后使他人情况变得更糟。而且，这样的帮助还必须有它的前提，被帮助的人是你应该帮助的人。也许是在这个意义上，法官说，本案这种法律规则体现了人道主义和普遍的社会行为准则。

---

* Farwell v. Keaton, Supreme court of Michigan, 1976. 396 Mich. 281, 240 N. W. 2d 217

违法行为与漠视行为

如果说上一个案件讲的是"好人惹得一身骚""好心不得好报"的话，那么这个案件正好相反。一个道德上不善的人，却可以避免法律上的责任。被告是一家露天矿的矿工，他在井下作业。他把地表的土层刨掉，挖出底下的煤矿，这个工作的结果是在地面上形成了许多切口和壕沟，其中一个切口与地面围堤有高达16到18英尺的落差，在切口底部，有深达8到10英尺的积水。在这个切口，被告安装了一台抽水机，用来清除切口内的积水。1957年9月25日下午4点，另外两个矿工来到被告的工作地，与被告商量工作的事情。被告要求这两个矿工帮助他启动抽水机，被告与一个矿工站在抽水机旁边，而另外一个叫雅尼亚的矿工站在围堤的顶上。雅尼亚从16到18英尺的围堤上跳下，结果淹死在切口里的水中。雅尼亚妻子对被告提起不当死亡和幸存者的诉讼，认为被告要对丈夫的死亡承担侵权行为责任。初审法院作出了有利于被告的判决，原告上诉，后上诉到宾夕法尼亚最高法院，琼斯大法官做出了判决。

在起诉书中，原告指控被告三重过失责任，第一，他怂恿、引诱、激将和诱骗死者跳进水里；第二，他没有警告死者当时当地的危险，即深达8到10英尺的积水；第三，死者跳进水里后，他没有去营救。

大法官说，原告称死者从高处跳进水里导致死亡，"完全"是因为被告在远处蛊惑性的言辞造成。原告没有宣称这些情况：死者存在滑倒、被推挤或者被告与死者之间有过"身体"的接触，而是推测：被告使用煽动和诱骗的方式，对死者造成了一种"心理"的压力，这样死者被剥夺了选择的意志和自由，结果被迫跳进了水里。大法官分析说，假定死者是一个未成年的儿童，或者是一个心智有缺陷的人，那么我们可以认为被告所导致损害的引诱和诱骗行为可以构成过失，因而可以提起一种侵权行为的诉讼。但是，死者是一个心智上完全健全的成年人，被告的引诱和诱骗行为是否可以构成一种过失？是否可以提起一种诉讼？大法官的答案是：这既没有先例，也完全没有价值。

原告称，被告没有采取必要的手段将死者救出水面。大法官说，被告看见死者处于被淹死的危险情况之下，他有一种道德上的义务来帮助死者，但是他没有一种法律上的义务或者责任去救助死者，只有当被告自己将死者置于危险状况的时候，法律才对被告设置一种法律上的义务。在本案中，原告没有提出证据来证明被告将死者置于被淹死的危险之中，没有这样一种法律上的责任，法律就不能够给被告设置一种救助的义务。

大法官总结说，基于以上的分析，我们只能够得出如下的结论：死者雅尼亚是一个理智和谨慎的成年人，他有健全的理智，当他采取一个行为的时候，他知道或者应该知道其行为可能会发生的危险，是他自己的行为而不是被告的行为最后导致了他的死亡。最后的结论是维持初审法院的判决。*

就这个案件本身而言，需要解释的是"违法行为"与"漠视行为"的区别，以及法律上的后果。"违法行为"与"漠视行为"是一对非常接近但又有不同法律结果的两种行为。在被告的行为表现为不作为的时候，两者之间的关系颇为微妙。

违法行为是指被告在积极行为的时候存在着过失，一般而言，违法行为人要承担侵权行为责任；而漠视行为是通常所谓的见死不救，按照普通法，任何人都没有法律上的义务去采取积极的行动或者肯定性的手段去保护他人，也就是我们通常所说的"每个人只对自己的行为负责"，因而在这样的情况下，被告不承担漠视行为的侵权行为责任。

漠视行为人不承担法律责任，这是一个一般规则，但是，这个规则也存在着例外。也就是说，要使一个漠视行为人承担一种法律上的责任，就需要被告与受害人之间存在着特殊的关系，比如房主与房屋的受邀请人、监护人与被监护人、雇主与雇员。更为特殊的情况是被告与受害者之间存在着"法律上的不确定关系"，或者说"特别的关系"，比如，被告的初始行为使受害人处于危险的境地，而后他又漠视这种危险；或者，被告已经采取了救助行为但没有完成该救助行为，结果导致受害人的情况更糟。这时，被告要承担侵权行为责任。

如果要从法哲学上去探讨，我们仍然要回到法律与道德关系上来。柏拉图在他的书中提到，一个人有机会干坏事的话，他肯定是要干坏事的，如果他不干坏事，只能够说明他没有能力去干坏事，因为人不为己，天诛地灭。霍布斯则说，人与人的关系如同狼与狼的关系，因此，一个人不能够把自己置于他人的虎口之中。这种道德观在法律上的表达，就是19世纪之后西方分析法学所谓"恶法亦法"的命题。法律不同于道德，一个法律只要具备了法律的要素就是一个法律，而不管它在道德上是善的还是恶的。如果一个国家的法律可以促进这个民族的道德，那绝对是好事，但是，法律做不到这一点。一个人做了好事，法律不能够奖赏他，因为法律的主要功能是惩罚而不是奖赏；一个人做了好事而带来坏的结果，法律就会惩罚他，因为"好事坏结果"侵犯了他人的利益。这的确是一个尴尬的事，也许是西方近现代法律的悲剧所在。庞德说，人类社会控制的方法有三：一为宗教，二为道德，三为法律。自16世纪以来，社会控制的主要手段是法律。他道出了法律发展史的一般规律，16 世纪之后的西方法律传统实际上就是个人主义和自由主义。如果西方法律近代基础保持下去，那么法律就仍然保持在"见死不救"的道德层面；如果我们自己还是要走法律现代化的路子，那么我们的法律制度还会与我们过去崇高的道德理想相冲突。

* Yania v. Bigan, Supreme Court of Pennsylvania, 1959, 397 Pa. 316, 155 A2d343

卖酒者的责任

我们说,成年人有理智,可以控制自己的行为,而未成年人缺乏理智,无足够的能力控制自己的行为。在这个意义上,我们要对未成年人进行保护,其中包括不卖给他们烟酒,不让他们看黄色、暴力的图画和电影,不让他们上黄色网站和打游戏。但是,如此做法并不能够奏效,未成年人总是能够得到他们想要的东西。这时,约束成年人的责任,比如烟酒商、图书商、游戏店主的责任,也许可以遏制未成年人易于"接近邪恶"的秉性。下面这个案件讲的就是未成年人的案件。被告是一家餐馆,该餐馆向一群未成年人出售酒精饮料,未成年人中有一个叫做杰夫的人。被告知道杰夫开车带这些未成年人来餐馆,也知道由他开车将他们带走。杰夫喝酒后有点醉,有了酒醉初期的症状。杰夫在驱车离开餐馆的路上,发生车祸,车内一个名叫肖恩的人受伤。肖恩将餐馆告上法庭,理由是餐馆卖酒精饮料给未成年人,结果导致了他的伤害。初审法院否决了原告的诉讼请求,原告上诉,最后上诉到了俄克拉何马州最高法院,霍金斯法官代表法院做出了判决。

法官分析说,按照早期的普通法,一个小酒店的店主卖酒给另外一个人,当这个酒醉之人导致了第三人损害的时候,酒店主并不承担民事责任。这条规则的理由是因果关系的理论,因为在这样的案件中,第三人受损害的法律原因不是小酒店主卖酒的行为,而是喝酒人喝酒后的行为。因此，小酒店主不因为卖酒的行为而承担民事的责任。但是，法官说，这条规则已经发生了变化，美国的许多州都认为这条规则是陈旧的和不合逻辑的，这些州都通过小酒店法来对出售酒精饮料者设立一种责任。这个责任的含义是，一个小酒店主卖酒给未成年人或者醉酒之人，他应该预料该行为不合理的危险，预料到这种危险对公众交通的危害，因为在当今时代，酒后开车发生事故的频率太高了。这个新的规则是对传统普通法的一种发展，依法官的看法，通过司法机关来发展法律是普通法的一种基本精神。

法官承认，该州没有专门卖酒者责任的成文法，但是没有成文法不意味着不能够设立一种新的民事诉讼形式，也就是对卖酒者设立一种民事责任。普通法中酒店主不承担责任的规则已经不再适应当今汽车时代的要求，也不符合现代侵权行为的理论。汽车是不断变化着的美国的标志，它对社会的每个角落都发生着巨大的影响，其中也包括对法理学的影响。在"马匹和马车"的时代，卖酒的行为在普通法中没有多少法律上的意义，因而确立酒店主不承担责任的规则是合理的；但是，现在社会已经发展到了"钢铁和速度"的时代，酒后开车已经成为一种致命的杀手，它对公共的和不确定的受害人所带来的伤害和痛苦已经屡见不鲜。在这样的情况下，法院有责任来扩展普通法的范围。因此，法官要确立这样的规则：卖酒的人有一种合理注意的义务，有义务不将酒精饮料出售给明显酒醉之人，要合理预见醉酒人可能造成的危害。

法官进一步分析道，即使如此，当我们要让卖酒者承担责任的时候，我们也还要求原告证明卖酒给醉酒之人的违法行为是酒后驾车导致损害法律上的原因，卖酒行为与可预见的损害之间存在着因果关系。酒后驾车行为并不中断卖酒行为与损害结果之间的因果关系。这种因果关系的认定，需要陪审团做出事实上的认定，当证据不充分的时候，还需要法官做出判断。为此，法官称要在俄克拉何马州撤销普通法酒店主不承担民事责任的规则,确立酒店主承担责任的新规则。在适用这种新规则的时候,原告还是要证明过失侵权行为诉讼中所有必备要素:被告的注意义务、被告未尽到注意的义务、行为和损害之间的因果关系和损害的结果。

最后的结论是,修改下级法院的判决,发回重审;重审的时候,不得与上述的看法相冲突。*

从这个案件我们可以看到普通法发展的一个模式,也就是规则的不断变迁。在早期普通法中,在马车为主要交通工具的时代,卖酒者不承担责任,因为醉酒人造成他人损害的机会较小;而到了现代社会,汽车改变了人类的生活,在改善人们生活的同时,也增加了损害的危险性和频率,在这样的情况下,就要对原有的法律规则予以发展,于是就有了新的规则,在新的规则下,如果卖酒给未成年人或者酒后驾车者,就有可能承担侵权行为责任。这类导致法律变化的因素有时候称为"公共政策"。

法哲学家德沃金曾经专门论述过这个问题。在他看来,在一个变迁的社会中,法律的发展同时受到法律原则和公共政策的影响。其中,公共政策改变着传统的规则,当公共政策为法官所应用后,它可以变成新的法律规则。他提出了三个不同并相关的法律术语:法律原则、法律规则和公共政策。法律原则是指指导法律的基本要求和准则,比如,每个人都要为自己故意或者过失的行为承担赔偿责任,在危险状态下发生严格的责任,民事赔偿使受害人回复到侵权行为发生之前的状态,等等。法律规则是具体权利和义务的规定,比如,负有注意义务的人未尽到注意的义务,导致他人损害,那么他就应该承担过失侵权的责任,在马车时代,卖酒者不承担买酒者醉后发生的人身损害责任,等等。公共政策是在特定时期和特定环境下临时性的政治性对策,比如,在汽车时代,为开车的未成年人提供酒的人,要他们承担侵权行为责任，确立不当出生的诉讼形式等等。三个法律术语之间存在着冲突。在这个案件中，原则没有发生变化，仍然坚持"过错责任"原则；法律规则发生了动摇，原有的规则是，卖酒者不承担责任；公共政策是，加大卖酒者的责任。但是，三者之间也存在着联系。当公共政策被法官们所应用后，公共政策就变成法律规则的一部分。这是法律变迁的一种方式，当然，这种变化也是渐进的。确立卖酒人可以承担民事责任，不意味着他必然承担责任，这时，原告还必须在传统的框架内证明被告承担责任的理由，比如在本案件中涉及的注意义务、失于注意、损害结果和因果关系。

当然，我们对于法律的这些公共政策并不陌生，而且这还经常引起法律实务界和法学界的争论。比如刑事法中"严打"政策，婚姻家庭法中的"计划生育"政策，交通事故法中"撞了白撞"政策。也就是说，在现实的法律活动中，我们有太多的公共政策，法学家认为这是对一个国家"法治"的一种威胁和挑战，但是，政治家认为，公共政策是一个灵活政治管理的便利工具。因为我们的传统是以政治替代法律，法治社会没有建立起来，所以，法律界的人对这种公共政策保持着怀疑态度。

* Brigance v. Velvet Dove Restaurant, Inc., Supreme Court of Oklahoma, 1986.725P.2d300

"多拔了我16颗牙!"

你去医院看牙,医生看到你的蛀牙异常兴奋,说是从来没有见过被虫蛀蚀得如此完美的牙。他拿起牙具,上了麻药,就把你的牙拔下。医生有这个权利吗?下面这个案件就是一个关于拔牙的故事。1975年1月6日,原告柏雷去被告的办公室,被告毕林芬达是一个口腔医生。原告到了被告的办公室后,就填写了一份详细表格并签上了名。表格上有这样一段文字:"我同意:只要路易斯·毕林芬达医生觉得有必要,他就可以动手术或者实施治疗。只要他认为对我是最好的,他就可以实施局部或者全身的麻醉。"检查后,医生建议原告拔掉11颗牙,原告也同意拔掉11颗牙。1月21日,原告到医院签署了"同意手术"的表,其中有这样一段文字:"我授权毕林芬达医生在他的指导之下对我富兰克林,柏雷进行拔牙手术。第二,除了已经确定的手术外,我还同意:当上述医生或者他的副手或者助手在手术的过程中,认为确有必要或者的确合理,无论是否可以预见,他们都可以对我进行手术或者治疗。"手术之前,毕林芬达医生检查了原告的病历记录,认为原告全部27颗牙都应该拔掉。后来,医生在法庭上说:在手术前他告诉过原告他全部的牙都需要拔掉,原告当时的答复是"你是医生"。在这番话之前,原告已经服用过了"手术前的药品"。但是原告在法庭上却说,他并不记得他在手术之前见过医生。结果是医生在这个手术中拔掉了原告所有的牙。原告把医生告上了法庭,理由是在没有征得他同意的情况下,医生多拔了他16颗牙。具体的诉讼形式是人身伤害和过失侵权行为。医生建议法院作出一个有利于他的直接裁定，初审法院采纳并作出了有利于被告的判决，原告上诉。

上诉法院主审法官潘尼尔认为，上诉人的异议是拔牙的数量，而不是拔牙工作本身。上诉人也承认医生拔牙的工作是出色的，而且证据也没有显示医生的手术存在任何的过失。因此，控告医生过失不成立。在这点上，初审法官作出了有利于被告的判决，上诉法官认为，这并不存在错误。

对于人身伤害的指控，法官说，上诉人的理由是医生在没有得到他"同意"的情况下拔掉了他的所有牙，而这就是一种对他人身的伤害。法官分别作出了分析。原告说他从来都没有同意拔掉他那另外 16 颗牙，而医生说，原告签署的两份同意表格显示他已经明确地授权，授权医生进行他认为合适的手术。法官说，对于第一份同意表格，原告是在没有见到医生之前签字的，因此在医生对他进行手术之前，他都有权利撤销他的授权。陪审团应该认定，医生和病人随后的协议，也就是后来拔 11 颗牙的协议，完全撤销了先前的一般授权。对于第二份同意表格，法官说陪审团应该认定，那句话的含义是：手术已经开始后，病人授权的内容只是允许医生能够进行另外一个手术。

另外，被上诉人争辩说，在拔掉另外 16 颗牙的时候，他征求过上诉人的意见，得到的答复是"你是医生"。医生认为这个答复实际上是一种口头的授权。而上诉人说他在手术前根本就没有见到过医生，而且他也不记得他与医生有过这样的对话。法官说，这是一个事实的问题，应该由陪审团解决这个问题。陪审团的意见是：对于这 16 颗牙，上诉人既没有明示也没有暗示同意拔掉。如果他没有同意，那么医生拔掉这 16 颗牙就是一种"技术性的人身伤害"。法官最后说，因为实质性的事实都存在着冲突的认识，所以初审法官径行判定被告胜诉是不当的。最后的结论是：撤销原判决。*

这是一个很有意思的案件。西方人似乎总是喜欢去看牙医，而且喜欢拿牙医当笑话说。在医生与病人的关系中，"病人同意"经常被医生拿来作为抗辩的理由。一般地说，每个人对自己的身体有绝对的权利，他可以拒绝医生的任何治疗方案，即使他得了不治之症，他也有权利选择治疗或者不治疗。如果医生没有得到病人的同意，那么医生就是对病人的一种人身伤害。经典的说法是美国法官卡多佐1914年的一个判词。他说：每个成年的、心智健全的人都有权决定如何处理他自己的身体；一个外科医生，未经病人同意就对他动手术，就是在实施一种人身伤害。就英国的情况来看，1993年，贵族院确认了这样一个原则，即使最后结果是死亡，一个成年人也有绝对的权利拒绝治疗。

本案所涉及的法律问题是："受害人同意"是否可以成为被告有效的抗辩理由？所谓受害人同意，是指受害人同意被告实施某种行为，结果导致了损害的发生。比如，张三练"金钟罩"的武功，也就是练就一身刀枪不入的不坏之身。那天，他觉得自己已经练成，就让李四拿刀往他头上砍，以此来验证一下他的武功水平。李四手起刀落，张三头破血流。张三状告李四伤害，李四以张三"受害人同意"作为抗辩理由。李四不承担责任。一般而言，受害人同意是较充分的抗辩理由，比前面我们涉及的自愿承担风险，与有过失，比较过失等都有效，它可以排除被告的责任。

但是，在实际的案件中情况没有那么简单，"受害人同意"是不容易确定的事情。一个美国教授开心的例子是：雅克为新相识朱丽准备了法国晚餐，烛光晚宴加上法国上等葡萄酒。饭后，两人坐在沙发里听着歌剧《茶花女》，品尝着本尼狄克丁利口酒和白兰地。戏剧中经常发生的一幕于是发生，雅克挪近、张着嘴凝视着朱丽。接着一个吻，雅克搂住了朱丽的脖子。只听得咔嚓一声，朱丽的脊椎骨折断。朱丽把雅克告到了法庭，问题是：雅克的所作所为是在朱丽的同意下进行的吗？在这种案件中，有时不得不区分真实的同意和非真实的同意。特别是在原告和被告关系特殊的场合，这个问题尤其复杂。这些关系包括：医生和病人、雇主和雇员以及教师和学生等。英国有一类这样的案件，经常引起争论。张三在路边想搭便车，李四开车过来，愿意带张三一段路程。张三上车，李四过失驾驶，发生交通事故，张三严重受伤。问题是，在这样的情况下，张三行为的性质如何确定？第一，受害人同意？第二，自愿承担风险？第三，与有过失？争论的结果，多数人认为，张三的行为是与有过失，而不是同意，也不是自愿承担风险。

---

* Bailey v. Belinfante, Court of Appeals of Georgia, 1975.135 Ga. App.574，218S. E.2d289

"丧失了生存的机会"

　　医生不积极地给病人检查和治疗，最后导致病人病情恶化或者病人死亡，但是，该病情恶化或者病人死亡又是病人自身疾病的自然结果，医生的不作为是一种过失吗？医生要赔偿病人吗？这是这个案件需要回答的问题。冯馁尔太太半夜头疼，她丈夫把她送进了急诊室。医生们认定是急性神经外科问题，也许是颅内出血。大约凌晨3点半，她接受了CT检查，4点住进了医院，而后入住强力看护单元。7点40分，病人休克，被认定为脑死亡，但是生命继续维持到次日，直到她再次休克被宣告死亡。从凌晨4点她被许可进入医院到她脑死亡，没有一个医生来探视过她。而CT检查结果表明，她不是脑出血，而是一种炎症。验尸则表明她患有脑膜炎。

　　巴奇医生说，3点半钟左右所做的CT表明脑肿大，在这以后半小时内应该进行及时的治疗，需要做一个腰椎穿刺。他还说，如果死者得到及时准确的诊断和合乎标准的治疗，她有40%的存活机会。他总结说，没有按照CT的结果进行腰椎穿刺手术，没有及时和积极地对大脑消肿，就违反了注意的义务。因此，患者的病情就不可逆转。按照巴奇医生的说法，脑膜炎的存活率是40%，但是因为医院的过失这个机会丧失掉了。死者丈夫对医院提起了侵权行为诉讼，初审法院作出了不利于原告的判决，原告上诉，后上诉到马里兰州上诉法院，查萨饶法官代表多数写出了判决意见。

法官认为，这个案件涉及所谓的"松弛"的因果关系问题，这是一种新的诉讼理由。这种侵权行为是讲，在医疗失当的案件中，如果病人存在着存活的实质可能性，而医生的过失导致了病人的死亡，那么可以得到赔偿。这种诉讼可以称之为"生存机会丧失"的损害赔偿。

法官承认，无任是在法律实践上还是在法学理论上，这种诉讼形式是否可以付诸实践，都存在着不同的看法。持肯定说的学者和法官认为，不管被告的行为是否导致了死者的死亡，但是只要他使死者丧失了生存的机会，那么这种机会所生之利益的丧失就应该得到相应的补偿。死者生存机会可以是50%，也有可能是40%。对死者方的赔偿依赖于他的年龄、健康和挣钱能力。有的法官则认为，这不是一种新的侵权行为诉讼形式，而是传统形式的发展。按照传统的原则，此类案件要求有注意的义务、违反义务、因果关系以及举证责任，而这种案件则要求进行新的定义，这就是如果生存机会是实质性的，而这机会也丧失掉了，那么就应该给予补偿。

持反对意见的则认为，对生存机会丧失的补偿是基于一种统计学上的可能性，这种统计学上的可能性计算与传统侵权行为法的规则存在着冲突。按照传统的侵权行为法，当每个人的生存机会都低于50%时，他得不到赔偿，因为死亡的原因是事前存在的病症而不是医生的过失。如果采用生存机会丧失赔偿的方法，那么原告得到的赔偿将超过他应该得到的份额。

法官则倾向后一种看法，他说马里兰法律不允许仅仅基于可能性来判定赔偿，不愿意放弃传统侵权行为法因果关系的规则而创造一种新的侵权行为形式。而且在审判中应用这种机会丧失的方法，对于陪审团是特别困难的。在这类案件中，交给陪审团的证据都是些可能性和统计学上的数据，在审判中使用这些证据又是不可信任的、误导的、易受操纵的和令陪审团迷惑的。法官说，传统的侵权行为也依据可能性，比如病人死亡的概率是49%，医院存在过失，那么他可以得到赔偿，反之，病人死亡概率是 51%，医院存在过失，那么他就得不到赔偿。这里强调的是疾病导致了死亡，而不是过失导致了死亡。赔偿必须要求有占优势的证据，如果死亡是由疾病所致而非过失所致，那么就不存在着赔偿。而且，如果采用这种新的生存机会丧失的诉讼形式，无疑会增加医疗失当的诉讼和医疗失当保险的成本。

最后的结论是维持原判。*

这类案件的难点在于：如何确定医院过失与病人死亡之间的因果关系。按照传统的侵权行为法，因果关系包括事实上的因果关系和法律上的因果关系。病人死亡是由于他的疾病？还是由于医院的过失？如果用"若非"尺度衡量，也没有明确的结果。在实践上有时难以确定，在理论上也难以解释，一般而言，这属于事实上因果关系的问题。

按照美国实践的惯例，如果病人生存的可能性占到 51%，医院的过失可以成为病人死亡的事实上因果关系，病人有可能得到赔偿，这在法律上称为"占优势的尺度"。但是，如果可能性低于 49%，病人得到赔偿的可能性很小。也正出于这个缘故，学者和法官提出了"生存机会损失"的侵权行为责任问题。在这个案件中，法官否定了这种理论。但是这个问题仍然存在，将来法院是否采用这个理论，有待于进一步观察。

在英国，1987 年曾经发生过一个类似的案件。原告摔倒去医院看病，医生用 X 光检查他的膝盖，但是没有检查他的臀部。5 天之后，他重返医院，检查出了臀部的伤，发现臀部关节已经变形。原告因为医院五天前没有发现这处伤，这一延迟使他臀部关节变形，对医院提起诉讼。医院则称，臀部变形是由于原告摔伤的结果，而不是医院的过失造成，也就是说，原告的损害与被告行为不存在因果关系。一审法院作出了有利于原告的判决，判定医院的过失导致原告丧失 25% 的康复机会，上诉院支持一审法院的判决，最后上诉到了贵族院。贵族院认为，这是一个因果关系的问题，而不是一个损害的比例问题。这里需要原告证明，是因为被告的延迟才导致了他臀部关节变形。如果原告不能够证明这一点，他就不能够得到医院的赔偿。但是，关于"机会丧失"在法律上的地位，贵族院没有作出明确的回答。这里，贵族院还是倾向于将这个问题停留在过失侵权的范围之内，不承认"机会丧失"是一种独立的侵权形式，不同于美国法的地方是，英国法认为医生的不作为有可能是病人病情恶化的事实上的因果关系，与通常不同的是，在这类案件中，贵族院把举证责任给了原告，让原告来证明被告的过失。

另外，"机会丧失"不仅仅局限于人身伤害，在商业领域中，经济机会的损失同样存在。比如，张三想买李四要出售的房子，张三找职业估价师王五咨询。王五因为过失给出了错误的判断和建议，张三因此没有购买李四的房子。后来，李四房子升值。张三认为，由于王五的过失，使自己丧失掉了一次发财的机会，于是把王五告上了法庭，让王五赔偿他可能获得的利润。这类案件，我们在本书后面的案件中还会碰到，法律上称为"预期经济利益的损失"。

---

* Fennell v. Southern Maryland Hosp. Centre, Inc., Court of Appeals of Maryland, 1990. 320 Md. 776, 580 A.2d 206

医生保守秘密的界限

我们设想，在香港电影《无间道》中，梁朝伟去看他的心理大夫。在催眠状态中，梁告诉心理大夫他想杀死刘德华。心理大夫与梁和刘都是朋友，她犯了难：告诉刘德华吧，她没有尽到医生保守病人秘密的义务；不告诉刘吧，刘警官又有生命危险。如果你是那个漂亮的女心理大夫，你怎么办？我们看这个案件：朴塔是被告医院的一个病人，他在医院看病的时候，曾经向精神病大夫莫尔吐露他想杀死塔梯安娜。在莫尔大夫的要求下，校园警察关押了朴塔；当他趋于正常的时候，警察将他释放。莫尔的上司鲍威尔森也没有采取进一步的行为来限制朴塔的自由，也没有任何人警告过塔梯安娜的父母，让他们知道女儿的危险。两个月后，朴塔杀死了塔梯安娜。死者的父母将医院及相关人员告上了法庭。初审法院作出了有利于被告的判决，原告上诉，最后上诉到了加州最高法院。托布莱纳大法官代表多数出具了判决书。

大法官首先分析了被告对受害的注意义务。他认为，一般规则是，一个人的行为使另外一个人处于特殊的处境，当他没有尽到合理注意义务的时候就会导致他人人身和财产损害，那么他就有注意的义务来避免危险的发生。在应用这个基本原则的时候，应该考虑到多种因素，比如原告受损的可预见性，原告受伤的肯定程度，被告行为和原告受伤关系的紧密程度，被告行为的道德意义，防止进一步伤害的公共政策等等。在所有这些因素中，最重要的是可预见性。为此，被告要约束自己的行为，要通告这种行为。按照普通法，只有当被告与危险人物或者受害人之间存在特殊关系的时候，被告才具有法律上的义务。就本案而言，被告与病人之间存在着这样的特殊关系，但是不容易判断被告与死者之间存在着这样特殊的关系。原告称，被告与病人的特殊关系使被告有积极的义务来保护无辜第三人的利益；而被告辩称，设立对第三人的保护义务是不现实的，因为治疗师无法准确地判断病人是否会实施暴力，美国精神病学会及其他专业协会的报告也支持这样的说法。大法官认为这个问题的确很难处理，一般的看法是，被告的注意标准是在相似情况下一个专业人员的合理标准。不过，本法院的看法是，当一个治疗师事实上已经确信一个病人有暴力伤害他人危险性的时候，他就有采取合理注意的义务来保护可能受到伤害的受害人。这里最终的问题是一个社会政策的问题，治疗师不仅对病人负有注意的义务，他同样对可能受到损害的受害人也负有注意的义务。

大法官其次分析了医生的豁免权的问题。被告称医生与精神病人之间有一种忠诚的保密义务，如果医生将病人的诊断和治疗公开，他就违反了这种秘密交流和保守秘密的义务。大法官承认，这种保密义务至为重要，但是，我们要衡量病人隐私权与社会公共利益的关系。在这个方面，立法机关已经解决了这个麻烦的问题。证据法典第1024节限定了医生—病人特权的范围："当医生有理由得知病人的精神和心理状况对他自己、对他人或者对他人的财产存在危险性的时候，他就有公开有关信息的义务，由此来防止威胁和危险；这时，他们之间的特权不成立。"同样，美国医疗学会医疗伦理原则第9节规定，在保护医生与病人秘密交流权利的同时，更要保护其他公民和社会的公共幸福。大法官的结论是，在这样的情况下，医生和病人之间的交流秘密权要让位于公共利益。因此，被告不具有豁免权。

最后的结论是，撤销下级法院的判决，支持原告的诉讼请求。*

这个案件的第一个问题是：医生对病人所攻击的对象有没有一种注意的义务？在这个案件中，医院对死者有没有告之的义务。在《无间道》中，女大夫有没有义务关心刘德华的安全。用法律术语来表达就是，这个问题实际上涉及被告对第三人的法律责任问题。按照普通法，要使被告对第三人承担法律上注意的义务，要求他们之间有特殊关系的存在，依此标准，医生对病人所伤害的对象不负有注意的义务。因为，如果要求大夫对普通人负有安全保护的义务，那么法律就对大夫加上了太重的责任，医生成为被告的频率就会增加。但是，有规则就有例外，如果碰到特殊的情况，法官会认定被告存在着这种义务。在一般的情况下，要求被告与原告之间的"特殊"关系存在，而在这个案件中，法官提出了社会公共利益的概念，在法官看来，病人对某个特定人有着攻击倾向，涉及他人的生命权，也涉及公共的安全，因此，法官最后认定医院和大夫有义务来保护受害者，受害人利益包含着社会利益的因素。应该说，这是对传统普通法的一种发展。

第二个问题是如何判定医生与病人的秘密交流的特权范围，这个问题涉及了保护病人隐私权与保护人们免受暴力伤害之公共利益的冲突，现代法律发展的趋势是公共利益优先。大法官在这个案件中判决的最终因素似乎是"社会公共政策"，而这个政策又是社会的公共利益。由此得出的法理学结论是：第一，社会利益取代个人利益是当代法律发展的趋势。在法律的历史中，法律所体现的价值是不断发生变化的。古代社会的法律，更多地保护社会和谐和整体的利益，在这样的情况下，法律更注重社会成员对社会的义务和责任。拿亚里士多德的话来说，人天生是个社会的动物，他注定要过社会的生活，他天生属于一个城邦；否则的话，他要么是个神祇，要么就是一个畜生。到了近代，法律更多地保障个人的利益和个人的权利，这一点我们前面已经谈过。而到了 20 世纪之后，情况又发生了变化，法律既要保护个人的权利又要强调个人对社会的义务。这个特点，法律界称为法律的社会化，也就是说，法律要保护社会的利益。第二，侵权行为法中，公共政策对法官判案的影响力越来越大。公共政策问题，我们在上个案件已经涉及。这里不多说，要说的话，那就是：在医院—病人关系中，法官似乎总在偏袒医院，原因也许是医院不是盈利的机构，医院影响着整个人类的健康。医院是个神圣的地方，医生是"天使"。当然，这里是指制度健全的医院和医疗制度，在一个医疗制度不健全的社会里，医院和医生不具有这种"神圣性"。

* Tarasoff v. Regents of university of California, Supreme court of California, 1976.17Cal. 3d 425, 131 Cal Rptr. 14,551 P2d 334

"合理信赖义务"

警察的工作是维护公共安全,其日常工作的对象是大众,而不是一个特定的个人。我的手机被盗,我可以抱怨警察局工作无力,但是,我不能够因为我特定的事件抱怨警察没有为我提供特殊的保护。但是,如果我与警察建立起了某种特殊的关系,我合理地信赖警察会来保护我,而警察没有能够保护我,那么警察有可能对我的损失承担责任。在什么样的情况下警察有责任对我提供特殊的保护呢?下面这个案件就涉及这个方面的问题。

一位母亲每天护送她6岁的孩子上学,如此护送历时2周。学校附近有一个交通岔道口,母亲每次送孩子上学的时候,都发现有一名城市警察在那维持交通秩序。当母亲知道有警察保护之后,她就不再护送孩子去上学。那一天,当班的警察生病,路口无人看管。按照部门规章,在可能的情况下,警察部门应该另行安排一个警察替班。如果没有替班的,就应该封锁最危险地段的路口。但实际上,在发生事故的时候,路口没有替班的人,学校校长也没有得到无警察护卫的通知。在没有警察护卫的路口,那6岁的孩子被撞,大脑严重受损。母亲和孩子对市政府和肇事车主提起了诉讼,初审法院判定原告胜诉。市政府上诉,后上诉到纽约上诉法院,简森法官作出了判决。

简森法官说,按照先例,如果一个市政府仅仅没有提供充分的警察保护,那么法院就不能够判定它要承担责任。这种义务如同防火义务一样，其义务的对象只是抽象的一般大众。但是在本案中，毫无疑问的是警察部门自愿承担了一个特定的义务，也就是在学校的路口维持秩序。这意味着，警察所承担的义务现在是一个特定的义务：一个旨在保护特定群体利益的特定义务，这个特定的群体就是在既定时间段和在特定的交叉路口出入学校的儿童。这样，警察的义务不再仅仅是警察对大众的一般保护义务。本案的事实是，在连续2周的时间里，原告母亲亲眼看见了警察在履行这项特定的义务，她也合理地相信该义务会持续地得到履行。简森法官借用首席法官卡多佐的话来说，"如果一个行为超出了界限，它不是仅仅消极地否定一项利益，而是肯定地或者积极地导致了一个损害，那么这个行为就产生一个需要履行的义务"。将这个原则适用到本案，就会得到这样准确无误的结论：警察已经承担了对特定人群的义务，已经履行了这项特定的义务，因此他有义务继续履行该项义务。假如警察部门没有承担义务去监管学校的路口，那么原告母亲就不会让她的孩子独自一人出入学校。假如警察没有这个特定的义务，那么原告母亲就不会合理地期望她孩子能够得到和必须得到的保护，她就会自己或者安排其他人陪同她的孩子出入学校。在这样的情况下，警察部门失于履行该义务就将该儿童置于危险的境地。有证据表明市政府失于提供这样的保护，法院因此判定：维持下级法院的判决，并由上诉人承担诉讼的费用。*

　　警察机关是政府的一个部门，它不能够独立承担法律上的权利义务关系。因此，当原告要指控警察和警察局的时候，警察局的上级市政府就成了被告，因为警察的经费是由市政府提供的。这点与我们国家的情况不完全相同，在我国，警察机关至少可以成为行政诉讼的主体。从理论上讲，政府机关只对一般公众承担一般的保障义务，而不是对城市里的每个个人承担特殊的保护义务。比如有这样的一个判例，一个女士受到一个男子的威胁，他说如果她不嫁给他就会杀掉她或者使她致残。女士多次要求得到市警察的保护，但是警察部门不予理睬。后来那男子将该女子毁容，女子状告市政府，认为警察没有为她提供保护。法院判定原告败诉，理由是市政机关不对城市里的个人承担特殊的保护义务。

但是，如果政府机关与某个特定的人建立一种特殊的关系，那么政府机关就与该特定的个人之间产生特定的权利义务关系，于是就有了特殊的保护义务。具体地讲，在这个案件中，警察部门既然已经开始在学校路口维持秩序，那么就对路经该路口的儿童承担了积极的安全保障义务，警察部门与该校学生之间产生了一种"特殊的关系"，因为这个特殊的关系，它就要承担相应的法律责任。从这个角度看来，这类案件仍然是警察局对第三人的行为，即为交通肇事者行为承担过失的责任。也就是说，司机撞了儿童，司机承担侵权行为责任，这是本案第一层法律关系；母亲对警察局发生合理信赖关系，但是由于警察没有提供维护交通秩序的积极行为，导致儿童被撞，警察的不作为就成为一种过失，由此对儿童的损害承担赔偿责任，这是本案第二层法律关系。在第一层法律关系中，司机赔偿儿童不存在大的争议，而在第二层法律关系中，警察局赔偿儿童会出现争议。后一种案件也就是前面曾经提到的"助人为乐"而惹上祸或者"见死不救"逃脱责任的同类型案件。

本案法官引用了卡多佐的理论来说明问题。特殊关系的存在一般与被告机关的某个特定行为联系在一起，这个行为是被告肯定性的行为，而不是被告的不作为。也就是说，被告的某个特定的行为，使得原告合理地相信被告会继续履行某种义务，由此被告承担相应的责任。积极的行为产生一种责任，有时候我们经常举出这样的例子：你在大海里游泳，看见一个小孩被水淹死而你无动于衷，你没有责任；但是，如果是你带着这个孩子下水去游泳，你就有责任保障他的安全。通俗地讲，做好事就要做到底。在实践中，要认定原被告之间的

"特殊关系"并非易事,从这个案件看来,它既要求被告与原告之间有着"直接的接触",也要求原告合理地信赖被告,并要求被告采取积极的措施。如果没有这种直接的交流,原告与被告也不产生这种特殊的关系,被告也不承担合理信赖的义务。

* Florence v. Goldberg, Court of appeals of New York, 1978.44Y. N. 2d189, 404 N. Y. S.2d. 583, 375 N. E. 2d.763

病人殴打护士

精神病人在大街上攻击他人，他要承担侵权行为责任；精神病人在精神病院攻击医生和护士，他不承担侵权行为责任。其差别的原因在于：精神病院就是为了防止精神病人攻击他人而设计的，精神病大夫和护士的工作就是为精神病人服务，这种工作性质就决定了他们工作的风险。当他们受到精神病人攻击的时候，医生和护士只能够求助于职业保障机制，而不能够向精神病人求偿。这里的案件就是说的这种情况。被告是一个精神病人，他住在州医院里。由于精神疾病，他总是朝周围的人扔石块、椅子和其他物品。原告是医院的看护人员，他的工作之一就是控制像被告那样的病人。那天，原告看见被告朝另外一个同屋病人扔椅子，原告走进房间并试图让被告镇定下来，同时警告被告：如果被告不冷静下来的话，原告就会将被告单独限制在一个"禁闭室"里。当原告离开房间的时候，被告拿起一个重烟灰缸朝原告头上扔去，原告弯腰躲闪，结果严重受伤。原告起诉了被告，初审法院支持原告。被告上诉，上诉到佛罗里达州上诉法院。

舒瓦茨首席大法官认为，已经确立的规则是：一个精神病人要像一个正常人那样承担侵权行为责任，这个责任既包括故意的侵权行为，也包括过失的侵权行为。这个规则蕴涵的理由是，第一，在无辜的受害人和无行为能力的加害者之间，后者应该负担损失；第二，给精神病人设置责任，可以最大限度地限制病人的行为，使他不去伤害无辜的人。大法官引用先例说,但对于精神病人,一般原则中的"故意""过失"和"过错"只有大体上相似的含义,因为精神病人无法控制他们的行为,无法合理地进行推理,我们本来就不能够拿"理智人"的标准来要求他们。大法官说,就本案的具体情况而言,上述规则存在的两个理由都不成立,因此也就没有必要适用这些规则。为此,大法官分别分析了原、被告所涉及的法律问题。

就原告而言,他是一个医护人员。通常的说法是,一个精神病人,虽然他不能够形成一个故意去实施一个侵权行为,也不能够在道德上认定他有"过错",他也要为自己故意的侵权行为承担责任。这个观点的基本点在于一种正义的要求,按照这个要求,在两个道德责任相同且同样有能力保护自己的人之间,导致伤害的侵权行为人应该承担责任。但是在这个案件中,原告是一个医护人员,他的工作就包含了要面对护理工作中的危险,更重要的是,他们所受到的损害及经济损失是通过劳动保障机制得到补偿的。在这样的情况下,上述的正义原则并不能适用于本案,也就是说,原告不能够通过侵权行为法体系得到救济。大法官说,这里,护理人员与病人的关系,类似于消防人员与房主的关系。护理人员与消防人员都是受雇从事危险工作的人员,他们得到的酬金和可以得到的劳动保障,使他们在受到伤害的时候,不能够通过侵权行为法体系得到补偿。

就被告而言,他是一个病人。给病人设定责任的目的是防止他们暴力攻击他人,但是大法官说这个原则也不适用于本案。因为,对病人自己,对病人家属,乃至于对于社会而言,最大限度控制病人的办法莫过于把病人限制在医院里。因此,让他们承担额外的侵权行为责任,并不是一个有益的办法。

大法官接着说,就所谓"公平"来说,给病人设定侵权行为责任的做法,对病人却又是不公平的。精神病人不能够控制他的行为,从最基本的意义上讲,虽然他做出了不当的事情,但他也是一个无辜者。这里，护理人员的法律地位与消防队员及独立承包人的法律地位是一样的。这里基本的观念是：作为社会的一员或者作为一个雇员，他得到了一份酬金去应付一个特定的危险，他就不能够因为该危险所发生的人身伤害再次得到补偿。或者说，一个人已经花钱雇佣一个人从事危险的工作，就不能够要求他再拿出钱来赔偿危险带来的损害。因此，最后的结论是：修改初审法院的判决。*

在前面的案件中，我们已经涉及了精神病人的侵权行为责任问题，这里的问题更加具体和细微。这个案件实际上涉及了精神病人侵权行为责任的两个规则，第一个规则是：精神病人对他人造成的损害，应该承担侵权行为责任，其目的是最大限度地阻止他的暴力行为，也是为了防止正常人冒充精神病人来逃脱责任。在这一点上，英美法不同于我国的法律制度。但是在这个案件中，大法官认为这个规则不适用，因为病人攻击的不是一般的人，而是负责看管病人的医护人员。由于攻击地点和对象的特殊性，精神病人不再承担赔偿责任，当精神病人进院的时候就是交了费用的，如果再让他们承担侵权行为赔偿费用，就是加诸他们双重责任。

第二个规则是：精神病人在医院里对负责管理他们的医护人员造成了人身伤害，那么这些职业医护人员只能够从劳动保障体系中获得补偿，而不能够从侵权行为法体系中获得赔偿，理由是职业人员的工作本身就包含了应付危险，不能够让病人和家属双倍地予以补偿。大法官在这个案件中应用了这个规则。从法理的角度说，医护人员、警察和消防队员的地位是一样的，其理论基础是：他们都是"自愿承担风险的人"，也就是，如果你选择了危险而且选择了遭遇该危险，那么你就不能够视该危险为侵权行为发生的原因，也就不能够从侵权行为法体系中得到经济上的补偿。

另外，法官在法律分析中，解释了两条重要的法律原则。第一，精神病人承担侵权行为责任的理论困难。我国侵权行为法，明确取消精神病人的被告资格，这里面也存在着问题，但是却使法律得到了一致性。英美法确立了精神病人的主体资格，也有其实践的成功之处，但是在法律理论上遇到了难题。侵权法的主导的规则是过错责任，也就是要求被告实施侵权行为的时候，主观上必须具备有故意或者过失，或者说必须主观上必定有过错。以此来看精神病人的话，这个理论不能够直接适用，因为精神病人与常人的区别就在于他神志不清，既不存在故意也不存在过失。套用侵权法的理论不能够解决精神病人的问题，让精神病人承担责任，其实是让他们承担了严格的责任。而关于严格责任在侵权法中的地位，法官与法学家们充满了争论。

第二，为了解决上述矛盾，法官又提出了另外一个原则。这就是，在两个道德责任相同且同样有能力保护自己的人之间，导致伤害的侵权行为人应该承担责任。法官称这是一种"正义"的要求。法官说得比较抽象，通俗地讲，侵害者与被侵害者都没有道德上的过错，但是，侵权行为已经发生，损害已经出现，在这样的情况下，由谁来消化这个损失才合乎正义呢？法官认为，合理的做法就是让造成侵权行为事实的人来承担，在这个案件中，造成损害的人就是精神病人。这个道理同样出现在紧急避险的案件中，紧急避险造成的损害应该由避险人来承担。

* Anicet v. Gant Florida, Court of Appeals, 1991.580 So.2d273

"病人的知情权"

女人爱美,这是天性,为美就要付出代价。对此,各个女人的承受力不一样。但是,如果为了美丽而失去健康,应该是多数人不愿意做的事。从这个意义上说,一次美容的手术就是一次风险。为了最大限度地避免风险,整容者应该与整容医生有较好的沟通,在沟通的过程中,医生应该将与手术的危险相关的信息提供给整容者,让整容者了解手术的后果,否则就会发生纠纷,下面这个案件就是这样的一个纠纷。

原告在被告的医院里动手术,切除颈部肿块。在手术过程中,她的舌下神经被切除,她声称手术的结果会导致她舌头功能永久性损坏或者全部的丧失。原告将医院和三个医生告上了法庭,认为他们在手术前没有告知她失去舌头功能的危险性,因此被告的行为是不实陈述和过失。原告称她手术的目的是美容,而失去舌功能就手术而言是一种实质性的、可预料性的危险。她还称,如果原告事先知道手术危险的话,她就不会同意做这个手术。对医生所做的手术本身,原告没有提出异议。法庭认为原告所提供的证据不充分,因此初审法官否定了原告的诉讼请求。原告上诉,最后上诉到马萨诸塞州最高法院,奥康诺大法官提出了他的法律意见。

大法官首先表述了法律对人身权的保护。他说,任何人都有权利保护自己身体的完整性,非经他的同意不应该受到他人的侵犯,这称之为人身的不可侵犯性。这种权利应该由病人决定行使，而不是由医生来决定。即使在医生看来危险、不理智的行为和结果，病人也有权利来决定是"放弃治疗，或者是接受公平的治疗"。因此，如果医生不能够以理智的方式向病人提供充分的信息，使病人能够作出判断去接受或者去放弃治疗，那么医生就构成一种职业的渎职行为。

大法官说，在承认个人判断权的同时，也要认识到对医生期望值的限度。医疗事件经常是复杂的。医生受到过严格的训练，也要有丰富的经验，要使受过训练的医生与没有受过训练的病人进行科学信息的交流，往往存在着困难。因为这个缘故，病人的知情权与医生的责任之间应该和谐一致。大法官说，如今的规则是，医生有责任以理智的方式提供重要的医疗信息，使病人作出理智的决定去接受或者放弃治疗，这些信息对病人来说具有实质性的意义。医生应该提供的信息是一个中等有资格的医生能够或者应该掌握的信息，或者说是从事那个职业的中等有资格的医生能够或者应该掌握的信息。医生所知道信息的内容一般由专家鉴定来证明。所谓对病人具有"实质性"的信息，包括病人状况性质、所涉危险的性质和可能性、可合理预期的利益、医生预测的能力限制、手术的不可逆转性以及可供选择的其他方式等。当然给出充分的信息并不意味着揭示出医生知道的所有的信息，也不包括病人通常已经知道的比如手术中的内在危险。

大法官说，尽管我们确认病人的知情权，但也要承认医生不通告行为的合理性。比如，许多医疗事件表明，通告病人情况可能会使病人的病情复杂化，或者使病人不配合治疗。在这样的情况下，我们通常说医生有权利对病人保守秘密。但是这项权利要受到严格的限制，否则它会破坏揭示规则本身。在因果关系方面，大法官说，一个应该知道但没有被揭示出的危险必须是实质性的，否则该不作为在法律上就没有任何结果。这个未揭示的危险是否具有实质性，是一个由审判机关要调查的医学问题。在法庭上，原告必须表明：如果他得到了适当的信息，那么他或者在相似情况下的任何理智之人就不会接受治疗。

大法官认为，有一个被告医生是手术中的助手，他没有义务给原告提供信息，而医院本身也不承担责任。但是，另外两个医生被告因为没有提供必要的信息而要承担责任。最后结论是，医院和助理医生不承担侵权行为责任，而被告医生要承担不实陈述和过失的责任。*

医生与法律关系的历史悠久，现今留传下来的人类最早的法典《汉谟拉比法典》就对医生医疗失当处罚有着规定。古罗马的《十二铜表法》也有医疗失当的明确规定。在早期的英美侵权行为法中，未经过病人同意或者真实同意，给病人动手术的医生要承担一种"殴击"的侵权行为责任，也就是主动性、带有攻击性的冒犯。殴击意味着医生侵犯了病人的人身权，也就是病人不可剥夺的身体的完整性。自1958年以来，情况发生了变化，此类案件由原来的故意侵权转为过失侵权。这个时候，法律不是强调医生对病人身体的伤害，而是强调医生的过失给病人带来的伤害。从法律上讲，这样要更合理一些，因为，将医生给病人治病视为一种故意的伤害，似乎不妥。因此，许多法院将此类案件归结为"过失"的侵权行为责任，也就是说，医生因为医疗过失承担法律责任。

医生的过失有各种各样的形式，在本案中，医生的过失一是手术给病人造成了伤害，二是没有给病人提供完整的信息，误导病人做了整容手术，结果遭受损害。本案的重点在后者。医生向原告病人提供必要的医疗信息，对于病人来说，就是病人的知情权。如果医生没有做到这一点，他就要承担相应的责任。在这个案件中，法官提到了两种过失的具体形式，一是一般意义的过失。医生对病人有注意的义务，但是没有尽到注意的义务，最后病人受损。这类案件我们前面已经提到很多；二是不实陈述。这种侵权诉讼形式是从一般过失中分离出来的一种新的侵权形式。这里的含义是：医生提供了不真实的信息或者隐瞒了某种信息，病人根据被告提供的信息做出了某种决定，采取了某种行为，本案中是病人接受了美容手术，最后导致信息接受者的损害，本案是病人失去舌功能。不实陈述还可以导致经济上的损失，我们后面还有具体的案件。

医生在手术之前应该提供何种程度的信息，一般法院采取"那个社区医疗实践的标准"，也就是一个中等水平医生的标准，按照过失诉讼形式的术语，就是一个理智医生的标准，一个在那种情况下一个"理智人"的标准。到20世纪70年代早期，这种社区实践标准逐渐被"实质性信息"的标准所取代，也就是上述案件提出的病人知情权的范围和程度。通过这些信息，病人可以选择医疗的方式。而在判定因果关系上，法官采取的原则是如果原告有了信息，那么就不会同意那样去做，这是一个假定的标准。在我国，同类问题已经出现，一是人造美女事件，此类的医疗纠纷越来越多，二是关于病人知情权的呼声也越来越高。这个案件的处理和分析应该对我们有些启示。

* Hamish v. Children's Hospital Medical Center, Supreme Court of Massachusetts,1982. 387 Mass. 152,439 N. E. 2d240

"违反了信赖的义务"

医生不告诉病人其疾病的严重程度，病人在不知道自己健康状况的情况下死掉。死者的妻子觉得死得冤，把医生告上法庭，指控医生不告知病人的真实病情，违反了病人对医生的信赖义务。具体情况如下：在一次手术中，医生发现病人阿拉图患上了胰腺瘤。与其妻交换意见之后，医生切除了所有可视肿瘤。病理学报告显示，该肿瘤为恶性，这种癌症五年的存活率非常低，只达5%。但是阿拉图并不知道这些。次月，阿拉图夫妇去看肿瘤学家艾佛顿，艾氏告诉他们，外科医生不可能解决全部的癌症，癌细胞可能会通过血液或者淋巴系统扩散。艾佛顿让阿拉图填写了一份18页的答问卷。其中有一个问题是：病人是否想知道严重疾病的"真实"情况。阿拉图的回答是"是"。看完阿拉顿的病理报告，艾佛顿认为他活不过5年，但是他没有告诉阿拉图。他给阿拉图进行化疗及其他治疗，8个月后，他认定癌细胞已经扩散。他告诉阿拉图化疗已经不起作用。他的看法是阿拉图只能够活很短的时间，恐怕就是几个月，这次他告诉了阿拉图。三个月后，阿拉图死亡，阿拉图夫人和子女将肿瘤学家艾佛顿及其他人告上了法庭。

原告认为，被告违反了一种病人对医生的信赖责任，这种责任要求医生将实质性影响病人权利和利益的所有事实全部和公正地揭示出来。原告称，假定阿拉图夫妇早点知道阿拉图真实的状况，他们就会以不同的方式来安排他们的事业和个人事务。阿拉图先生也许会放弃耗时又痛苦的化疗，他们会重新写遗嘱来避免不利的税率，他们会卖掉或者找个人来打理阿拉图先生的生意，他们不会签署两份需要阿拉图在健康状态下完成的商业交易合同。

初审法院庭审延续了三个星期，争论的焦点集中在"公开病人生命期望值"的标准上。陪审团成员认定，被告已经公开了所有必要的信息，这些信息可以帮助阿拉图先生对于治疗方案作出决定。而对其他公开的义务，陪审团并没有得到指令去裁定。而后，陪审团作出了有利于被告的判定，原告上诉。

上诉院助理大法官赫兹先引用了该州一个1990年的先例，这个先例确立的规则是：医生公开的义务不仅仅局限于治疗的危险信息，而是"广泛得足以包括"医生某些与病人健康无关的个人事务，这些事务可能是研究性的也可能是商业性的，因为这些事务可能会影响他的职业判断。如果医生没有得到病人的授权或者违反了这种信赖的义务，那么这就可以成为一种诉讼的理由。在本案中，被告争辩说他们没有义务给阿拉图先生提供生命期望值的统计信息，从而得到他同意的通知。被告也争辩说，有实质的证据来支持陪审团得出这样的结论："阿拉图先生没有必要得到生命期望值的统计信息来决定是否接受化疗和辐射治疗"。

助理大法官说，但是，没有癌症严重程度和存活率的一般信息，以及通常疾病影响病人的方式和过程的信息，那么病人就没有办法来明智地评价已经掌握的信息。特别是在治疗具有严重的副作用和最终成功率很低的时候，这个问题更加突出。部分的信息公开可能构成虚假陈述，也可能引起误导。而且，被告还忽视了这样的事实，那就是病人不会生活在真空里，他们可能从其他的来源得到不可靠的信息及错误的信息。当病人要求得到真实情况的时候，医生有责任提供准确的和专家性的信息。

助理大法官认为，就本案而言，原告应该得到的赔偿不仅包括阿拉图先生的治疗费用，而且包括时间的损失和不能够明确推算出来的身体衰弱损失。另外，按照先例，如果医生违反了信赖的义务，那么除了可以判定损害赔偿外，还可以判惩罚性赔偿。最后的结论是修改下级法院的判决，发回重审。*

医生该不该把病人的真实情况告诉给病人，在生活中也是一个头疼的问题。一部分学者认为，不告诉的好，因为当病人知道了自己的严重病情后，心情低落，病人病情会急剧恶化。中医似乎更赞成这种说法，"心态可以改变身体的机能"。这种观点虽然有点早期"巫术神话"的特点，却也有不少的典型例证；另外一部分学者认为，告诉的好，因为病人对自己的身体健康有知情权，而且，还可以根据自己的健康状况采取理性的治疗方法，安排自己的生活，甚至安排自己的"后事"。本案的看法属于后一种情况，原告认为，病人对医生有一种信赖的关系，因此，医生要向病人如实告知病人的真实情况。做不到这一点，医生就违反了信赖的义务。

此类案件的关键之处在于，医生对病人负有一种信赖的责任，这种责任是讲"医生要将实质性影响病人权利和利益的所有事实全部和公正地揭示出来"。如果医生没有尽到这种义务，病人有权利诉之于法律并得到赔偿。病人相信医生，因为医生是专家，他的学识和经验比病人丰富得多，拿时髦的话说，他们所掌握的信息不对称。在这样的情况下，医生对病人就有一种信息通告的义务，这里，医生的信赖义务与上一个案件所讲的病人的知情权联系在一起。上一个案件要求医生告诉病人真实的情况，让病人决定是否和如何接受治疗，在这个案件中，除了上述这些之外，原告还提到了病人应该得到充分的信息来做好生活和工作上的安排，因为本案中的病人是恶性肿瘤病人。

接下来的问题就是要对病人公开信息的范围，这也是原、被告双方争论的分歧所在。在这个案件中，原告提出的是要得到生存期限的信息，从而合理地安排有限的时间；而在法官引用的那个先例中，范围更加广泛，其信息甚至包括医生与病人病情有关的研究工作和商业活动。对于病情本身信息的通告，不存在什么争议，"一个中等医生的标准"和"实质性的重要信息"，目的是让病人知道自身的情况；对于病情之延伸信息，比如原告所说的"工作安排""投资安排""税收安排"，或者上诉院所说的"研究工作"和"商业活动"，法律上会碰到难题。病人未来的商业损失，在侵权法领域，不是一种直接的损失，而是一种间接的损失。而侵权法的目的是"回复侵权行为发生以前的状态"，而不是让受害人因为被侵权而获得财富。如果说，病人未来的经济损失可以证明医生存在着过失的话，那么，原告提出这些要求是可以理解的。如果原告想让医生赔偿病人可能获得的经济利益，那么估计实现起来则会比较困难。侵权法毕竟不能够走得太远，另外，在这个案件中，上诉院助理法官对医生用词都比较强硬，他甚至提出可以适用惩罚性的赔偿。在医疗案件中，适用惩罚性赔偿的先例并不常见。一般情况下，适用这样的惩罚性赔偿要求有医生的主观恶意。

---

* Arato v. Avedon, California Court of Appeal, 1992.8 Cal. App.4th1473, 11Cal. Rptr. 2d169

"打发病人"的法律责任

1988年7月18日,康妮住进了被告理查蒙德纪念医院,她有近33周的身孕。并出现早熟子宫膜破裂。7月22日下午,康妮子宫收缩并伴有急性医疗问题。情况恶化后,医院叫来了医生,这个医生以前没有诊断过康妮。在没有对她进行检查的情况下,他命令将她转院到弗吉尼亚医学院。由于找车不便,被告理查蒙德纪念医院同意出钱租车将康妮送到弗吉尼亚医学院,这时是7月23日凌晨2点半。在那里,她签署了一份同意剖腹产的文件,4点20分,她"被紧急地"送进了产房。9点48分,塔嘉剖腹产出生,但是母子俩都受到严重的损害,塔嘉大脑受损。康妮对理查蒙德纪念医院提起诉讼,初审法院支持被告,原告最后上诉到弗吉尼亚州最高法院,拉什大法官提出了他的法律意见书。

大法官说,医院拒绝对紧急状态下的病人治疗,这个现象有上升的趋势,在实践上被称为"像垃圾填埋那样打发病人"。依照普通法,私立医院没有责任接收病人或者对病人提供诊断,因为这一点,经济穷困的病人一般得不到全部的赔偿,甚至根本就得不到赔偿。医院竞争加剧,费用增高,就会减少来就诊的病人。这样,将这些成本转移到病人身上,实践上存在困难。随着医院经济损失的增加,打发病人的事件也在增长。为了遏制这种现象的蔓延,以及防止由此发生的损害,联邦议会于1988年制定了《关于紧急医疗治疗和妇女分娩的联合统一预算协调法令》。这个法律确立了评估、治疗和转移病人的特殊标准。

在本案件中，问题的关键是对于这个成文法的解释，第一，该成文法对治疗和转移的要求是否仅仅限于紧急医疗状态或者不稳定但被同意进入急救室的分娩妇女？第二，这些要求是否也适用于已经稳定后的紧急状态和分娩的妇女。双方当事人对此有着不同的解释。为了解决这个冲突，大法官仔细地分析了该成文法，并得出这样的总结：第一，如果一个人"进入了急诊室"，那么医院必须提供合适的医疗检查。第二，如果一个人"进到了医院"，而医院又认为存在着紧急医疗状况或者正在分娩，那么医院必须稳定状况或者转移病人。第三，如果一个"已经在医院的病人"出现紧急状况或者正在分娩，那么只有在特定的情况下，医院才可以转移该病人。大法官这里的结论是，按照成文法的字面解释，法律的要求不仅仅限于已经进入急诊室的病人和没有稳定的病人，因此医院的说法站不住脚。

接着，大法官分析了该成文法的立法目的。"打发病人"的现象不限于拒绝提供急救室里的治疗。同样的，一旦医院认定病人的状况可能会导致实质性的医疗费用，以及当医院担心病人承担不起医疗费用而将病人转院，也可以称为"打发病人"事件。这种方式打发病人，既不涉及、也不依赖于病人是否进入了急诊室和是否稳定。大法官还引用了两个先例来说明，他对成文法这样的解释合乎法律的精神。

然后，大法官转到原告权利请求的充分性问题。他说，原告称，她在转院前就开始疼痛并腹部痉挛，阴道溢液，体温下降，子宫频繁收缩并膨胀。在转院的时候，被告也没有按照成文法的要求出具证明。所有这些事实，连同原告在转院的时候正在分娩、处于紧急的医疗状况，都充分证明被告医院没有达到成文法所要求的程度，因此她有充分的理由依照成文法提出权利要求。最后的结论是：对下级法院的判决，部分撤销、部分维持，发回重审。*

有三种人同时具备了"美德"和"邪恶"的秉性，一是巫师，二是律师，三是医师。这三种都有着职业的训练，他们的感受和经验使他们具有了某种"神秘"和"神奇"的力量，他们与社会大众相分离，他们都是专家，都有自己的标准、概念和方法，反过来影响着社会生活。他们具有"个人魅力"。也由于同样的理由，如果他们利用这些神秘的力量谋取自己的私利，他们也被认为是"邪恶"的化身：装神弄鬼的"神汉巫婆"，"上下其手""颠倒黑白"的"讼棍"，坑蒙拐骗、广敛钱财的江湖郎中，又是社会对他们另外的评价。有时候，我们把这些问题归结为"一小撮人"道德品质的败坏，其实，仅仅用道德解释是不够的，里面蕴涵着社会的问题。这里，我们主要涉及医师的问题。

这个案件给我们的启发很多。第一个方面，本案实际上反映了近年来医疗失当案件的一些新的发展趋势。也就是说，传统上讲，医师和医院是一项福利的事业，不以营利为目的，带有社会公共利益的性质，他们水平的好坏决定了一个国家的健康程度。但是，医生和医院永远不能够脱离社会而存在。当医院社会福利成分减少，商业目的上升的时候，医德与医院经济利益就出现了冲突。传统医疗失当案件是按照普通法进行处理的，而早期的医院商业性不强，当这类经济利益成为医院目的之一的时候，医疗纠纷案件就可以成为一种广泛的社会问题，原有的法律规则不够了，需要有成文法对有关技术性的问题和有关社会问题予以严格的界定。而且，医学法律方面存在大量的技术性成分，成文法替代判例法是一种发展的趋势。

这类案件涉及的第二个问题是穷人得到医疗帮助的问题，富人得到充分的保障，穷人被排斥在医院之外，看来是个世界性的问题。医术和医疗制度应该是整个人类共同的财富，应该造福于全人类。但是，这只是一种理想。当社会出现较大的贫富差距，而医院又分为上下等级的时候，医疗保障的公正性和平等性就丧失掉了。这样的问题,在我国目前的医疗体制和社会状况下,已经出现。如何使富人医疗水平不下降,同时使穷人健康得到最低限度的保证,成文法的规定起着重要的作用。从逻辑的层面上讲,议会制定的成文法体现了"人民的呼声"。在一定程度上,合理的成文法规定可以保护弱者的利益。当然,从根本上说,经济上匮乏的穷人要得到必要的医疗救助,并不是侵权行为法所能够完全解决的问题。从长远的角度说,它有赖于医疗保险、社会保险、社会保障体系和国家保障体系的完善和发达,而要做到这一点,却也依赖于这个国家的经济实力和社会的福利水平。

---

* Smith v. Richmond Mem. Hospital, Supreme Court of Virginia, 1992.243 Va.445, 416 S. E. 2d689

地方标准与国家标准

一个学生上吐下泻，到校医院看病。大夫检查后，认为学生吃了不洁食物，开了几片土霉素让学生回去服用。不见效果，这个学生去北医检查，医生诊断是直肠癌。学生状告学校医院，认为学校医院存在过失，学校医院辩称：冤枉，我这区区小医院，怎么能够查出癌症？我们医术有限，设备有限。我们已经尽了全力，因此，我们没有过错。校医院的说法有道理吗？我们看看下面这个案件。

杰佛于1979年3月31日在印第安纳迪卡特的亚当斯纪念医院出生。他的父母维格拉夫妇声称，在母亲分娩期间，医院的杜安医生存在着过失，结果导致了其子杰佛严重和永久性的损害。维格拉夫妇对杜安医生提起了侵权行为诉讼。陪审团作出有利于被告的判决，原告上诉，上诉院维持原判。原告向印第安纳州最高法院提出变更诉讼的请求，要求对医疗失当案件中的适当注意标准问题进行审查。印第安纳州最高法院允许原告的请求，首席大法官谢帕德对医疗失当的地方标准和国家标准进行了分析。

首席大法官认为，一般的过失标准是一个普通理智和谨慎的人在相同或者相似的情况下的行为标准，以此来衡量被告行为是否存在过失。在医疗失当的案件中，这个标准转化为：一个医生在相同或者相似地区及相同时间里，应该以一个具有普通注意、技巧和谨慎的医生的水平行为，使自己的工作达到相应的注意、技巧和熟练的水平。而在具体过失标准的适用中,这个标准则有一个发展的过程。

最早的标准是严格地方标准,即相同地区其他医生的行为标准。这个标准产生于19世纪晚期,理由是当时城市和乡村之间,在医疗机会、设备、人员和培训方面存在巨大的差别。城市和乡村之间交通和通讯有着较大的困难。确立地区标准的目的就是要避免用城市医生的水平来要求乡村医生,从而避免出现不公正的现象。

随着通讯、交通和医疗教育的发展,城乡之间保健的差异开始消失,地区标准的合理性开始受到质疑。此外,较小社区的地区标准还存在两个缺点:第一,本地医生不愿意对本地医生的案件提供专家鉴定书;第二,在实践中,医生小集团可能会为自己确立一个低于法律要求的注意标准。出于这个缘故,许多法院对严格的地方标准作出了修改。这个标准将"相同地区"的标准改变成了"相似地区"的标准,称之为"改进了的地方标准"。

到了20世纪70年代,这个新的标准同样受到了质疑,比如这个改进后的标准同样可以采取较低的注意标准,因为其他相似的地区可能同样采取了较低的注意标准。而且,这个标准与现代医疗实践的现实也不一致。随着交通、通讯和教育的发展,城市和乡村的差异继续缩小,广泛的保险使病人有更多的机会去选择医生和医院。在这样的情况下,许多州不再强调"地区实践",而是强调"在相同或者相似情况下相同级别的"理智、熟练和谨慎实践者的注意标准。不再强调不同地区的不同标准,而只是将地域作为一个参考性的因素,其他还要考虑的因素有医术的进步和设备可利用性,以及该医生是一个专家还是一个一般的实践者。

首席大法官说,印第安纳州所采取的是第二种标准,也就是"相似地区的标准"。在本案件中,原告展示了一个匹兹堡地区名字叫吉尔斯的医生专家证词。吉尔斯医生来自相似的地区和相似规模的医院。按照他的说法,被告应该采取剖腹产的方式分娩,这是迪卡特和相似地区的注意标准。而且在麻醉师和麻醉护士方面，被告行为也没有达到国家的标准。但是，陪审团没有同意吉尔斯医生的看法，认定被告在接生方面并不存在着过失。大法官总结说，我们州采取的是一种中等的行为标准，因此下级法院的法律指导不存在着错误，不需要改变下级法院的判决。*

如果一个不懂医术的外行人都能够认定医生在治疗和手术中存在着过失，那么让医生承担侵权行为责任不是太难。比如，把精神病当"中邪"去医治，给病人浇上动物的粪便。但是，假如该医生的行为不能够让外行人，比如陪审团成员，看出来他是否存在着过失，比如腹泻和直肠癌，那么同行医生的鉴定和证词就特别重要。因此，在医疗失当的案件中，专家的鉴定就至为重要。如果原告能够使法院确立"事物自道缘由"规则，那么被告就要证明自己的职业行为不存在着过失，如果无法证明或者证明不充分，被告就要承担侵权行为责任。如果不适用这个举证规则，那么原告就要自己提供一份专家的鉴定，来证明被告的行为处于一般谨慎和理智医生的水平之下。

但是，问题仍然存在，医疗专家不愿意为自己的同行作出医疗失当的鉴定，因为他们是同行或者同事，另外一个方面，按照高标准要求他的同行，对专家自己也不利，因为谁也不能够保证自己将来不会出现同样的问题。定的标准越高，专家自己的医疗风险也越高。这里就涉及了医疗过失标准的问题，抽象地看，这个过失的标准就是"一个谨慎和理智医生的水平"。

本案涉及了"标准"在法律中的地位和作用。在严格概念法学看来，法律就是一套行为规范。但是这种认识过于狭窄。从社会法学的角度看，法律要广泛得多。美国的庞德把法律归结为三大部分，这就是"法律秩序""权威性资料"和"司法行政过程"。在"权威性资料"中，他又区分出"律令""法律技术"和"法律理想"。在"律令"中，他还区分出"规则""原则""概念"和"标准"。在他的定义中，标准是最后的一项。在技术性比较强的法律部门中，比如，专利法，计量法，环境污染和资源保护法等，标准的地位更重要，作用更明显。医疗失当的案件，也属于这样的情况。

在本案件中，法官将过失的标准归结成三个标准，也就是所谓"地方标准"，"相似地区标准"和"同级的国家标准"。每个标准的程度不尽相同，优劣也参半。标准太高，对医生不利；标准太低，对病人不公。美国是联邦制的国家，各州的标准也不一样，在本案件中，大法官采取了中间标准。在我国，地区的差别也很大，医疗发达地区主要集中在大城市，在中小城市，医疗水平差强人意，而在广大的农村地区，医疗环境比较恶劣。即使在同一个城市，医院按照技术水平、设备状况和规模大小，也分为各种等级。在这样的情况下，标准问题不易确定，而这个标准又直接关系到医院在一个案件中是否承担责任。把直肠癌当作炎症来治，对于高校医院和医生也许不是一种过失，而三级甲等医院如此草率行医可能就是一种过失。

* Vergara v. Doan, Supreme Court of Indiana, 1992. 593 N. E. 2d 185

"专家的过失标准"

一位自学成才的中医师曾经有过这样的描述：一位男子性功能减退，找到西医，医生建议他吃"伟哥"，吃过一段时间之后，性功能更加衰退；他就又去找中医，中医大夫说，吃伟哥？按照中医的理论，你正如锅里的水，本来就只有很少的一点儿水，却用大火来烧它，水还没热就干了。于是，中医大夫采用"滋阴补肾"的方法来增加他的"水"，一个月后，又在药中逐渐加入壮阳药。该男子性功能增强。这个故事是否真实，值得怀疑，但是，它却提出了一个问题，那就是每个医生都有自己的经验和处理病症的方法，性功能减退究竟要"壮阳"还是应该"滋阴"？何为"科学"何为"伪科学"？不好分辨。专家的理解不同、经验不同，他所设定的医疗标准也不相同，我们看下面这个案件。

被告是一位医生，他要动手术切除原告的甲状腺。切除甲状腺的危险是会使再生的喉部神经受损，因为再生喉部神经穿过甲状腺，神经受损可能会导致病人失声。解决这个问题的一个方法是发现这些神经，并在切除甲状腺之前分离它们。而本案件的情况是，原告以前接受过手术和治疗，结果出现了许多结疤组织。这样，被告没有去找这些神经，而是做了一个广度的切除，以避开神经可能会出现的区域。但是事实上被告切除了那些神经，原告的声带萎缩。初审法院判定被告胜诉，上诉院维持初审法院的判决，最后上诉到伊利诺伊州最高法院。原告的专家意见是贝格医生的证词，他检查了原告，发现原告的声带萎缩。他说,"我觉得可以接受的实践标准是,在任何情况下医生都必须确定和保存再生喉部神经"。他认为,在手术中存在着各种选择,但是他认为,在再生的喉部神经左边迂回不是一个合适的选择。他也说,他的看法是基于"个人意见",而不是一般性的结论。在法庭审查这份意见的时候,被告方律师问贝格医生,有没有外科医学院告诉学生:当碰到粘连物的时候可以迂回神经?贝格医生的回答是"我所在的医学院没有教过,但是我不知道别的医学院或者其他培训中心怎么样,我只能够代表我自己发表我的看法"。被告律师向贝格医生读了一段医学教科书上的话,这段话是说,"故意暴露喉部神经"问题在医学界存在着大量不同的看法。教科书的总结是,在每个手术中,医生应该发现最适合他自己的方法。贝格医生说他不完全同意这个说法,但是他也表明,"是否暴露神经"取决于手术情况、他所使用的技术和他注意的程度。

大法官克鲁辰斯基说,医疗失当诉讼中的一个重要因素是衡量医生行为的"注意标准"。按照本州的规则,原告必须要通过专家的证词来一般地确定这个注意的标准。原告要证明,依照这个标准,医生是笨拙的和过失的,而他的笨拙和过失使原告受到了伤害。当然,如果一个外行都能够看出医生或者推断出医生明显存在着过失,那么这也是判定医生过失的标准。前者称之为医疗专家证词标准,后者称之为"普通常识"标准或者"拙劣过失"标准。大法官说,为了保证专家证词更加准确和更加有效,在法庭上有必要对专家的证词进行审查。因此,专家的鉴定是可以质疑的证据,而不是实质性的证据。在本案中,原告指出他的专家证词应该是实质性的证据,但是大法官认为这种说法在本辖区和现阶段不适用。原告有义务来证明被告医生是医疗失当,但是他没有成功地证明这一点。原告的专家贝格医生只是提出了他自己对这个问题的看法,而没有提出一个可以普遍接受的医疗注意标准或者技术标准。反观被告医生的证词,他却成功地确立了这个注意的标准。他说,原告事前做过甲状腺手术,接受过治疗,因此分离他的喉部神经不是一个明智的做法,更保险的方法是避开喉部神经可能出现的区域。对此,另外一个叫做华士的医生也同意。对原告专家证词,被告称切除甲状腺之前确定和暴露再生喉部神经只是一个一般性的前提,但是,面对一个曾经做过手术和接受过治疗的病人,这个一般的前提并不总是好的和应该遵循的程序。

大法官总结说,原告仅仅举出一个医生的专家证词,称被告医生的做法不同于这个医生,这是不够的,因为医学不是精确的科学。它更像是一种职业,这个职业注定了在既定程序的框架内要应用个人的判断。不同的意见可以并存,也都可以称之为尽到合适的注意义务。基于上述的理由,大法官的最后结论是维持下级法院的判决。*

本案涉及的法律问题是专家的过失标准,或者说是职业人员的职业标准。这类案件一般涉及的职业人员有医生、护士、建筑师、工程师、会计师和律师。一般而言,过失是一个普通理智和谨慎之人的行为标准。如果这个人是专门职业的从业者,那么当他们从事其职业活动的时候,就有他们自身的过失标准,就也是一个普通理智和谨慎职业者的标准。与之相关的,本案还涉及的一个问题是,专家的鉴定要有证明力,就必须是那个行业"一般被接受的标准",而不仅仅是这个专家的个人意见。

如果我们要深究,还会有新的发现。柏拉图在谈及"人治"和"法治"问题的时候,曾经举过这样的例子。一个医生要出国,出国之前给他的病人看病,写下药方给病人,让病人在他出国期间按照药方服用。后来,医生提前回国,重新探视他的病人,发现病人的病情发生了变化。柏拉图提出问题,是让病人还是按照原来的药方吃药呢?还是根据新的病情让他吃新药?按照柏拉图的意思,当然应该吃新药。

因为医生看病不是按照医学的教科书，而应该按照医生的经验。在他看来，按照医学教科书给病人看病，就是实行法治；按照经验给病人看病，就是人治，人治是聪明才智的体现，人治优于法治。抛开人治法治不谈，至少在柏拉图看来，对于医生来说，他的经验胜于医学的教科书。关于医学是不是"科学"，一直有争议，多数法官看来，医学如同法学一样，他们都不是科学，而是一种职业，因为他们都是经验的积累，需要他们的观察和判断。正因为如此，医学专家的鉴定也不可能存在着唯一性，专家的鉴定只能够是他自己经验的总结。这种说法有点偏激，但不乏真知灼见。法官在上面案件中所谓医学不是精密的科学，更像一门职业，讲的就是这个道理。

知识就是力量，这是 17 世纪以来的通说，到了 20 世纪，人们更加相信知识的社会效果，认为知识具有一种权力性质。这种知识权力的掌握者被称为公共知识分子，他们支配着社会。在这一点上，医学专家与法律专家的作用是一样的，从他们所观察到的"真实"世界中，他们发现了某种规律，随之发明了一系列的名词、术语、概念和方法，然后在医学院和法学院传授这种知识，这种知识构成了"第二种人造的真实"，以区别于"第一种自然的真实"。在这些专业人士解释这些"事实"的时候，实际上就建构出了新的制度，并把新的制度看成是理所当然的事，在这个过程中，他们支配着这个世界。这种说法比较怪异，但是也不无道理。这些观念源于后现代的知识分子，他们反对现代化带来的种种不公和丑恶，如此看来，医生也是现代社会问题的帮凶。

* Walski v. Tiesenga, Supreme Court of Illinois, 1978. 72 Ill. 2d 249, 21 Ill. Dec. 201, 381 N. E. 2d 279

言论自由与名誉损害的较量

本案原告萨利文是美国亚拉巴马州蒙哥马利市的政府官员，负责管理和监督该市警察和消防等部门。被告《纽约时报》曾刊登一则巨幅整版广告，号召大家捐款。在这则广告中，被告宣称马丁·路德金所领导的争取民权的黑人学生运动是和平和理性的，但此和平和理性的行为却遭到了蒙哥马利市警察的骚扰和威吓。本广告中虽然没有指名道姓，但是指出该市负责警察局的官员应该对此事负责。原告认为该广告所指称的官员就是他，被告的行为构成了一种间接诽谤侵权行为，致使原告的名誉受到了损害。因此，原告向法院提起了名誉损害诉讼。

蒙哥马利初等法院判决原告胜诉，裁定被告对原告构成了名誉损害，陪审团判给原告50万美元的损害赔偿。被告不服，上诉到亚拉巴马州最高法院，但亚拉巴马州最高法院维持了原审法院的判决。被告不服，最后上诉到美国联邦最高法院。

美国联邦最高法院指出：根据宪法第一修正案，记者有言论的自由，而按照亚拉巴马州的诽谤法律，一个人的名誉也不应该受到损害。因此，作为一个政府官员，原告只有证明了被告在刊登那则广告的时候知道其内容不属实，被告才构成诽谤。但事实上，原告没能证明此点，所以也不能获得赔偿。最高法院法官布伦南说："按照亚拉巴马州法律，只有当被告具有'实际恶意'的时候，或者说'明知道错误或者因疏忽而出错'的时候，被告才应受到惩罚。而且，这种赔偿是一种惩罚性的赔偿,而不是一般的补偿赔偿"。布伦南法官认为原审陪审团没有区分这两种赔偿的差别,因此也没有考察被告是否具有"实际恶意"。另外,按照"实际恶意"标准,原告所提供的证据并不能够"从宪法上支持有利于他的判决"。因此,布伦南法官建议改变原陪审团的裁判,将此案发回亚拉巴马法院重审。另外一个法官哈伦也同意布伦南法官"明知道错误或者因疏忽而出错"的标准,指出:"在没有进行深入思考的情况下,我不会去阻止一个警察、一个职员或者其他什么小公共官员提起一种名誉损害的诉讼。但是,萨利文提出的证据不能够充分地证明他的诉讼请求。"本案的结果是最高法院推翻了亚拉巴马州最高法院的判决,裁定《纽约时报》对原告未构成诽谤侵权。*

一个案件最后上诉到联邦最高法院,足以看出它的影响力和重要性。这个案件是美国名誉损害案件的一个典型,在这个案件中,法官提出了"公众人物名誉权"的概念。当然,这个案件既是一个名誉损害的案件,也是一个宪法的案件。名誉权保护的是个人在一个社会中的声望,言论自由则保护的是人类的基本政治权利。就案件的性质来说,两者实际上表现了言论自由和名誉损害之间的冲突,而这两者都是一个现代社会所不可缺少的东西:前者是通过宪法修正案得到保护,而后者则是通过侵权行为法得到救济。但是,两者之间要取得一种平衡,并不是一件容易的事。

西方近代的言论自由的思想产生于17世纪,起源于科学家和哲学家对于基督教蒙昧主义的一种反动。当时的斯宾诺莎和弥尔顿都是言论自由的积极倡导者。在他们看来,言论自由是人的一种基本的权利,这种权利与生俱来,不可剥夺,也就是我们经常所说的"天赋人权"。斯宾诺莎在他的《神学政治论》里大谈思想自由和讨论自由,受到迫害之后逃到当时比较开明的荷兰;而弥尔顿还写了专著《论出版自由》呼吁言论自由。资产阶级革命之后,言论自由成为西方宪法的一项基本原则。最典型的乃是美国宪法第一修正案,它规定:国会不得制定有关下列事项的法律：……剥夺言论自由或新闻出版自由。美国被认为是最强调言论自由的国家，以法律的方式保护言论自由，美国也最为发达。那个带有诗人气质的大法官霍姆斯，曾经很煽情地说：一旦看到岁月给昔日分庭抗礼的种种信仰带来的起落沉浮，人们便会相信，达到最理想境地的更好途径是"通过思想的自由交流"，对真理的最好检验莫过于它在市场竞争中得以为人们所接受的能力。无论如何，这是我们宪法中的理念。这是一个试验，而整个生活就是一个试验。"思想的市场竞争"由此成为一句格言，言论自由推动着社会的进步。后世法律的发展，言论自由不仅仅是一种政治的口号，而且成为很多新兴权利的宪法依据，比如隐私权、色情文学的权利和学术的自由。

另外一面则是名誉的权利。英国和美国比较而言，学者们的看法是：英国人更注意对名誉权的保护，而美国人更注意对言论自由的保护，也许因为英国人比较保守和传统，美国人比较开明和前卫。英美法中，传统名誉损害一般分为两种：一种是通过"耳朵"的口头诋毁，一种是通过"眼睛"的书面诽谤。如今，现代社会已经很少有这样的区分。在诽谤的纠纷出现时，往往牵扯到报纸、广播和电视等新闻媒体。网络上的言论自由问题，现在也开始出现。诽谤的本质在于损害了原告在自身社区中的名誉，使人们误解他或者躲避他。而被告的行为是否是一种侵权行为，其标准就是一个社会中具有正常思维的成员的看法。就这个案件在美国侵权法中的贡献，则是它区分了"一般人"和"公众人物"名誉权的保护程度。"原告是一个公众人物"是被告常用的一种抗辩理由。也就是说，公众人物涉及社会利益，他们更多地得到社会的关注，因此他们也得到名誉权法律较低程度的保护。电影明星、体育明星、政治领袖、社会名流和财阀巨头，都属于此类。

* New York Times Co. v. Sullivan, Supreme Court of the United States, 1964. 376 U. S. 254, 84 S. Ct. 710, 11 L. E. d. 2d 686

私人名誉权与名人名誉权的区别保护

在冷战期间,一个律师帮一个刑事案件中的受害人对一个警察提起民事诉讼,一个记者在报纸上发表一篇文章,称律师故意陷害警察,政治上亲共产主义。该律师将报社告上法庭,认为文章侵犯了他的名誉权。

一个叫努西奥的警察枪杀一个叫奈尔森的年轻人,该警察被判定为二级谋杀罪。原告是受害人家属提起民事赔偿诉讼的代理律师,被告发表了一篇名为《美国人的看法》的文章,文章称对警察的刑事诉讼是共产主义运动的一部分,把原告描写成陷害警察的设计师,进而指控原告是一个列宁主义者和共产主义先锋。但是事实上,原告与警察的刑事案件没有任何关系,也没有任何证据证明原告是列宁主义者和共产主义先锋。原告提起了名誉损害的诉讼,初审法官认定原告不是一个公众人物,但又适用著名的萨利文—纽约时报规则,作出了有利于被告的判决,原告上诉,上诉院认为没有明显的和有说服力的证据证明被告存在"实际的恶意",维持了原判。此案最后上诉到了美国联邦最高法院,鲍威尔大法官代表法院提出了法律意见书。

大法官认为,本案主要的问题是,一份报纸或者一家广播公司对一个个人发表了一个有损名誉的错误看法,这个人既不是公众人物,也不是政府要员,在这样的情况下,名誉损害者有没有宪法上的特权使它免于侵权行为责任?大法官说,从根本上讲,美国宪法第一修正案所规定的言论自由和讨论自由,并不存在所谓"错误观点"的说法。一种观点可能是邪恶的,但对它的矫正不能够靠法官和陪审团的认识,而是靠不同观点之间的争论。错误言论不具有任何宪法意义上的价值,故意的谎言和粗心的错误都无益于增进社会利益。但是,为了讨论自由,对事实的错误陈述不可避免,因此第一修正案保护一些错误说法,以利于言论自由。另外一个方面,新闻媒体的自我审查也是有必要的,否则出版人和广播者就有了名誉损害的绝对和无条件的豁免权,在这个意义上,各州就有了诽谤的法律,通过这种法律,使受到名誉损害的个人得到法律上的赔偿。

大法官分析了纽约时报的规则,认为那个先例确立了公众人物的名誉权保护规则。公众人物有两类,一类是因事业成就突出的名流,一类是占据政府职位的显要,这两类人都受到公众的关注。如果他们的名誉受到损害,那么只有当有明显和有说服力的证据证明存在明知或者公然漠视事实的时候,公众人物才可以在名誉损害案件中获胜并得到法律的补偿。这个规则并没有确立出版和广播的豁免权,而是一种妥协,是新闻自由与原告名誉权之间的妥协。大法官说,在此前提下,我们应该区分两种不同类型的原告,一是公众人物和公众官员,一是私人个体。两者比较而言,公众人物和公众官员有更多的机会和优势来反驳谎言和纠正错误,从而减少对名誉的负面影响;而个人则易于受到名誉损害的伤害,较少自我救济的方式,也就更需要更高程度上的法律保护。因此,各州都对出版人和广播者设立了名誉损害的合适标准,让他们对受害的个人承担侵权行为责任,这个标准要低于纽约时报案所确立的标准。不过,这种赔偿只局限于原告实际的损害,而不适用于推定的损害,也不适用于惩罚性赔偿。

被上诉人称权利请求人是一个公众人物,说他在社区和职业事务中活动积极,他是地方市民团体和各种职业组织的官员,他写过法律问题方面的专著和论文。但是大法官说,尽管权利请求人在某些圈子内有些名气,但是这不能够说他在社区里有着一般的知名度。陪审团的成员们在审判之前从来都没有听过他的名字,被上诉人也没有提供证据证明他的知名度。在这样的情况下,大法官认定权利请求人不是一个公众人物。最后的结论是:发回重审。*

本案也是一个最后上诉到美国联邦最高法院的名誉损害的案件。如果说,在上一个案件,联邦最高法院提出了"公众人物名誉权"的概念的话,那么这个案件的地位正好相对,确立了非公众人物的名誉权的规则。在那个案件中,联邦最高法院更多地保护了言论自由。按照萨利文诉纽约时报案,联邦最高法院确立了公众人物名誉损害案件的一般规则,认定公众人物应该受到社会更多的注意和更仔细的审查。比较非公众人物而言,他们的名誉权应受到较低程度的保护。应该说,在名誉损害案件诸多的抗辩理由中,被告的言论自由经常被提起;而在言论自由抗辩理由具体应用的时候,一个经常讨论的问题是原告是一个公众人物?还是一个普通的社会成员?在这个案件中,法院确立了对非公众人物名誉损害案件的判定标准。在这里,原告并不需要特别证明被告的"明知"或者"粗心大意",他只需证明被告的"某种过错"和原告"实际的损害",就足够了。

言论自由与名誉权之间的冲突,在英国也有着表现。名誉权的问题,英国法律一直都存在,而在宪政言论自由方面,比不上美国的法院。但是,有两个成文法使得英国的法官们也不得不认真对待言论自由与名誉损害的关系问题。一个是《欧洲人权公约》,一个是1998年的《人权法案》。《欧洲人权公约》第10条第1款规定,每个人都有言论自由的权利,这个权利包括持有观点的自由、接收和接受信息和观念的自由,这些自由不受到公共权威任何形式的干涉。第2款规定,这些自由的行使也带有自己的义务和责任,言论自由受制于法律所规定的程序、条件、限制和刑罚;在一个民主的社会里,为了保护他人的名誉权，这些也是有必要的。这两条规定涉及了两种权利和他们之间的界限。依据这两条，连同英国自己的人权法案，人们可以在英国提起名誉损害的诉讼。1998年的《人权法案》，就是为了贯彻《欧洲人权公约》、英国制定的本国成文法。一个方面，英国是欧盟国家，欧盟法对它有着约束力，另外一个方面，英国总想保持自己的传统，在改进法律制度方面永远缓慢。如何协调欧盟法与英国法，如何协调成文法与判例法，有待于英国法官们耐心、缓慢和长期的努力，他们还是认为英国的普通法一直在发展。不过，在有些方面，让英国人接受美国人的看法，的确很难。比如，萨利文诉纽约时报案中的"公众人物"规则，英国人就不同意。在英国人看来，那个规则意味着，如果原告是公众人物，那么原告还要证明被告存在着一种"实际的恶意"。这就蕴涵着，即使名誉损害的陈述是非真实的，除非被告具有恶意，原告也得不到法律的救济。有位英国的法学家评论说，迄今为止，英国法都拒绝接受这个原则。

---

* Certz v. Robert welch. Inc., Supreme Courts of the United States, 1974, 418 U. S. 323. 94 S. Ct. 2997, 41 L Ed. 2d. 789

名誉损害案件中的特免权

女儿私吞公款，对手们想利用这个事件整垮女子的父亲，还请会计查账作证。但是，对手们的计划并没有得逞。在证明自己工作的清白后，该父亲将自己的对手和他们雇的会计师告上法庭，指控他们名誉损害。

原告是一家停车场的执行董事，他的女儿在该停车场工作，其工作是将钱送到银行并及时储存。1976年6月，她承认私吞了两笔款项，该事件有了相当大的影响，原告的政敌借此机会将公众注意力转移到原告对该停车场的运作和管理。市财政董事会雇佣两位会计师进行详细的审计，他们是该市多年的会计，并且为原告所在机构做年度审计。1976年8月10日，他们列举并出具了10条特别的"内部控制缺陷和亏空"，而且作了10条修改建议。1976年10月28日，停车场另外三位理事将原告除名，并且准备指控他"过失地运作停车场"，指控他非法占用和使用公共财产，"其履行职责行为导致了严重亏空"，以及其他严重的会计和财务问题。原告通过一个单独的诉讼恢复了工作并得到工资补偿，随后起诉了三位理事和审计会计，指控他们对自己的诽谤。会计认为他们享有有条件或者有资格的特免权，审判法官撤销了对他们的指控；三位理事也认为他们享有特免权，但法官予以否决。陪审团判定给原告2000美元的补偿金，并判定三个理事分别向原告支付2000、5000和11800美元的惩罚金。三位理事和原告都提出上诉，后上诉到新泽西州最高法院，布罗迪大法官作出了判决。

大法官认为，本案原告是该机构的执行董事，可以推论，审计报告所宣称的亏空说明他在工作、商务或雇佣中存在着问题，由此可以构成一种法律上的诽谤。从原告提供的证据中，陪审团认定，审计会计明显故意地用错误眼光来指责原告的某些实践和不作为。但是，被告提出了豁免权的抗辩理由，大法官认为要识别和适用三种有条件的特免权和豁免权。如果特免权成立，那么即使被告的陈述构成法律上的诽谤，法律也要保护他们，使他们免于名誉损害的责任。

首先，停车场隶属于政府，原告为政府的事务行为承担实质性的责任，他因此是一位公众官员。作为公众官员，原告想要从理事或会计那里获得名誉损害的赔偿，他就要拿出有说服力的证据来证明被告的诽谤具有主观上的恶意，也就是说，证明被告明知错误但仍断然漠视事情的真实性。大法官说著名的纽约时报案给出了"恶意"的定义和联邦法院的标准，以此标准，原告所提供的证据可以证明会计师的行为合乎联邦法院关于恶意的定义。从他们多年来对停车场工作的熟悉程度，可以认定他们在故意曲解事实，可以认定他们漠视了真实的情况，而不是一种无辜地误解。

其次，否决了理事们"绝对豁免权"的要求，因为停车场的理事不是联邦或州政府行政部门的高级官员，他们不享有绝对的豁免权，最多可以请求有资格的或者有条件的特免权。

第三，第三种有条件的特权和豁免与会计的审计有关，这个豁免权是讲，如果被告的一项陈述指向一位有相关利益的人，而且陈述者也有一种相关责任如此行为，那么当陈述者诚实信用的陈述损害了原告名誉的时候，陈述者就具有一种特免权。设立这种特免权的目的是鼓励自由言论和减少名誉损害的诉讼，属于一种公共政策。本案中，审计会计有可能享有这种特免权，因为他们以专家的身份来报告他们所调查的结果，以便能够作出重要的管理决定。但是说，当这种陈述不是以诚实信用的方式作出时，这种特权就丧失了。

最后的结果是，维持下级法院对三个理事的判决结果，改变下级法院对两个会计师的判决，发回重审。*

前面两个案件，主要围绕着言论自由与名誉损害关系绕来绕去，这里，我们从侵权法中名誉损害法律内部来看看名誉损害案件的特点。名誉损害是对原告名声和名望的减损，其目的是想降低原告在社区中的地位，或者让原告周围的人们躲避他。构成名誉损害，需要一些条件。第一，被告作出了一个名誉损害的陈述，比如，张三说他的同事李四与有妻之夫王五有染；第二，该名誉损害陈述指向原告，比如，张三所说的对象就是李四；第三，该名誉损害的陈述要公开，比如，张三不是跟自己的丈夫赵六说，而是在单位开大会时说；第四，被告没有法律上的权利去损害原告的名誉，比如，张三不是议会议员或者人大代表。第五，原告因此受到损害，比如，原告工作的时候，其他的同事对她指指点点。

在名誉损害案件中，被告的抗辩理由大体有：第一，证明其行为的正当性，比如，张三证明李四与王五确实有染，她是他们单位的"性道德观察员"；第二，公正评论，比如，张三说应该批评李四的行为，因为李四的行为破坏了他们团体的纯洁；第三，特免权。在这个抗辩理由中，又包括绝对的特免权和有条件的特免权，前者比如，张三是在人民代表大会上作的发言；后者比如，张三是对刘七说的这番话，而刘七是他们单位"性道德管理委员会"主任。绝对的特免权包括议会里的言论和行动，议会活动报告，司法诉讼中的陈述，国家高级官员履行职责过程中的陈述和配偶之间的陈述。而本案件属于有条件的特免权，这种特免权要求有两个条件：第一，被告有一种法律、道德或社会的"义务"去如此行为；第二，陈述的接受者有一个"相关利益"去接受它。有时，这两个条件被称之为"互惠的关系"。比如，张三对本单位的性道德问题有告发的义务，而且，刘七作为性道德委员会主任为了本单位的利益来听张三的陈述。有条件的特免权，我们国家的法律尚没有规定。

名誉损害的案件，我们国家有上升的趋势，从报道出来的情况看，越是名人越容易提起或者被提起名誉损害的诉讼。最后，出现了一种怪现象，未出道的"预备"明星，通过名誉损害的案件扩大自己的知名度。从法律规则方面来看，我国法官所应用的法律理由略显简单，主要是让被告证明他的陈述具有真实性。有特权的抗辩理由和公正评论的抗辩理由，我们很少涉及。在这个方面，英美国家具体的法律规则对我们具有一定的参考价值。

* Burke v. Deiner, 463 A. 2d 963 (N. J. Super. A. D. 1983)

间接诽谤的名誉损害

张三画了一幅漫画，漫画加上了标题，标题上写：李四先生和王五小姐；他们刚刚宣布他们已经订婚。王五状告张三，称：认识李四和王五的人看了这幅画后，会误认为王五还没有嫁给李四。王五说，张三的这幅画是在间接诽谤王五。法官认为，张三的行为构成间接诽谤。下面这个案件也属于这种情况。

一家高尔夫俱乐部购置了一些名为"滴答"的自动赌博机器，这些赌博机自1932年以来就一直放在高尔夫俱乐部的一间房子里，以供俱乐部会员们取乐和使用。后来不知道是谁给警察通风报信，说在俱乐部房子里有赌博的机器，而且会员们在聚众赌博。结果警察来搜查后，决定搬走和处理掉这些赌博机器。机器被搬走的第二天，在自动赌博机从前所在的地方，有人写了一首打油诗，这张打印的诗贴在了墙上。打油诗的内容是：

"多少年来就在这个地方
你聆听着美妙的铃声
那些轻率的人们和那些不轻率的人们
失去和创造了一个生财之地
但是他遗弃了游戏
但愿他下地狱并在那天后悔"

原告被怀疑是向警察告密的人。原告认为，打油诗所写的内容，是在指责他或者被理解成指责他向警察局告密，责怪他向警察通告房子里有赌博机。原告认为，这是一种间接诽谤。他称，这首诗使他在俱乐部里的地位降低，他被认为对俱乐部成员不忠诚，他的行为被认为是卑鄙的，是值得深刻反省的，他是那种缺乏真正体育精神的人。进一步说，他是那种不配在俱乐部与其他成员交流的人，是俱乐部其他成员应该躲避的人。一审法官西尔贝利认定，打油诗的内容是对原告的名誉损害，判定俱乐部支付40先令的赔偿及相关的费用。

被告上诉。在上诉院，法官们的意见各不相同，每个法官都有自己的看法。格利法官认为，打油诗构成名誉损害，因为其含义是在指责原告的不忠诚，而不仅仅在说他向警察通告了一种犯罪。斯勒塞法官和格林法官则认为，打油诗的内容不构成名誉损害。斯勒塞在判决书中说：在我看来，说一个人向警察报告某种法律上不当的行为——这种说法是否真实无关紧要——在一般公众眼里不能算是一种名誉损害。我们得将各种情况综合起来考虑，是否构成名誉损害，其中的标准是英王治下普通善良的人们和真正臣民的看法。我认为，最好的标准莫过于国王治下普通善良和真正臣民的标准。在善良和真正的臣民眼里，将犯罪行为通告给警察局，并不降低通告者的社会地位。因此，打油诗的内容本身并不构成名誉损害，法院作出了有利于被告的判决。*

这个案例曾经被后来的英国法官们援用过，有的教科书也作为一个典型的案例。有三点为后来的法官们遵从。第一，一般而言，名誉损害是以作为的形式表现出来的，因为名誉损害是指被告的一项陈述指向原告，降低了原告在社区中的地位，或者使原告周围的人都躲避他。但是在本案中，原告不知道打油诗的作者是谁，于是就起诉了俱乐部。认为俱乐部没有及时把这首诗从墙上清除掉，就足以使自己受到名誉损害。在这个案件中，原告没有胜诉，但是在英国侵权行为法中有了一个规则，即"不作为"也可以是一种对名誉损害陈述的"公开"，因此也可以构成名誉损害。名誉损害陈述的公开，也是构成侵权行为的一个要素。有个美国教授的有趣例子是：张三在她的日记本里说她同学与有妇之夫有染，这不属于公开，因为日记是写给自己看的；小偷偷了她的日记本，这也不属于公开，因为她没有过错；她把日记本过失留在了她同学家，这属于公开。

本案另外的一个独特之处在于被告墙上的诗被认为是间接诽谤，因为诗上并没有明确攻击原告，但是，从周围的相关条件和环境下，可以推断出被告的陈述指向原告。而且，这里"陈述"是泛指，不仅仅是口头或者书面的形式，有的时候，一个姿势和一个身体语言就可以表达侮辱的含义，这个时候，也可以构成名誉损害。

本案件还有一个重要的问题涉及构成名誉损害的标准。本案上诉院法官提出的标准是"英王治下普通善良和真正臣民"的标准。在美国，一般称之为"普通理智人"的标准。也就是说，被告对原告的陈述是否是一种名誉损害，要看一般理智的人怎么看。普通人认为是名誉损害的，被告的陈述就构成名誉损害；普通人认为不构成，被告的陈述就不构成名誉损害。这也是为什么普通法中名誉损害案件的审判一般都有陪审团的原因，因为这种案件需要这些普通理智的人来判断被告的行为是否是名誉损害。名誉损害关乎原告在社区中人们的评价，原告名誉是否降低就要看社区的人们如何评判原告的行为和被告的陈述。在一个传统的、人际关系紧密的社会里，人们比较在意个人名誉；在一个开放的、人际关系疏远的社会里，人们不在意个人名誉。一个美国人会考虑：是费时费钱去打一场名誉的官司，还是迁到另外一个州去挣更多的钱？多数人的选择将是后者。

还需要指出的是，名誉损害的标准也是不断变化着的，它是一个历史的概念。比如在英国，查理二世时代，称一个人是罗马天主教徒，是一种名誉损害；在第一次世界大战期间，把一个人描述成德国人，是一种名誉损害；1964年称一个人是捷克人，是一种名誉损害；1981年说一个人侮辱了穆斯林的信仰，是一种名誉损害。在前面我们谈到的那个律师告记者的案件中，就是因为记者称律师是共产主义分子，律师才提起名誉损害诉讼的，在那个时候，称一个人是亲共，被认为是对名誉的损害。

*   Byrne v. Deane, Court Of Appeal [1937] 2 All ER 204 87

恶意诉讼的侵权行为责任

医生给病人做手术，但最后没有能够挽救病人的生命。死者方的律师帮助死者方对医生提起民事的诉讼，医生胜诉。但是，医生对死者方的律师不依不饶，把该律师告上法庭，认为律师侵犯了自己的利益。具体案情如下：

原告弗里德曼是一个外科医生，他给一个叫莎瑞芬的女士做手术。在手术过程中，病人开始渗血，无法控制，五天后死亡。验尸报告显示，渗血现象源于一种罕见的血液病。被告多佐克是一个律师，他作为死者丈夫安东尼的代理人，对原告提起"不当死亡"的民事诉讼。由于没有证据证明原告违反了医生职业准则，初审法官作出了有利于医生的判决。此案结束后，医生对律师多佐克提起侵权行为诉讼，指控律师"过失"和"恶意提起民事诉讼"。这个案件的初审法官作出了有利于被告律师的判决，原告上诉，上诉院部分修改部分维持。原告仍然不服，称律师在病人死亡的案件中有义务进行合理的调查，并严格审查事实和法律，只有这样，律师才能够秉持诚实信用，为当事人提出合理的权利要求。案件最后上诉到密执根最高法院，列维大法官作出了判决。

对于原告对被告"过失"的指控，大法官详细分析了律师是否对相对方当事人负有注意义务的问题。他认为，一个律师在提起一宗诉讼之前，有义务对案情作出合理的调查，但是，律师对他自己当事人的这种义务,并不意味着他也要对相对方的当事人负有这项义务,否则就与对抗制的法律体制发生冲突。一个律师决定提起一个诉讼,必然会对相对方的当事人不利。如果我们要求一个律师同时对双方当事人负有合理注意的义务,那么律师将无法进行他的调查活动,因为对一方当事人最有利的调查对另外一方当事人又最为不利。当他决定启动诉讼程序的时候,另外一方当事人就会指责他没有对自己尽到合理注意的义务。简言之,双方当事人之间存在着利益的冲突,如果让律师同时对双方当事人尽到注意的义务,就会严重妨碍律师的工作,降低他的工作效率,进而破坏律师和当事人的关系。因此,原告指控被告"过失"不成立。原告称,让律师对相对方当事人尽到合理注意义务有利于遏制滥诉行为,从而防止律师仅仅为了自己的利益随意诉讼。但是大法官说,便利诉讼是一项公共政策。如果我们确立律师对相对方当事人注意的义务,就会过度地限制了律师提起近似的案件,阻碍了律师的创新精神,放纵那些应该受到惩罚的对方当事人,因为这个缘故,我们也不同意确立律师对相对方当事人的注意义务。

对原告"被告恶意提起了民事诉讼"的诉讼请求,大法官分析道,美国法遵循了许多英国法规则,其中就涉及恶意民事诉讼的诉讼形式。他说,美国相当多的州沿袭了"英国规则",这个规则是:被告恶意地和没有合理理由地对原告提起了诉讼,即使如此,如果不存在逮捕、拘留或者特别的损害,那么恶意诉讼的原告也不能够得到救济。不过,美国另外许多州却也采用了"美国规则",这个规则允许恶意民事诉讼的存在,而并不要求原告受到特别的损害。大法官说,许多评论家都主张废除特别损害的要求,从而更便于诉讼和减少诉讼的困难,但是大法官认为这种看法的正确性很值得怀疑。大法官说,本案所在的密歇根州保留了英国法的规则;既然原告没有受到特别的损害,那么我们就否认原告可以得到法律的救济。

最后的结论是：否决原告所有的诉讼请求，维持初审法院的判决。*

律师为了挣钱，故意挑起事端，怂恿当事人起诉，从中渔利。这样的情况中国古代比较多，古代文人称这帮惹是生非的"律师"为"讼棍"，官方称为"讼师"。清代法律明确禁止"讼师包揽词讼"，《大清律例》之《刑律·诉讼·教唆词讼》规定：讼师教唆词讼，为害扰民，该地方官不能查拿禁缉者，如止系失于觉察，照例严处；若明知不报，经上司访拿，将该地方官照奸棍不行查拿例交部议处。并且命令，对讼师秘本，如同查处淫词小说一样，尽行销毁，不许销卖。中国人不喜欢"打官司"或者"厌讼"，可见一斑。从思想史的角度说，这与儒家传统相关。孔子《论语·颜渊》所谓"听讼，吾犹人也。必也使无讼乎！"《论语·子路》所谓"父为子隐，子为父隐，直在其中矣。"都是讲这个道理。儒家的传统是德主刑辅，从孔子、董仲舒，到《唐律疏议》，都是在讲这个道理。只是到了清代的时候，讼师教唆诉讼，包揽诉讼成为社会恶习的时候，政府才采取高压的手段来遏止滥讼。

这种包揽诉讼，恶意诉讼在西方国家也是被禁止的，英国曾经有专门的法律禁止律师包揽诉讼。其目的有二，第一是恶意诉讼有悖于律师和法律的目的。早期法律的观念是，律师的工作不是为了营利，而是为了维护社会的正义。律师与法官一样都是社会正义的象征，基于此，反对律师为营利而工作，不允许律师做商业广告，强调律师有法律救援的义务。随着商业利益的驱动，律师的这种正义一面逐渐衰退。第二是恶意诉讼引起滥讼，加大司法机关的工作量，造成司法资源的浪费。当然，还得指出，滥用法律诉讼的主体不仅仅是律师，一般人利用诉讼实现其恶意，同样可以构成滥用法律诉讼。

我们回到这个案件中来，本案虽然以原告的败诉而告终，但是反映出"滥用法律诉讼"侵权行为责任的一般特点。滥用法律诉讼的侵权行为形式，一般包括"恶意刑事起诉"和"恶意民事诉讼"。恶意刑事起诉的构成要件有：被告曾经对原告提起过刑事诉讼；被告存在着一种恶意；被告没有合理的理由；刑事诉讼以原告无罪告终；原告受到了损害。比如，张三与李四是情敌，张三为了在情场上打败李四，向警察局报案称其有罪犯的嫌疑，警察拘捕李四，后来证据不足，李四被释放。张三对李四的行为，就是一种滥用刑事诉讼的行为。

恶意民事诉讼的构成，上述案件分别解释了英国的规则和美国的规则。两者的区别仅仅在于，英国法要求有特别的损害，比如原告被逮捕或者拘留，而美国则没有这项要求。恶意民事诉讼中常见的侵权行为有"被告指控原告破产"和"被告指控原告资不抵债"。比如，甲公司是一家上市公司，乙公司是甲公司的商业竞争对手，为了打败甲公司，乙公司对甲公司提起诉讼，谎称甲公司资不抵债。消息传出，甲公司股票大跌，经济损失惨重。乙公司的行为就是一种恶意的民事诉讼。

---

* Friedman v. Dozorc, Supreme Court of Michigan, 1981. 412 Mich. 1, 312 N. W. 2d 585

"以宪法的名义！"

一个天津的商人，在美国旅游。在旅游点附近的警察站，她发现警察在审问一个黑人，好奇的中国人跑到警察局旁边东张西望。警察以为该中国人是同案犯，冲出警察局对着中国人是一顿猛揍，中国人严重受伤。警察是侵犯了中国人的人身权，通过民事侵权诉讼得到法律的救济呢？还是警察侵犯了中国人的宪法权利，通过宪法诉讼或者外交途径得到法律的救济呢？下面就是这样一个类似的案件，当然，被打的人不是中国人，而是当地的一名记者。

忏悔火曜日狂欢节期间，新奥尔良警察局的一个由4至5人构成的警察小组，在大街上逮捕一个男孩。其中一个叫霍姆斯的警察（本案被告）看见一个叫谢林伏特（本案原告）的游客正在用照相机拍摄该事件。当谢林伏特拿起相机拍照时，霍姆斯用他的警棍打击照相机和谢林伏特，结果打碎了相机，相机的碎片砸到了谢林伏特的脸上，划伤了他的前额。谢林伏特与逮捕行动无关，他也没有以任何方式干涉警察的活动。

为了寻求补偿及惩罚性赔偿，谢林伏特对警察霍姆斯提起了诉讼，声称霍姆斯剥夺了他联邦宪法的权利。联邦区法院认定该警察的行为完全是不合适的，判定中止该警察执行公务一段时间。但是，法院认定警察殴打的行为不具有那种野蛮暴力的性质，而要达到剥夺他人宪法权利的程度，这种野蛮暴力则是必需的。原告不服，上诉到联邦第五巡回法院。

上诉院法官拉宾认为，按照《美国法典》第 1983 节的规定，身体的侵犯在一定的情况下可以构成侵犯他人的宪法权利，也可以产生损害赔偿的问题。公民人身不受到侵犯的权利，由宪法第十四修正案之"正当法律程序"来保护。法官分析道：一个法律的执行者使用了不合适的力量，造成了他人的人身伤害，是一种未经正当法律程序剥夺受害人自由的行为。当然，州官员侵犯了他人的人身权，也并不都会违犯宪法第十四修正案。法官说，在这一点上，区法院的看法是正确的。州政府行为导致的轻微伤害只会发生侵权行为的权利要求，而没有达到违反宪法的程度。要确定人身伤害是否达到违宪的程度，就要弄清所使用力量的大小、伤害的严重程度和官员的主观动机。如果官员的行为导致了严重的损害，与职务行为的要求绝对的不相匹配，而且是一种恶意而不仅仅是粗心或者不理智，那么他的行为就是一种滥用公共权力、有违良知的行为，这种行为就可以根据 1983 节的规定发生赔偿的责任。暴力的程度和身体伤害的程度，要依案件的具体事实来决定。法官声称，判例法对此并不存在一个清晰的界限，这需要对案件进行个别的平衡。比如，对民众暴乱的控制和对威胁生命情况的处理，不同于在和平游行下所采取的行动。

　　法官分析了这个案件的具体情况，说警察的暴行是无正当理由和不正当的。明显的是，谢林伏特是一个在公共大街上的旁观者，他想记录下警察不想被记录下的东西。对谢林伏特的攻击不仅仅是带有偶然性的小摩擦。那种力量可能导致失明或者其他永久性的伤害。因此在本案件中，我们认定：被告对原告的身体伤害足够严重，足够与职务行为不相称，他故意和不正当地滥用了警徽和警棍。这样，被告的行为就超出了一般侵权行为法的界限，而是对他人宪法权利的一种侵犯。法官说，原告有权利获得赔偿，其中包括照相机的价值和医疗费用，以及区法院认为适当的精神赔偿。而且，按照 1983 节的规定，也允许判定惩罚性赔偿。

法官最后的结论是：修改区法院判决，发回重审。*

这是一个涉及公民权利的案件，它既可以是一个宪法的问题，也可以是一个侵权行为法的问题，当然也可以说是两种类型案件重合的问题。但是，采取不同的诉讼形式，其法律运作的方式也不同。如果是一个宪法问题，那么警察的行为是一种侵犯公民政治权利的行为，管辖权属于联邦法院；如果是一个侵权行为问题，那么警察的行为是一种侵犯公民民事权利的行为，管辖权属于州法院。而且，区分宪法案件和侵权行为案件，确定了案件的性质之后，每个法院所适用的成文法或者判例也会各有不同。一般而言，美国法院直接援用宪法及其修正案的情况常常出现，而且还一直是法院和法学院津津乐道的问题。在这个案件中，联邦上诉法官详细地分析了一般侵权行为和违宪行为的差别，提出了区分两者的一个法律上的界限。有的著作称之为"谢林伏特测试标准"，这就是：伤害是严重的；官员是恶意的；权力的滥用使法院的良知感到震惊。

我国也有宪法和民法的区分，侵权行为所适用的法律是民法。理论上讲，民法的法律效力来源于宪法，宪法是最高的法律，它是人民意志的最高体现，但是，宪法不能够作为法官判案的依据。我国是一个法律体系统一的国家，不存在多元的法律体系，因此，处理此类案件一般比较简单和清晰。再者，我国没有专门的宪法法院，没有美国式的违宪审查制度，宪法的地位是高高在上的。近年来，国内有学者参照美国的做法，希望把宪法从"高高的神坛"上拉下来，解决现实生活中的法律问题。具体的民事法律永远不能够涵盖所有的问题，无法律依据的案件经常会出现，在这样的情况下，按照宪法原则处理具体的案件，其实是一种较好的补充。从现在的情况看，这个过程很艰难，有的案件得到了处理，比如山东某女子被人冒充失去上大学机会的案件，有的案件依然得不到宪法的救济，比如某省大学生状告母校的案件。

　　我国也有将行政机关当作被告的案件，我们称为行政诉讼。问题在于，我们没有司法审查制度，不能够通过宪法来撤销具体的行政法规，从而保障公民的权利。宪法仍然不能够直接成为"我们自由和权利的宪章"，这是一个问题。而且，我国的行政诉讼法以列举的方式规定了法院接受案件的类型，这也极大阻碍了行政诉讼法的运作。我国行政法源于欧洲大陆国家的体制，设有专门的行政法庭，这不同于英美国家的法律。在英美普通法系国家，一般没有专门的行政法院。类似大陆法系行政法性质的案件，在普通法国家仍然适用普通的诉讼程序，行政机关和官员个人并不是特殊的法律主体。

* Shilling ford v. Holmes, United States Court of Appeals, 5th Circuit, 1981. 634 F. 2d 263

正当法律程序与侵权行为

父亲离婚再婚，再离婚再恋爱。这其实也没有什么，问题是他还有一个毛病，就是虐待他的幼子。政府的相关社会服务部门曾经出面干涉，但是没有起到效果。后来，幼子严重受伤，终身残疾，其父亲被判有罪去服刑，孩子的生母把县政府等告上了法庭，认为政府没有尽到保护人民生命安全的义务。政府应该承担法律责任吗？法律依据是什么？我们看下面这个案件。

约夏生于1979年，第二年父母离异，他在父亲的监护之下。1982年，父亲与第二任妻子离婚，离婚的时候，第二任妻子向警察说父亲经常虐待儿子。该县社会服务部找父亲谈话，父亲否定虐待孩子。1983年，孩子被送到医院，发现多处擦伤。医院怀疑虐待儿童，通告了县政府，县政府组织了"儿童保护小组"，其中包括儿科大夫、心理学家、警察探员、律师、社会工作人员和医生。经研究认为，没有足够的证据证明存在虐待儿童，不应该由县政府接管，仍由其父亲充当监护人；但也采取了一些保护措施，比如让该儿童加入一个学前项目，让父亲的新女朋友搬出住所。此后，社会工作部的工作人员多次去孩子家探视，总发现该儿童有伤痕，同时发现孩子没有去学前项目，父亲的新女朋友也没有从家里搬出，但是他们也没有采取实际的行动保护该儿童。到1984年3月，4岁的约夏严重受伤，陷入危及生命的昏迷。脑外科手术表明头外伤导致脑出血。约夏没有死，但是他的余生将在医院里度过。他的父亲随后被审判，被判定虐待儿童。

约夏和他的生母将县政府、县社会服务部及其工作人员告上了法庭。他们认为被告没有履行美国宪法规定的正当程序的义务，初审法院作出了有利于被告的判决，上诉法院维持下级法院的判决。原告上诉到美国联邦最高法院。依照美国第十四修正案，"未经正当法律程序，任何州……都不得剥夺一个人的生命、自由和财产"。原告认为，州没有提供充分的保护措施来防止约夏父亲的暴力，因此剥夺了约夏免于伤害的自由。首席大法官理奎斯特代表最高法院多数作出了判决。

首席大法官首先分析了第十四修正案，认为正当法律程序并没有给州设立一种肯定性的义务。也就是说，第十四修正案只是禁止州权力侵犯公民的生命、自由和财产，从其本身含义上看，它不要求州去采取积极的行动来保护公民、使他们不受到其他公民个人的侵犯。这一条的含义不能够扩展到要求州采取肯定性的义务来保证每个公民的安全。历史地看，也没有先例如此扩展第十四修正案的含义。这条修正案连同第五修正案，目的是防止"滥用权力和压迫"。就本案而言，州政府没有保护一个公民，而使这个公民免于私人的暴力，仅就这点而言，不能够说政府违反了正当法律程序的条款。

其次，本案还涉及了第八修正案，第八修正案"禁止残酷和非常规的惩罚"，州政府对受监禁的罪犯有义务提供充分的医疗看护。从实际的先例来看，这要求州与公民之间存在"特殊的关系"，也就是州的事前行为剥夺了该公民的自由，使他们处于孤立无援的境地，比如精神病院的病人和监狱里的罪犯。原告称受虐待儿童与州已经形成了这种特殊的关系，因此政府没有采取保护的措施，实际上也就违反了正当程序条款。但首席大法官说，第八修正案及先例也帮助不了原告，因为只有当州将一个人置于它的监护之下，违反他的意志将他扣留的时候，宪法才设立相应的义务来保护他的安全和提供一般的福利。本案中,约夏一直在他父亲的监护之下,州政府并没有成为他个人安全的永久性保证人,因此州政府没有宪法义务来保护约夏。

最后,首席大法官的结论是维持下级法院的判决。*

前夫虐待儿子,前妻状告政府,看起来有点怪。而且,这个案件还一直上诉到美国联邦最高法院,成为一个宪法性的案件,是政府应该干涉的家庭事务吗?还是说,这不再仅仅是个家庭事务的问题?这里,妻子把家庭事务与宪法权利结合了起来,人的生命不仅仅属于他自己和他的家庭,同样属于社会和国家。国家和政府的责任就是保证人们的生命,如果没有尽到这个责任,那么政府就是失职。妻子的法律依据是美国宪法修正案,第十四条"正当法律程序"条款,第八条"禁止酷刑"条款。前一条的含义是指:非经正当法律程序,不得剥夺他的生命、自由和财产;后一条的含义是指:政府不得滥用酷刑。不过,在本案中,法院否定了原告的诉讼请求,主要的理由是这两条宪法修正案不适用于本案件,这两条修正案是从"否定性"的方面禁止政府的行为,而不是从"肯定性"的方面要求政府积极的行为。

要弄清这个问题,实际上应该追溯美国宪法的历史。美国宪法被认为是世界上最优秀的宪法之一,它源于美国独立战争之后建国者们的理论,其理论的基础便是杰斐逊的民主理论,汉密尔顿的联邦和分权理论。杰斐逊在《独立宣言》中的那句名言:人生而平等,与生享有生命、自由和追求幸福的权利。人民联合起来,通过社会契约的方式建立政府。汉密尔顿《联邦党人文集》中"分权与制衡",联邦和州权力"分而统之"。杰斐逊和汉密尔顿接受的是当时欧洲的理论,他们的这套理论直接来源于欧洲,他们的"导师"包括了英国的洛克,法国的孟德斯鸠和法国的卢梭。特别的是,杰斐逊的"生命、自由和追求幸福"与洛克的"生命、自由和财产"如出一辙。这套理论,我们传统上称为资产阶级革命时期的自然法理论。人民通过社会契约建立政府，政府的角色就是一只"看家狗"或者"守夜人"，从这个意义上讲，政府的消极功能（不侵犯公民权利）优先于它的积极功能（干涉个人事务）。法律不禁止的事，就是个人的自由。对于宪法的这样一种历史解释，我们发现本案中大法官与美国缔造者的想法是一样的。这是本案件的理论层面，然后我们看看具体的实践层面。

宪法不同于纯粹政治的地方，就在于他不仅仅是一种政治口号，还是一种法律的实践。在这一点上，美国人做得比较出色。美国宪法是一般性地保护公民的生命、自由和财产，还是单个地保证公民的宪法权利？一个具体的人身伤害案件如何转化为一个宪法性案件？如何将抽象的宪法一般规定应用于具体的案件？以及，如何解释宪法条文？首席大法官的法律意见只是联邦最高法院的多数意见，实际上，在这个案件中，布伦南等三位大法官曾经提出过异议，认为首席大法官的分析是以一种形式主义的方法来解释宪法，而他们认为要以一种"具有同情心"的方法来解释宪法。这体现了联邦最高法院保守主义与自由主义之间的争执。本案中，首席大法官曾经假定，如果原告提起的诉讼是一个侵权行为诉讼，那么政府有可能因侵权行为而承担责任，因为美国州政府已经不具有完全的侵权豁免权。但是，原告提起的是宪法诉讼，而严格解释宪法的结果就使原告得不到法律的救济。

* Deshaney v. Winnebago county dept. Of social services, Supreme court of united states, 1989. 489 U. S. 189, 109 S. CT. 998, 103L. Ed. 2d 249

政府机关的侵权和豁免

对于有社会危害性倾向的人，国家权力机关有管制的权力，比如监禁和管教。当他不再危害社会，不再具有社会危害性的时候，让他回归社会。在监禁和自由之间，还可以让社会有关机构进行监护。在"监禁"和"自由"之间，如何取舍，要看具体的情况。监管过宽，政府所付出的成本增加，还有可能侵犯人权；监管过窄，社会则会出现不安定因素。这是任何一个政府都会面临的困境，本案所提出的问题是：如果政府机关监管过窄，它是否要承担相关的责任？

一个名叫詹姆斯的少年犯，由加利福尼亚州阿拉美塔县羁押。该县政府知道这个少年犯具有"潜在的、特别危险的和暴力的倾向，如果把他释放，他就有可能对其他儿童实施暴力性的性攻击"。该少年犯也曾经扬言，如果他被释放，他就会杀掉附近家的孩子。不幸的是，县政府释放了该少年犯，临时将他交给他母亲看管，既没有通知当地的警察局，也没有警告他家的邻居们。该少年犯在被释放的24小时内，就对一个5岁的男孩实施了性攻击，并将他杀害。小男孩的父母对县政府提起侵权行为诉讼，初审法院作出有利于被告的判决，原告上诉，最后上诉到了加州最高法院。理查德森大法官分析了这个案件。

大法官说，加州法典既规定了政府机关自由裁定权的一般豁免，也规定了特定情况下的几种豁免，其中就包括"对罪犯的缓刑和假释"决定的豁免。为此，法院首先认定，县政府释放少年犯的决定具有豁免权。其次，县政府过失地将少年犯交给他母亲监管并失于对她的监督，在这样的情况下，县政府是否存在法律责任？法院认为，县政府的这一行为同样受到自由裁定权豁免的保护，因为为一个反社会的少年犯选择监护人，涉及许多因素的平衡，比如公共利益的考虑、少年犯的需要、家庭环境的合适性，以及可以利用的其他资源。

大法官觉得，本案件主要的和最麻烦的问题是，县政府没有警告当地警察局，没有警告周围家庭的父母们，没有让他们知道詹姆斯被释放，或者说，没有警告詹姆斯的母亲，没有让其母亲知道她儿子曾经明确的威胁，在这样的情况下，县政府要不要承担法律责任？对此，成文法并没有明确的规定，大法官因而认为，法院的任务是要弄清在何种情况下，县政府负有警告的责任从而来保护原告？

大法官引用了一个先例，在这个先例中，某州官员代表州政府将一个"有杀人倾向的、有暴力和凶残史"的少年犯安置在一位女士的家里。少年犯攻击该女士后，该女士对州政府提起诉讼，法院判定州政府对该女士所受伤害承担赔偿的责任。案件的核心问题是要确定被告州政府和原告受害人之间有没有一种特殊的通告义务，也就是州政府要不要警告受害人"被判缓刑的人存在着一种潜在的危险"？这个先例确立的规则是"被告一旦制造了一种可预见的危险，他就有义务警告这种潜在的危险"。当被告将少年犯安排在这位女士家里的时候，被告就对原告负有一种警告的义务，警告她该少年犯的历史、特征和可能对该女士家庭造成的危害。然后，大法官将这个先例的规则应用到本案，他说，先例所强调的是被告与受害人原告之间存在一种"特殊的关系"，也就是被告将一个具有明确可预见的危险性的犯人安置在一个特定的原告家里。但是就本案件而言，被告和受害人之间并不存在着这样一种特殊的关系，被告也没有明显地将死者置于可预见的危险的境地。因此，先例中的规则不适用于本案。

大法官总结说，假释犯重新犯罪，在统计学上具有可预见性，但因假释制度所包含的社会利益，立法机关还将实施这项计划。假释机关是否有警告的义务，要看"特定和明确的受害人"是否受到事前的威胁。在本案中，原告孩子死亡是一个悲剧，但死者并不是一个"已知的和确定的受害人"，他只是大量的、可能受到侵犯的众人之一。在这样的情形之下，县政府没有法律上积极的义务来警告原告、警告警察、警告少年犯的母亲或者警告其他的当地父母。

最后的结论是，既然县政府要么享受成文法的豁免，要么没有积极通告的义务，因此维持初审法院的判决。*

这类案件涉及国家赔偿的问题，也就是说，政府是否承担侵权行为法责任？英国法"国王不得为非"的惯例确立了所谓"国家主权豁免"的原则，这意味着政府不能够成为侵权行为法的被告。因为英国法和美国法的渊源关系，这个原则也成为美国早期法的一个原则，从而决定了联邦政府和州政府免于侵权行为的责任，这种豁免权甚至扩展至政府的代理机构，比如本案的市政机关。主权不受法律的限制，这个观点可以追溯到16世纪的理论，到18世纪的时候，出现两种对立的观点，一种观点是主权与臣民的地位不平等，法律出自主权，主权不受法律的约束。根据这个观点，主权具有法律上的豁免权；另外一种观点区分主权与主权者，区分主权与政府。主权不受到法律的约束，但是政府应该受到法律的约束，因为主权是人民意志的代表者，而政府只是主权授权的执行者。根据这个观点，政府不具有豁免权。从历史的角度看，后一种观点逐渐被接受。从国际法的角度看，学者们走得更远，他们提出主权本身也受到法律的限制。政府应该承担法律责任，被认为是法治政府的标志，也是现代行政法产生的法律基础。

在美国，1929年纽约率先放弃了主权豁免的原则，许多州紧随其后。到20世纪60—70年代，法院和立法机关都废除或者限制了国家豁免制度，现状是，一方面许多州都以成文法的形式一定程度上限制了州和市政机关的豁免权,另一方面也保留了一些豁免权或者其他一些特权,上述案件涉及的缓刑和假释决定就是一例。就联邦政府而言,1946 年国会通过了《联邦侵权行为赔偿法》,规定联邦政府如同个人一样可以承担侵权行为的责任,同时也有例外的规定,比如军事和邮政行为的豁免,比如不承担人格尊严和经济侵权责任及惩罚性赔偿的责任。在这个案件中,国家机关法律的豁免权,是联邦最高法院开脱县政府责任的一个方面的理由。

另外一个方面,最高法院还提到了政府"积极的义务"和"消极的义务"。这个问题,我们在上一个案件中,已经提及。最高法院的观点仍然是,政府的功能应该是消极地不侵犯公民的权利,而不应该是积极地保护公民的权利。只有当政府实施了某种行为的时候,它的责任才延伸到它的行为的自然结果范围。在本案件中,当政府把少年假释之后,政府就没有责任管制他的行为;在本案件引用的那个案件中,因为政府把少年安排在了受害人家里,因此政府要对自己的"安置"行为负责,对受害人承担责任。在前者,政府与受害人没有直接的特殊关系,在后者,政府与受害人有了直接的特殊关系。

* Thompson v. Country of Alameda, Supreme Court of California, 1980. 27 Cal. 3d 741, 167 Cal. Rptr. 70, 614 P 2d 728

政府官员的侵权责任及其豁免

假定,你在三里屯经营一家酒吧,昨天晚上工商执法大队封了酒吧的门。你把工商局局长告上了法庭,工商局说,你的酒吧有经营"红灯区"业务的嫌疑,因为有证据表明你酒吧的女招待在马路上招揽路人。而你说你的酒吧只卖酒和酒的"氛围",不卖色相。工商局又说他们是在执行《北京市关于整顿三里屯酒吧一条街条例》的规定,你觉得北京市的这个规定侵犯了你的商业经营权,于是你又把北京市市长追加为被告。你能够取回你的酒吧经营权吗?工商局要赔偿你的损失吗?北京市政府要承担法律责任吗?

原告准备实施一项合作的项目,他准备了计划书,选定了初步的地址,并向佛罗里达州萨拉索达县官方提出了申请。县官方5人组成的委员会否定了原告的申请,原告认为这5个委员会成员的行为违反了《萨拉索达县市区规划法令》,他们的行为是专横的、任性的和违法的。原告称,按照《美国法典》第1983条,一个美国公民及在其法律管辖权范围内的任何人,都有着宪法的权利、特权或者豁免权。当他的这些权利受到侵犯的时候,不管侵犯者依据的法律是成文法、法令、规则、惯例或者习俗,他都要对被侵害者受到的损害承担法律责任。这种损害赔偿可以通过普通的诉讼来解决,也可以通过衡平的方式来解决,还可以通过其他合适的方法来解决。为此,原告对5个委员个人提起了侵权行为诉讼。初审法院否定了原告的诉讼请求,支持被告,初审法官认为,"按照原告所提供的事实,被告不能够因为其官方的职务行为而来承担个人的责任"。原告上诉到佛罗里达州第二上诉法院，奥特法官进行了法律上的分析。

上诉法官说，政府官员现在不再享有绝对的豁免权，即使他是在他履行职务的时候，也有可能承担个人的责任。美国各州如今都逐步废止了政府机构的主权豁免制度，议会和联邦法院也在缩小官员个人的豁免范围。就佛罗里达州而言，佛罗里达州成文法明确废除了主权豁免制度，却也保留了一些豁免条款，这些条款所涉及的事项有时被称之为"自由裁量行为"。豁免的范围按照行为的性质各不相同。如果这些行为涉及立法权和司法权，那么豁免则是绝对的。但是，当政府官员在实施行政权的时候，普通法中"官员豁免"的理论不再是官员个人责任豁免的绝对抗辩理由。当一个政府官员依照地方法律，剥夺了一个人联邦宪法或者联邦法律所保护的权利或者特权的时候，他应该对受侵犯者承担个人的损害赔偿责任，除非他能够有效地证明他的行为是合理的，他是诚实、讲信用的，或者，他所实施的地方法律合乎宪法的精神。立法权和司法权的豁免规则，与行政权的有限豁免规则，都有大量的先例作为依据。

法官认为，如果将这些规则应用到本案，那么应该适用的规则是：被告或者说被上诉人具有一种绝对的豁免权。比如，他们制定《萨拉索达县市区规划法令》，是一种立法行为，他们和县其他官员实施这项法令，则是一种行政的行为，在执行后者的时候他们具有一种有限的豁免权。有限豁免是否存在，则是一个事实的问题，不能够一概而论。

法官总结说，下级法院所谓"按照原告所提供的事实，被告不能够因为其官方的职务行为而来承担个人的责任"，是不正确的，或者说至少是不成熟的，这种说法会暗示政府官员具有一种绝对的豁免权。但是，下级法院判决的结论是正确的，理由应该是：虽然政府官员的豁免权不存在，但是本案原告的宪法权利并没有受到侵犯。最后的结论是维持初审法院的判决。*

这个类型的案件，我们称为行政诉讼。因为美国没有专门的行政诉讼法，因此本案仍然按照普通法运作。这个案件涉及国家官员侵权行为责任的问题。按照法官的分析，国家官员分为三类，一为立法官员，二为司法官员，三为行政官员。也就是所谓三权分立之下三个机关的官员，立法者负责制定行为规范，行政者负责执行法律，司法者判定是非。立法者和司法者具有法律的豁免权，行政者具有有条件的豁免权。由此衡量上面通俗的例子，工商局局长是行政机关的官员，北京市市长在这个设定的案件中是行政立法的官员。北京市市长因为立法活动不承担侵权行为责任，工商局长因为执法承担有限的责任：如果你真的"只卖酒不卖色"，他要承担相应的责任；如果你"挂酒头卖春色"，他不承担责任。

一般而言，不同性质的国家官员，他们的法律地位各不相同。就美国法看来，一般划分为三类人，其一是联邦和州的立法官员和司法官员，其二是州行政官员，其三是联邦行政官员。按照普通法，联邦和州的立法官员和司法官员传统上享有绝对的豁免权，就也是说，只要他们是在从事职务性的立法活动或者司法活动，不管原告依据联邦法还是依据州法提起诉讼，他们就都免于侵权行为责任。依照州法，州行政官员和州地方行政官员不享有主权豁免权，但依联邦法，当这些官员的行为侵犯了公民宪法权利的时候，他们在联邦法院只享有有条件的豁免权，例如本案所揭示的，如果官方行为人的确是秉持"诚实信用"，那么他就具有一定的豁免权。联邦行政官员的法律地位无明确的法律根据，按照先例，他们依联邦法并不绝对地享有豁免权，但美国总统对其官方行为享有绝对的豁免权；当联邦行政官员依照州法被起诉的时候，按照传统，他因他的自由裁量权而享有有限的豁免权。

　　立法机关是人民选举的民意的代表，他的职务行为就是人民的行为，在一个"人民当家做主"的国家，追究立法机关的责任，无异于是在追究自己的责任。这是西方 18 世纪的理论，称为人民主权的理论，至少在理论上讲这是正确的。司法机关的地位，每个国家的情况不一样，在美国，有民选的法官，但更多的是总统任命的法官。法官是唯一敢明目张胆与总统"叫板"的人，为什么司法机关和法官不承担法律责任，没有理论可以说明这一点。一般的说法是，这是历史的传统。可能的答案是，法官就是判断是非的最后堡垒，如果法官也可以当被告的话，就不存在是非的判断者，在一个法治的国家，这是一个逻辑假设。不过，我们国家的法官没有这项特权，因为我们的法官的个人修养、专业素质和民族传统都没有达到这一点。行政机关和官员的法律地位麻烦一些，行政立法具有立法的性质，但是其立法文件可以通过"违宪审查"途径予以撤销。行政官员权力太大，在执法的过程中难免带有个人的意志，因此不当履行公务，要承担法律责任。在我们国家，行政诉讼的被告基本上都由他们来充当。

---

*　Penthhouse, Inc. v. Saba, district court of appeal of Florida, Second district, 1981, 399 So. 2d 456

联邦的权威与州的权威

美国佐治亚州的一个黑人男孩叫奥布茹·威廉姆斯，他于1953年3月被州法院判定为谋杀罪，并被判定电椅死刑。被告对其陪审团的选择方法提出异议。在选择陪审团的时候，白人陪审员的名字写在白色的卡片上，将黑人的名字写在黄色的卡片上。被告声称，按照该州的法律，这种方法没有能够使他得到法律的平等保护。但是，由于被告律师的原因，直到判决之后的八个月，被告才正式启动对陪审团异议的程序。由于过了时效的期限，佐治亚州法院否定了被告的上诉，认定威廉姆斯丧失了对陪审团问题提出异议的权利。

此案后来提交到了美国联邦最高法院。后查明，被告威廉姆斯案自己连续不断地提出要求，希望得到一个新的审判。但是他的律师怠于履行其职责，理由是被告是个穷人，他交不起律师的费用。即使到了联邦最高法院，该律师也表示出于经济上的考虑他将不会参加该诉讼；在这样的情况下，联邦最高法院的首席法官沃伦指定一个叫格雷斯曼的律师以法律之友的身份代表威廉姆斯出席法庭。在随后的程序阶段，申请人才得到了杰出法律顾问的帮助。在法律的问题上，最高法院碰到的矛盾冲突是：是实质性地保护当事人的宪法权利，还是维护州法院的权威？而这两个方面，美国的宪法都有肯定的规定。前者是指美国宪法第五修正案和第十四修正案规定的"正当程序"下的宪法权利，后者是指第十修正案规定的州和联邦的权力分配。因此本案的处理实际上涉及联邦和州之间的冲突，或者说正当程序下公民宪法权利和州相对独立权力之间的冲突。

联邦最高法院哈伦法官让他的助手对这个案件作全面地研究，研究的结果是该案的陪审团组成上存在着缺陷，因此应该有一个新的审判。1955年4月23日，哈伦法官发给其同事们一份备忘录，他的意见将此案发回重审。哈伦说他并不是想随意推翻州法院的裁判，只是建议把此案发回佐治亚法院重审，这样，使州法院有机会重新考虑威廉姆斯的宪法性权利要求，以及州陪审团的规则。在他看来，佐治亚州明显地侵犯了申请人所享有的宪法权利，佐治亚法院有责任重新考虑它的判决，否则法院在保护宪法权利的能力方面就存在一个污点。最高法院大多数法官接受哈伦的意见，最后以六票对三票通过决议：发回佐治亚法院重审。另外一个联邦最高法院的法官法兰克福也说，佐治亚法院认可了一个违反宪法的陪审团，而这个陪审团所认定的犯罪使该州的一个公民即将死亡。

但是联邦最高法院另外三个法官瑞德、闵顿和克拉克持有不同的意见。他们认为最高法院这样的决议改变了法院长期确立起来的先例，也就是没有充分尊重州法院的权威，最高法院越权处理了它不应该处理的案件。同时，这个决议遭到州法院的强烈反对。佐治亚最高法院首席法官顿肯沃思说，他和他的同事们是按照州法已经确立的规则在判案，这里不存在联邦法院的管辖权，联邦不能够授权它的法院对州的判决作出确认或者修改。顿肯沃思再次确认了他的法院初始判决。他认为联邦最高法院无权影响或者干预各州的内部事物。佐治亚法院声称州法院有权对陪审团争议案作出一个时间上的规定，有权拒绝一个不合适时效的请求。这是一个有约束力的程序要求，而不是一个裁判。佐治亚首席法官说："基于这些我得出了结论，如果佐治亚法院不是因为陪审团的问题，我发现没有什么好的理由将此案带到这里来。我不相信我会按照一个傻瓜的想法来回答一个傻瓜的问题。案件的复杂程度不过如此，这只不过是一个简单的法官意见。佐治亚法院不是一个孩子气的粗暴机关。真使我感到困惑的是佐治亚如何公开地作出判决。"他引用宪法第十修正案的规定，也就是各州保留有权力，不授权给联邦政府行使这些权力，然后继续说："这里，最高法院对于我们所做的事提出了异议。我想有必要，我也希望来解释：我们只做了那些我们有权去做的事情。第十四修正案似乎回答了第十修正案提出来的问题，对第十修正案的信赖是一种循环论证，只不过是被那些应该更好知道这些的，法院内外的职业成员们弄模糊了。为了保护所谓宪法的权利，各州的管辖权受到了侵犯。各州因此所表现出来的怨恨并不是什么新的问题。"

虽然哈伦法官试图达到州权威和宪法保证之间的平衡，顿肯沃思却予以严厉的拒绝；法兰克福法官认为，佐治亚最高法院侵犯威廉姆斯平等保护权的行为就"像华盛顿纪念碑"那样伫立着，但是他也不得不同意他和他的同僚"不是低级法院审判方式的检查人"。在这种情况下，联邦最高法院简单地决定停止此案的进一步审查，哈伦法官也默示同意。1956年3月30日，奥布茹·威廉姆斯在佐治亚州的电椅上被处死。*

选取这个案件的目的是为了说明在美国法中，最高法官如何用宪法条款来适用于具体的案件。就司法审查而言，在本案中，威廉姆斯被州法院以州法判处了死刑，但是在审判程序上存在缺陷。根据美国宪法的规定，涉及公民基本权利的审判必须要有一个严格的正当程序，而威廉姆斯没有得到这样的一个正当程序，他因此向联邦最高法院提起了诉讼。当最高法院判定将此案发回重审的时候，州法院同样用宪法的条款与最高法院相对抗。

这种所谓的司法审查，当然起源于1803年的马伯里诉麦迪逊案件。在此案件之前，最高法院的法官几乎没有事情可做。当马歇尔法官 1801 年出任最高法院首席法官之后，情况就发生了根本性的变化。他使最高法院成为与立法和行政机关完全平等的机关，使美国宪法确立的三权分立的制度在实践中得以实现。

就马伯里诉麦迪逊案而言，它确立的著名原则是较低效力的法律与较高效力法律发生冲突的时候，法院支持较高效力的法律。马伯里诉麦迪逊案是最高法院审查议会立法是否违宪的最早判决。因此当人们提到司法审查的时候，就首先想到这个案件。而这个案件在法律史上的贡献则不仅限于此。首先，当公民的权利没有具体法律明确保障的时候，他可以诉之于宪法和最高法院，这里，宪法是保护公民权利的最后保障。法律的理由是宪法默示地包含了公民所有的基本权利。其次，它扩大了司法权，最高法院可以引用宪法中的"正当程序条款""必需和适当条款"等处理具体的案件，解决公民宪法基本权利的问题。

* Williams v. Georgia，参见亚布洛《约翰·马歇尔·哈伦——沃伦法院伟大的异议者》，法律出版社，2004 年，第 200—208 页。

"咱们工人有力量"

假设,一个学生购买一个苹果的笔记本电脑,学生过失将可乐灌进了键盘,电脑无法启动。学生找到该电脑公司的代理商,代理商说,笔记本电脑损坏,不修理只换件,开机器就收 300 元手续费,换键盘 1000 元。学生在全国学联的网站上发了个帖子,讲述了自己的经历,且鼓动学生不要购买苹果的笔记本。他的鼓动得到学生们的响应,苹果电脑销售额锐减,濒临倒闭。电脑公司状告该学生和全国学联,它能够胜诉吗?

原告是一家油毡和地毯城的业主,他还有一个停车场。停车场离他工作地相距 0.25 英里,他将停车场按月出租。10 月底的一天,原告发现一辆啤酒运输车和一辆小货车堵住了停车场的出入口。他找不到驾驶员,但是发现啤酒车未锁、钥匙在点火器上,原告拔下钥匙,将车熄火,然后回到他的办公室。从运输车厢壁上,原告找到车主的姓名和电话号码,他打电话让他们来取钥匙并移走车辆。原告不久就收到了啤酒车驾驶员挑衅性的电话,原告随后叫来了拖车,啤酒车和小货车驾驶员都在场。小货车驾驶员支付了拖车的费用,但是啤酒车主代表和驾驶员拒绝支付。驾驶员咒骂并威胁原告,说要通告运输工会,让他破产。最后招来了警察,在警察的指挥下,啤酒车被拖进了邻近的小巷。

二周后,华盛顿运输工会周刊发表了一篇文章,标题就是"不要惠顾地毯城"。该周刊主要寄给工会会员,也分发给大学和图书馆。文章内容是说：郑重通告华盛顿州运输工会会员及劳动者，当驱车经过华盛顿斯博凯恩西518大街的时候"不要惠顾油毡和地毯城"。原因是：该地区交通拥挤，当驾驶员偶然使用停车场等设备的时候，该公司经常折腾运输工会会员。该公司的某个人取走汽车的钥匙、扣押设备和制造麻烦。当驾驶员答应移走车辆并道歉的时候，该公司不予合作，仍然扣留设备。因此请求所有劳动者，包括运输工会会员和其他人，都"不要惠顾油毡和地毯城"。文章发表后，原告就接到不明身份人的电话，说他们不会去他的商店买东西，其他的电话则把原告描述为"工贼"的工具，有人使用侮辱和诋毁的语言指责原告。原告销售量锐减，半年后，他不得不更换商业地点以减少损失。随后，原告将运输工会告上了法庭，案由有两项，一个是被告的商业妨碍，二是名誉损害。初审法院否定了原告的诉讼请求，原告上诉，后上诉到华盛顿州最高法院，迪密克大法官作出了判决。

被告工会称。他们发表文章的行为受宪法保护，依照先例，该类行为也不是一种妨碍商业活动的行为。法官同意并引用了美国最高法院的有关先例，先例表明，工会联合抵制的行为受美国第一修正案和第十四修正案的保护，这种行为不属于妨碍商业的侵权行为。即使抵制行为伴随有暴力或者骚乱，工会鼓动他人参与抵制的活动也受到宪法的保护。工会通过其活动来影响原告的商业活动，只是想让公众知道原告的行为的真相，这些行为虽然带有攻击性，也会侵犯他人，但是，只要这些行为是通过和平的方式实施，就没有达到侵权行为的程度，这正如同新闻报纸的性质一样。大法官分析道，这些先例中的规则适用于本案件，本案中，工会感受到了它的一个成员与原告之间的摩擦，请求它所有会员和其他"劳动者"联合抵制原告的商业活动。尽管这些活动有着强制，但是工会的活动纯粹属于言论的自由，因此它有权受到"言论自由及其活动"的法律保护，因而不承担侵权行为的责任。大法官接着说,华盛顿法院也曾有先例规则认定,合法的联合抵制造成了损害,但是法律不能够给予救济。被告的抵制行为不同于通常的联合,通常联合的形式包括组织工人罢工或者向大众通告工人与雇主的纠纷,它采取的方式是传播"不要惠顾"的信息,即使如此,被告的行为同样受到法律的保护。

大法官最后的结论是:否决原告"妨碍商业"的诉讼请求,名誉损害的诉讼请求则发回重审。*

在早期的法律中,联合抵制是一种侵权行为,因为他违反了资本主义契约自由和公平竞争的原则。按照老祖宗的说法,资本主义的本质就是工人与资本家平等自由地交换,一方出卖劳动力获得工资,一方提供工作机会获得利润。如果一方打破了这种平衡,联合抵制这种"公平交易",那么就是一种违法的行为,在侵权法中叫做联合抵制,或者共谋。

联合抵制一般分为三种形式,每一种形式的法律责任不尽相同。第一,违反公平竞争的联合抵制;第二,从属的联合抵制;第三,劳工联合抵制。违反竞争的抵制可以这样描述:张三完全控制了某热销唱片的供应权,他同意零售商李四、王五、赵六的提议,不将该唱片卖给刘七,这样,刘七没有办法得到并销售该唱片。张、李、王、赵的这种联合抵制被视为违法,违反了反托拉斯法,刘七既可以提起反托拉斯法的诉讼,也可以提起妨碍合同的侵权行为诉讼。从属的抵制则是这样:张三要求李四辞退李四公司的某些员工,否则张三就不购买李四公司的产品,如果李四同意了张三,那么被辞退的雇员有权提起妨碍雇佣合同的诉讼;同时,张三要求王五强迫李四辞退该雇员,否则张三也不购买王五的产品,这就是所谓的从属抵制。如果李四因此受到商业上的损害,李四有权提起诉讼。在早期的普通法中,工人罢工和工会组织的联合抵制行为要么是"共谋"的侵权行为,要么是

"损害经济利益"的侵权行为。工厂有权利对工人或者工会提起诉讼。但是，随着工会的兴起和力量的强大，法律逐渐发生了变化。当劳动法以成文法形式出现的时候，劳工的联合抵制有了法律上的豁免权。

工人联合抵制资本家不承担侵权行为责任，其中的理由，有人总结为资本主义制度的变化，也就是由自由资本主义发展到垄断资本主义，或者叫福利资本主义。1804年法国民法典所规定的契约自由的理论不再合乎历史的发展，1900年的德国民法典所规定的对契约自由的限制得到认可。另外一种理由是，工人与资本家实质上的不平等，使得法律形式上的平等显得虚伪和可笑。法律所规定的劳动力买卖形式上的平等，只能够使工人更贫困，资本家更富有。要解决社会之间的贫富差距，谋求社会的公平，就应该在法律上更多地保护工人的利益，甚至是联合抵制的权利。

这自然让我们想起那支老歌："咱们工人有力量"。工人阶级是国家的主人，这个命题曾经被写进过宪法性文件，后来这个法律条文改了，工人阶级与其他阶级的联合才成为国家的主人。而且，当我们从所谓计划经济转化为市场经济的时候，不知道工人阶级的力量是越来越大？还是越来越小？我们不能够希望回到过去，我们只希望，在新的经济体制下工人阶级的组织能够更好地联合，以维护这个团体的利益。

---

* Caruso v. Local union number 690, international brotherhood of teamsters, Supreme court of Washington, 1983. 100 Wash. 2d 343, 670 P. 2d 240

罢工与侵权

张三和李四合谋伤害王五,只要王五可以证明张三和李四的主要目的是想伤害王五,那么王五可以状告他们两人;但是,如果张三和李四为了谋取自己的利益,即使他们知道他们共同的行为不可避免地会伤害到王五,那么张三和李四也不承担"共谋"的侵权行为责任。这是英国教科书的一段表白,这里,共谋的成立要看当事人之间的主观目的。共谋既是一种刑事罪名,也是一种民事侵权行为的形式。这个民事的侵权行为的形式,法律上称为张三与李四的"共谋"。但是,也存在着例外,看下面这个案件。

1901年,英国煤炭价格高涨,供不应求,铁路运输频繁。塔非维尔铁路公司决定要加大运输量,这引起铁路工会的不满。该工会在威尔士的地方分会决定与铁路公司交涉,希望铁路公司提高工人工资、改善劳动条件,但是没有达成一致,工会与塔非维尔铁路公司发生了争执。工人领袖霍姆斯宣布非正式罢工,铁路公司经理毕斯莱毫不相让,他到外地招募工人。霍姆斯等人进行游说,劝诱外地工人废止与铁路公司所缔结的契约。在这种情况下,铁路公司对霍姆斯及工会提起诉讼,要求铁路员工联合会赔偿损失。

按照英国法院早期的判例,经济侵权行为的主体只能是自然人,也就是说,工会不具备诉讼主体的资格。然而,英国1871年的工会法使工会具备了诉讼主体的资格。该工会法的主要内容包括两个方面,一是否定工会限制了企业的自由营业,使工会在民事和刑事诉讼上有了主体资格;二是建立工会登记制度,赋予工会一定的能力和利益。由此,初审法官法维尔认定:"1871年工会法既然赋予了工会财产权和法律行为能力,那么工会实际上就具备了法人的性质,因此可以成为被诉的主体。"在实体问题上,按照英国1875年的"共谋罪及财产保护条例",工会的活动不适用刑事共谋罪条款。在这种情况下,法院转向民事共谋理论,认为在民事法律中,共谋的行为构成一种侵权行为。因此,法院判定霍姆斯和工会的行为构成了侵权行为,原告胜诉。工会提起上诉,二审支持工会。此案最后上诉到贵族院,贵族院采取初审法官法维尔的看法,判定铁路公司胜诉,工会要赔偿铁路公司的损失以及支付诉讼费用,合计高达42000英镑。

此案判定后,英国工会受到沉重的打击,后来直接导致了英国工党的成立。英国政府于1903年设立皇家劳资争议及工会组织委员会,由它调查研究,后者于1906年提出报告和建议。1906年自由党获得工人的支持而获胜,随即制定了"劳资争议法令"。该法最主要的目的就是推翻塔非维尔案的判决,其第4条规定,工会职员、会员或者代理人的侵权行为所生的损害赔偿,一概不得向工会基金求偿,因此确立了工会在侵权行为方面的豁免权。此外,还认定工会和平游说和同情罢工为合法。*

本案是英国劳动法上最重要的案件之一。在这个案件中,虽然工会以失败而告终,但是它的影响力和在法律史上的作用是不可小视的。首先,它确立了工会在民事诉讼中的主体资格;其次,此案的后续结果是工会在一些传统的侵权行为中具有了豁免权;再次,这个案件也反映了劳动法和传统法律之间的区别,代表了20世纪法律发展的一种趋势,也就是传统个人主义的契约自由向福利社会公共利益的变化。

按照英国法，共谋既是一种犯罪，也是一种侵权行为。就侵权行为法而言，共谋是指：两个或者两个以上的人，故意或者无合法理由地联合行动，结果导致了对原告合法利益的损害。这种联合行动既可以是"密谋"本身，又可以是"密谋去实施他种侵权行为"。比如，在本案件中，霍姆斯的行为就是一种"引诱违约"的行为，而这种行为在侵权行为法中又是一种独立的经济侵权行为。共谋是侵权行为中独特的一个种类，其本质是"故意和无合法理由地联合"和"发生随之而来的损害"。

本案件所提出来的法律冲突是19世纪流行的"契约自由"和20世纪开始的"法律社会化"之间的矛盾。按照契约自由的原则，工人罢工实际上是违反了工人与公司的雇佣合同。由于工人违反了合同或者引诱违反了合同，他们就应该承担违约的责任或者侵权行为责任。这种契约自由的原则同时就成为强者／资方以合法形式压迫弱者／劳方的有效手段，到了20世纪，随着工人运动的兴起，这种传统的理论受到了质疑，法律被要求保护社会弱者的利益。

在上个案件中，我们提到了"老祖宗"，那个老祖宗就是马克思。在当代西方法律理论中，马克思的理论也有继承者，学术上称为新马克思主义。这种理论也扩展到了法律理论领域，成为20世纪60到70年代西方批判法学的一部分，有时候被称为法学中的新"左派"。他们认为，现代法律的特点是一种形式上的平等，这种形式上的平等掩盖了现实生活中真实的不平等，典型的例子包括女性／男性、殖民者／土著居民、有色人种／白人和发展中国家／发达国家，甚至还包括了同性恋者、吸毒者和艾滋病患者等社会问题。资本主义法律就是把穷人与富人、强者与弱势群体现实的不平等永久化和合法化。为了改变法律的这种局限性，就要进行社会制度的变革。这种理论，连同女权主义者、种族平等主义者和人权主义者的理论，对现实的法律制度提出了严厉的批判，他们共同提倡法律制度对于弱者的保护。在这种运动之下，一些保护社会利益的法律应运而生，其中包括：劳动法、社会保障法及消费者保护法等。

---

* 参见王泽鉴《民法学说与判例研究》第 2 册，中国政法大学出版社，1998，第 348—350 页。

占大便宜的夫妇

一件值 2 元的物，我卖出了 20 万的高价，我是一个经商的天才，还是一个骗子？这是正当的商业活动，还是一种欺诈？其中的差别在哪？我们看下面这个案件。

斯特瓦特夫妇（一审原告）打电话给丰田公司的一个销售公司（一审被告），说他们有兴趣购买一辆丰田汽车。丰田公司的销售人员在电话里的报价是 5400 美元。当原告夫妇去零售店看轿车时，销售人员说有些附件要加在车上，因而总价格是 5800 美元。斯特瓦特夫妇表示，他们还想要加上空调和一台 Am-Fm 的收音机。销售人员说愿意让价出售 1976 年出品的火星牌空调器。双方当事人讨价还价后，最后成交。销售人员填好了一份购买单，表明轿车带空调和收音机总价格是 6700 美元。他们问斯特瓦特夫妇是否愿意购买一种被称作"温柔爱心照顾"（TLC）的担保包，价格是 217 美元，斯特瓦特夫妇拒绝。他们在购买单上签字，并表明他们不想购买 TLC 担保包。所有这些协商之后，斯特瓦特夫妇到了经理办公室。经理与他们详细讨论了 TLC 担保项目，随后，斯特瓦特夫妇同意购买这种担保包。经理然后填了一份文件，表明附加购买 TLC 担保包，价格为 217 美元。斯特瓦特夫妇取车并离去，当时除了窗户上的标签外，夫妇俩没有拿走任何文件。窗户标签所显示的轿车的总价格为 5400 美元，其中包括对 TLC 担保包的选择权。收到邮寄的销售文件后，斯特瓦特夫妇意识到，他们为 TLC 担保包付出了两倍价款：一是标签上表明的轿车本来应该包括的担保包的价款，二是经理向他们推销的担保包价款。斯特瓦特夫妇去零售店交涉，经理和销售人员告诉他们，因为他们已在空调器上作出了较大的让利。斯特瓦特夫妇提起欺诈的侵权行为诉讼。陪审员支持斯特瓦特夫妇，判定 217 美元补偿性赔偿，加上 50000 美元惩罚性赔偿。被告，即 Village 丰田公司上诉。

上诉法院的法官认为，依照亚拉巴马州的法典，欺诈的侵权行为的要素是：第一，被告作出了一项虚假的陈述；第二，该陈述涉及一项实际存在的事实；第三，该陈述为原告所信赖；第四，原告因该错误陈述而受到损害。对于第一个元素，原告给零售店打电话时，被告估价为标签价，其中包含了 TLC 担保包。当他们到达零售店时，标签价还是当初估计的价格。原告告诉销售员，他们不想将 TLC 担保包的价格加到丰田车的价格中去。但是，销售员和他们的经理都没有从总销售价格中减掉 TLC 担保包的价格。这样，就有充分的证据表明，本案中存在错误陈述。对于第二个元素，欺诈性陈述必须涉及实质性现存事实，也就是原告受到引诱或诱导。原告反复说明他们不想要 TLC 包，似乎可公平推定，如果他们知道他们正在支付免费的选择权的话，那么他们不会接受这笔交易。对于第四点，原告因错误陈述而受到损害。开始的时候，即原告在订购单上签字的时候，虽然标签价格包括了 TLC 担保包的价款，但是实际上他们并没有得到 TLC 担保包。然而，当他们后来同意支付"另外 217 美元"时，他们才得到这个选择权，而这实际上超过并且高出总体价格达 6700 美元。我们的观点是，陪审团已经认定原告因为此项交易所遭受的实际损失为 217 美元。最后第三点，我们在本案的结论是，证据足以支持我们的认定，原告的行为是理智的。就提出的证据而言，陪审团可以认定，原告诚实地相信被告已经减去了 TLC 担保包的价格，增加了空调器和收音机的价格，从而达到总价格。这样，在这些情况下，原告合理地信赖了被告的错误陈述。另外，被告还坚持认为本案中所判定的惩戒性赔偿不合理。我们的观点是，本案中判定惩戒性赔偿是合理的。原告反复表示，他们不想要选择权，也被诱导他们没有购买该选择权，他们最后也对此支付了价款。我们认定，这种类型的欺诈行为足以恶劣到判定惩戒性赔偿的程度。这种案件中的赔偿判定，不仅是要惩罚被告，而且是为了保护公众，以阻止被告和其他人将来做出这种不当的行为。结论是维持原判。*

本案突出的地方有两个方面，一是欺诈的侵权行为的构成，二是惩罚性的赔偿。因为这两种制度，原告夫妇花 6700 美元买了一辆车，却得到额外的 5 万美元，他们占了个大便宜！在普通法的侵权行为法中，欺诈是一种独立的侵权行为诉讼方式，原告可依此提出一个侵权行为诉讼。构成元素在上面上诉法官的判词中已经涉及，在英美国家都大同小异。正当的商业活动与欺诈的区别，关键之处就在于主观上有没有恶意。在侵权行为法中，比较强调被告主观恶意的侵权行为，一个是过失，一个是共谋，一个就是欺诈。在三者之中，欺诈对主观状况要求最严格。

看这样的一个故事：我办公室里的喝水杯是我花了 2 元钱从地摊上买的，用了 5 年，现在已经有些残缺。那天你跑到我的办公室，要与我讨论英国法"过失"的法律起源问题。你看到了我那残缺的杯子，显得很有兴趣的样子。我就对你说：不要小看这个水杯，这个杯子已经有近八百年的历史。那年亨利二世走遍英格兰各庄园，随身带着三样东西，一是马鞭，二是长剑，三就是这个水杯。亨利二世死后，三样宝贝放在大英博物馆，那年博物馆被盗，三样宝贝下落不明。据说到了商人手上，一件在意大利，一件在法国，另外一件就是这个水杯在君士坦丁堡。后来蒙古人西征，洗劫了土耳其，带回不少珍宝。蒙古人建都大都，也就是今天的北京。经过明清民国各代，这个水杯流到了民间。我就是在琉璃厂淘宝的时候，看到这个水杯，当时就觉得这个水杯很像网上贴出来的亨利二世的水杯。就用高价从古董商那里买了下来。回家之后，我把水杯与网上亨利二世的水杯照片进行对照，还请了计算机行家用计算机进行了同一鉴定。最后确认这个杯子就是当年亨利二世创建英国普通法时候的三宝之一。我接着对你说，我现在正在研究亨利二世与英国普通法的专题，可惜北大的钱都用在研究"建设中国特色的社会主义法治"的课题上了，研究英国法没有经费。我正准备把这个水杯放到拍卖行拍卖，筹集资金来从事研究。今天你来了，我知道你对历史和古董很有兴趣，这个水杯流到不懂历史的商人手上，实在可惜。如果你有兴趣，我低价卖给你，10 万转让给你，怎么样？水杯在你手上我放心。你最后花了 10 万买了我的水杯，一年之后，你把我告上了法庭。如果你觉得花 10 万，买了亨利二世的圣杯，那么我就是欺诈；如果你笑了笑说我在编故事，但还是愿意出 10 万拿走值 2 元钱的水杯，那么我就不是欺诈。

另外，我国有没有惩罚性赔偿，没有定论。但是在有些单行法中有类似的规定，比如《消费者权益保障法》中双倍赔偿的规定。在民事法律中惩罚性赔偿是否合适，各国立法不尽相同。大陆法系国家，比如日本，似乎持否定态度，而英美国家，比如本案，则持肯定态度，而且在数量上可以达到所标物价值的 10 倍。

---

* Village Toyota Co. Inc. v. Stewart, 433 So 2c 11150 (Ala. 1983) 102

欺诈与不实陈述

张三准备与李四签订一份合同,但是对李四的财产状况不甚了解。李四的会计师王五出具了一份关于李四财产状况的虚假资产证明,张三相信了王五的资产证明,与李四签订了合同。最后李四破产,张三受损。这里的问题是:张三可以状告王五吗?他们之间存在法律关系吗?王五对张三负有法律上注意的义务吗?我们看下面这个案例。

被告是一家公共会计师事务所,按合同为斯坦恩公司作一项独立的财务审计,以揭示出该公司的净资产值。被告知道这份审计报告是给潜在的贷款人使用的,也就是说,潜在的贷款人会依靠被告对斯坦恩公司经济状况的评估,从而决定是否向斯坦恩公司贷款。审计表明该公司的净资产超过 100 万美元,被告出具了 32 份原件。依据被告提供的审计表和收支平衡表,原告向被告贷款 165000 美元。后斯坦恩公司受挫,原告不能够收回贷款。原告将被告即会计师事务所告上法庭,指控被告"故意欺诈"和"过失不实陈述"。有证据表明,被告没有仔细地检查斯坦恩的账簿,如果他们仔细的话,就会发现账簿上的问题,提供更准确的审计报告。陪审团所做的判定有利于原告,但初审法官做出了有利于被告的判决,二审法院的判决是:故意欺诈的诉讼请求不予支持,但是被告要承担过失的侵权行为责任。此案最后上诉到纽约上诉法院,首席大法官卡多佐作出了其著名的判决。

卡多佐大法官首先分析了欺诈的一般规则。他说,被告有法律上的责任对他的雇主提供非欺诈的证明文书,他们之间的合同要求被告仔细、慎重和适当的职业行为。被告也要对这些债权人和投资者承担非欺诈的义务,因为在这样特定的情况下,雇主并不是要将这些证明文件自己留用,而是要对债权人和投资者展示。这里,大法官引申出另外一个问题,这就是,被告对债权人或者投资者是否承担一般的过失责任?他说,如果此种过失责任存在,那么就会产生这样的现象:一个轻率的细微错误会导致无法发现账簿里掩藏着的、虚假的盗窃或者伪造事实,这样,会计师就要在不特定的时间里对不特定的阶层承担不特定数量的责任。这样的商业行为特别危险,这就意味着,不管被告是否真的相信,只要他所作出的陈述存在着错误,他都要承担"欺诈"的责任。

接着,大法官分析了与之相关的法律上的相互关系理论。传统的普通法要求法律责任基于原被告双方法律上的关系,合同责任要求原被告之间存在着合同,侵权行为法律要求他们之间有着直接的法律关系。但是,法律的发展趋势是淡化这种法律关系。就侵权行为而言,即使产品制造商与消费者之间并没有直接的法律关系,但制造商同样要承担产品责任。这种责任的扩展就产生了不实陈述的过失责任问题。会计师因其不实审计陈述对债权人和贷款人承担责任,律师因其不实的政府债券或者公司股票陈述要对投资者承担责任,地契公司因其不实的土地评估对土地竞标者承担责任。但是,在认定这种过失责任的时候,还是要看原告被告之间法律关系的远近,如果双方的法律关系是具体的和特殊的,过失责任的标准就较为宽泛;如果只是一般或者抽象的关系,那么过失责任的标准就较为严格。

卡多佐大法官说,就本案而言,上述的看法并不排除会计师承担欺诈责任的可能性。如果他们的审计活动足以证明他们并不真正地相信他们所作的虚假审计,他们的行为就是一种欺诈;反之,如果他们既不是粗心大意的不实陈述,也不是非诚实地表明他们的意见,而只是诚实地做错了事,那么他们就只是要承担合同法上的过失责任。因为可以相信,当一个普通的商人免费得到一份商业文件的时候,他仅仅只是众多潜在投资人中的一员,他不能够要求更多的东西。

最后的结论是,否决过失的诉讼请求;至于欺诈的诉讼请求,则发回重审。*

我们又见到了这个卡多佐!卡多佐的许多案件判决直到今天都被反复援引,在侵权法中的出现率要超过霍姆斯,虽然后者在法哲学领域名声超过前者。

本案件是美国关于欺诈和不实陈述侵权责任的一个名案。卡多佐大法官在这个案件中分析了两个相关的侵权行为责任诉讼形式,一个是故意的欺诈,二是过失的不实陈述,他的重点是后者的责任性质和相应的范围。一般地讲,欺诈的构成要件有:第一,被告欺诈地作出事实的错误陈述;第二,被告的目的是使原告依据该陈述而行为;第三,原告依据该陈述而行为;第四,结果原告遭受损害。在实践中,欺诈者有可能被判定惩罚性赔偿。以我们上面设计的案件,如果王五与李四串通欺骗张三,作出了那份虚假的资产证明;王五的目的就是想欺骗张三与李四签订那份合同;张三相信了王五的资产证明而与李四签订了合同;结果张三蒙受经济上的损失。这样,王五对张三承担欺诈的侵权行为责任。

如果被告并非故意地或者说过失地作出了虚假的和错误的陈述,那么他则有可能承担不实陈述的过失责任。比如,在上面设计的案件中,王五并没有想故意欺骗张三,也没有与李四串通,而只是为了敷衍张三的请求,随意地出具的一份虚假证明,那么王五对张三承担不实陈述的侵权行为责任。

从历史的角度看,早期的英美普通法并没有这种侵权行为责任,后来美国各州的法律都承认了这种侵权行为形式,本案就发生在20世纪30年代初。美国1965年的《法律重述·侵权法》对此作了专门的界定。依照英国法,早期的制度也不承认这种诉讼形式,因为王五与张三不存在着法律上的关系,他们既不存在合同关系,也不存在侵权法中"法律上的因果关系",王五没有法律上的义务对张三承担注意的义务。英国法将此类案件称为"纯粹经济损失"案件,这一类案件属于合同法,而不是侵权行为法。英国传统的侵权法是关心实际身体的损害,而不救济纯粹的经济损失。这种情况一直持续到1964年,在1964年一个贵族院的判决中,贵族院确立承认"过失中纯粹经济损失赔偿"的侵权行为规则。那个案件的事实是:原告是一家广告代理,他对一个客户的财产状况心存疑虑。原告到这个客户的银行去调查,银行说客户的财产状况很好。原告相信了银行的说法,与客户发生了交易,最后客户濒临破产,原告损失了17000英镑,原告把银行告上了法庭。在这个案件中,法院没有支持原告,还是认为银行对原告没有注意的义务。但是,贵族院在判决书中确认,在条件符合的情况下,允许存在"过失导致纯粹经济损失"的侵权行为诉讼。

---

* Ultramares Corp. v. Touche, Niven & Co., Court of appeals of New York, 1931. 255 N. Y. 170, 174 N. E. 441

未履行诺言是否承担责任？

看两种情况：第一，张三请李四为自己做一个木柜，李四答应了，张三买了做木柜的木料，但是李四没有给张三做，张三状告李四；第二，张三请李四为自己做一个木柜。李四答应了，张三给了李四五元钱以示诚意，张三买了木柜木料，但是李四没有给张三做，张三状告李四。在哪一种情况下，张三可以得到法律的救济呢？在第一种情况下，张三没有诉讼的权利，在第二种情况下，张三有诉讼的权利。两种情况的差异在于在第二种情况下，张三给了李四五元钱。这五元钱在法律上很重要，法律上叫做"约因"，只有张三与李四之间存在约因的前提下，两人之间才产生一个契约。我们看下面真实的案件。

原告夫妇与被告共同拥有一艘叫做"海上仙女"的船，双方各占一半的股份。该船要从纽约驶向北卡罗来纳，原告与被告曾经两次谈论过保险的事情。被告向原告夫妇之一保证他会去购买保险，但是他实际上没有买，最后该船在卡罗来纳海岸失事。原告对被告提起诉讼，诉讼理由是被告没有购买保险。一审法院判定原告胜诉，被告要赔偿原告该船一半的股份利益，被告上诉，其理由是他购买保险的许诺不存在着约因，因为缺少约因，他就不应该补偿原告。首席大法官肯特代表法院作出了判决。

肯特认为，在这个案件中，被告提出要购买保险完全是一个自愿的行为。那么问题是：一方当事人委托另外一方当事人去履行某种商业行为，后者要不收报酬地去做但实际上他根本就没有去做，在这样的情况下，一个诉讼是否能够成立呢？他说，如果该当事人按约定这样去执行该商业行为，由于没有尽到合理注意的义务而做错了事，对相对方当事人造成了损害，那么这个当事人要对自己的错误行为承担责任，这种诉讼就可以成立。但是，如果被告根本没有去做，那么这种诉讼就是一个不作为的诉讼。

肯特说，同类著名的先例表明：按照普通法，一个受托人不计报酬地为另外一个人做一件事，如果他没有去做，那么他就不承担不作为的责任；只有当他试图这样去做但出现了错误，他才承担责任。换言之，即使发生了特别的损害，他也只对"错误行为"承担责任，而不对"不作为"承担责任。接着，大法官比较了民法法系与普通法。他说民法法系有一种委任契约的理论，这种理论承认这类契约存在着衡平的利益，它贯彻了一种诚实信用的原则，英国的琼斯勋爵也曾经想把这种理论嫁接到普通法，但是他并没有成功地移植到英国法中。肯特说，我不怀疑罗马规则的完美公正性，但是它本身的确也存在着许多民事法律所不能够实现的道德权利。这些权利决定于个人的道德良知，是一种不完整义务的权利。

肯特表示，琼斯勋爵在这个问题上的立场也并不一致，在一个案件中，他说：如果一个人同意于某一天为我建一所房子，但是他没有建造这个房子，那么我就可以因为他的不作为而提起一个诉讼，法律结果正如同他错误地建造了那所房子一样。这里，勋爵没有提及约因的问题；但在另外一个案件中，他又认为不作为的诉讼要成立，就需要他们之间存在着约因。肯特说，在本案中，更好的参考意见是一个叫佛罗威克首席大法官所举的例子。他说，假定我与一个木匠约定建一所房子，我给了他 20 磅让他某天给我建房，但是他没有建，那么我就有一个很好的理由确立一个诉讼，因为我已经支付过金钱；在这样的情况下，如果没有金钱的支付，就不会有法律的救济。另外，如果他建房子的方式低劣，也会存在一个诉讼。对不作为来说，如果支付了钱财，就会确立一个诉讼。

肯特假定，如果本案中的被告是一个专职的经纪人，他的工作就是为他人购买保险，那么本案的情况就会不一样。因此，最后的结论是：作出有利于被告的判决。*

本案的这个大法官肯特先生，也是美国法律史上一个响亮的名字。美国法律判例法的形成，他功不可没。此案发生于1809年，是一个近两百年前的老案。这个案件所涉及的问题是：在英美法系中，"约因"在合同中的地位和效力是什么？在英美合同法中，约因是最重要的概念之一，也是引起法律最激烈争论的问题之一。在一定程度上讲，约因的发展史构成了英美契约法史。大陆法系没有约因这个概念，有的学者将它与法国法"契约的原因"相类比。"约因"就是契约的原因，没有这个原因，契约就没有存在的依据。有时候，约因也被翻译成"对价"，指的是契约双方当事人之间必须存在一种互惠的利益关系。比如在我们设想的例子中，张三给了五元钱，他与李四之间的相互利益就得以产生；没有给这五元钱，他们之间的相互利益就没有建立起来。

约因是一个古老的制度，在这个案件中，肯特首席大法官的看法主要揭示出了普通法的基本规则，这就是，一个合同要具有法律效力，双方当事人之间就必须有一种利益关系的存在，也就是说他们之间要有一个约因。在早期的英美法律中，要约、承诺和约因构成一份合同的必要要件。但是，随着社会和法律的发展，这个要素的重要性越来越减弱。约因的含义不断发生变化，一般认为经过了三个时期。第一个时期为"获利—受损"模式。合同双方要成立一个合同诉讼，就要求双方在合同的交易活动中，一方获得利益，而另外一方受到损害。这个时期，约因存在的要求比较严格和狭窄。第二个时期为"互惠利益"模式。合同双方要存在一个合同，必须要求双方当事人之间存在着相互的利益。第三个时期为"不容否认"或者称为"禁反言"模式。按照美国《法律重述·合同法》第 90 节，在某些案件中，"被告的许诺"加上"原告的合理信赖"就可能成为"约因"的替代物。第三个时期的变化很显著，对此，霍姆斯大法官与卡多佐大法官曾经有过观点上的冲突和较量。约因含义的每一次发展，都扩展了它的含义，带来的实际效果是，合同成立要件的宽松，这有利于经济的发展。当约因的要件越来越淡化的时候，曾经引起过传统学者们的忧虑。吉尔莫教授曾经以论文标题的形式，发出了这样的哀叹：《契约的死亡》。

　　本书以侵权行为法案件为主，因此还是回到侵权行为上来。这个案件是以一个合同责任的诉讼形式出现的，如果我们假定原告提起的不是合同的诉讼，而是一个侵权行为的诉讼，那么结果会怎样？从理论上讲，合同的"约因"问题就会转化为"不作为的侵权行为责任"的问题，这就是说，这个领域发生了合同法和侵权行为法的竞合。具体的情况，我们下面的案件会适当涉及。

* Thorne v. Deas, 4 Johns. (N. Y.) 84 1809

法律上的相互关系

在前面的"姜啤酒"案件中，我们曾经碰到这样的法律问题：原告喝了被告生产的啤酒，但是，啤酒不是原告自己买的。原告与被告之间不存在着"法律上的相互关系"，在那个案件中，贵族院判定被告对原告承担赔偿的责任。我们说，姜啤酒案件的结果之一，是摧毁了合同法上的"相互关系"说，那么那个案件以前的情况如何？我们看看这个案件。

被告与英国邮政总局签有合同，他为邮局提供送邮件的马车，合同还约定被告有义务维修马车。原告是一个马车夫，他在一辆被告提供的马车上工作。那一天，马车在行驶中发生故障，原告从座位上摔了下来，造成腿的终生残疾。他把被告告上了法庭，理由是被告没有履行合同维修的义务而导致马车失事。此案最后上诉到了最高审级，贵族院。

法院判定被告胜诉，阿宾格勋爵认为，原告提起诉讼的唯一理由是：被告是合同的一方当事人，因此只要有人在使用该马车时受伤，他就要承担责任。勋爵说，如果这样的诉讼可以成立的话，那么肯定会有先例的存在；但是除了小客栈老板之类例外规则之外，实践上从来没有发生过相似的案件，有足够的证据和权威不支持这样的诉讼。

原告声称这份合同是以邮政总长的名义签订的，而这样身份的人具有法律的豁免权，因此原告只能够从被告那里获得法律的赔偿。勋爵则认为这绝对不是一个必然的结果，原告得不到任何法律救济。他说，"这些当事人之间不存在着合同上的法律关系；假定原告可以起诉的话，那么对任何一个乘客或者任何一个路过的人而言，只要他被损坏的马车所伤，他都会提起类似的诉讼。如果我们不把合同的责任限定在合同的当事人之内，就会发生无限度的最可笑和最粗暴的结果"。

勋爵说，也还存在这样的情况，一个当事人对公众承担一种责任，履行一项公共义务，那么，即使是他的雇员或者代理人的过失导致了伤害，他也承担责任。只要发生了公共的侵扰，他就要对受害人承担责任。但勋爵说，这种案件的真实理由是一种公共义务的责任，或者是实施了一种公共侵扰的行为。法律有时候也允许一类案件从合同的责任转化为侵权行为责任；但是，如果不存在公共义务或者没有实施一种公共的侵扰，那么所有这样的诉讼将都是一种合同的诉讼。这样，一个马车夫可以被提起赔偿诉讼，但是，一个无利害关系人，或者说一个没有建立起合同法律关系的人，却也不能够维持这种诉讼。勋爵说，本案中的原告不能够提起合同的诉讼，假定邮政总长免除了被告的合同责任，而原告提起合同的诉讼，那么原告的情况会是怎样呢？无论如何，他的诉讼请求都会失败。如果允许这种诉讼的存在，那么我们就是在做一项不公正的事情，因为，被告已经满足了其雇主的要求，他们之间所有的事情都调整完好，他们之间的合同问题都妥善解决，在这样的情况下，我们不应该在他们之间确立一个侵权行为诉讼而来挑拨他们的关系。

另外一个叫阿德森的法官则对这个案件有个精彩的评论："唯一稳妥的规则是：将获得补偿的权利限定于合同的当事人；如果我们走出了这一步，那么我们就没有理由不走出 50 步。"最后的结论是：判定被告胜诉。*

这是发生于 1842 年的一个英国著名的案件，这个案件确立了"法律上相互关系"的规则,这个案件所确立的这个规则,经常被后来的英美国家法官所援引。这个规则是讲,即使被告在履行合同的过程中存在着过失,他只对合同的相对方承担合同违约的责任,他也不对非合同当事人的第三人承担侵权行为责任。这个原则蕴涵的道理是,法律不能够走得太远,如果确立合同对非合同当事人承担责任,那么诉讼将是无限的,赔偿也是无限的。

在侵权法的早期,不存在过失中的"注意义务"概念,只是在医生/病人、渡船主/旅客和铁匠/顾客关系中,法律才确认他们之间的注意义务。随着社会的发展,这个案件所确立的规则越来越受到批评,因为这个规则也存在着不公正,这个规则应该严格地限定于"合同履行的失职案件";而且,随着危险财产的责任、危险物的责任以及产品责任这些近似于严格责任的规则出现之后,这种基于法律上相互关系理论的适用范围越来越小。社会学家认为,这个规则的变化,实际上归功于工业革命之后社会、经济和技术的变化。这个时期的经济学和哲学主导的观念是,在法律责任问题上,合同法在法律中扮演着主要的角色。"自由放任"的经济政策意味着,除非自己同意,一个人不能够被强加上一项责任。侵权法的责任是一种法律外加的责任,不是当事人按照自己意愿承担的责任,因此,在这个时期,侵权法扮演着次要的角色。应该说,本案法官就是在这样的历史背景下,支持了被告,否定了原告。在英国,这个规则一直沿袭到1932年,也就是"姜啤酒"案件。

一个隐含且更为麻烦的问题是合同责任与侵权行为责任的竞合问题。从外表上看,合同法与侵权行为法的界限是明确的,前者是双方当事人为了一定的权利义务关系达成的协议,后者是一方当事人侵犯另外一方当事人而产生的法律责任。但是,在一个具体的案件中,有时难以确定他们之间到底是合同责任还是侵权责任,或者说,很难确定被告应该承担合同的责任还是侵权行为的责任。美国的普洛塞教授曾经列举了七个方面的差别,其中重要的有:第一,法律所设立的义务是侵权行为的义务;第二,履行诺言时的不当行为或者过失行为导致了身体伤害和有形物的损坏,行为人同时承担合同的责任和侵权行为责任;第三,无形经济损失的补偿一般由合同法确定;第四,如果行为人许诺去做、但他没有去做、且他也没有义务去做,那么他的不作为行为不发生侵权行为责任。但是,这都是理论上的区分;在实际中,一个案件可以同时存在着合同的责任和侵权行为的责任,我们看下一个案件。

* Winterbottom v. Wright, 10 M. & W. 109, 152 Eng. Rep. 402 (Exch. Pl. 1842)

违约和侵权

一栋楼房起火,消防队赶来救火,搭起了高架水枪,可惜放不出水,后来查明,供水公司提供的水量过小,压力不够。受损的楼房住户状告自来水公司,他们可以得到赔偿吗?看这样的具体案件。

被告是一家自来水公司,它与市政府签订供水合同。依照合同,被告为该市供水冲刷下水道和向街道洒水,为学校和公共建筑提供水源,为城市消防栓供水,还以合理的价格向市内的家庭和工厂供水。在合同的有效期内,一栋大楼着火。火势蔓延至临近的原告仓库,毁坏并烧掉了仓库及库内的货物。原告称,被告当时及时地得到了火势通告,但它没有提供或疏于配给充分和大量的水源。在火蔓延到原告仓库之前,被告提供的水也没有足够的压力来制止、抑制和熄灭火势,结果导致原告的损失。而按照合同和现有的设备,被告完全可以提供充分和大量水源以及必要的压力来遏制火势蔓延。原告称,因为被告没有履行它与市政府的合同条款,原告受到了损害,因此被告要赔偿原告所受到的损失。被告提出异议,初审法院支持原告,后上诉到纽约上诉法院,卡多佐大法官出具了法律意见书。

卡多佐总结说,原告提起诉讼的理由可以归结为三个方面:第一,被告违约导致了原告的损害;第二,依照普通法,被告的行为是一种侵权行为;第三,被告违反了成文法。卡多佐依次予以分析。

首先,原告不能够以被告违反合同而提起诉讼。大法官说,一个城市没有法律上的义务来保护他的居民不受火灾的损害。依此前提，即使立约人未按照他与城市的合同为消火栓供水，社会大众的一个普通成员也不能够提起一个合同责任的诉讼。例外的情况是，如果合同的目的是要给立约人加上一种责任，这种责任是讲，只要立约人违约而造成了损害，他既对城市负责，也要对公众的个人成员承担责任，那么社会的一个普通成员才可以提起合同责任的诉讼。但大法官说本案中没有证据证明这一目的的存在。从更宽泛的意义上讲，我们可以说城市的每个合同都是为了公共的利益。但是，要使一个非合同正式当事人的个人有权利提起诉讼，就必须要求这个利益不是偶然的和次要的，而应该是主要的和直接的，这种主要性和直接性要达到立约人应该对该个人承担赔偿责任的程度。如果不是这样，那么这种责任就会扩展到不合理的限度。比如，一个人立约人为一栋大楼提供原料供暖，假定大楼的一个的来访者发现没有原料，那么立约人也不对这个来访者担违约的责任。

其次，原告也不能够依普通法的侵权行为法提起诉讼。大法官说，一句古老的说法是：一个行为人即使是不计报酬地做出一个行为，如果他的确做了，那么他就负有一种注意的义务。原告就是根据这个原则提起了诉讼。在这个类型的案件中，我们通常区分"违法行为"和"失职行为"。在一个涉及不履行合同责任的案件中，不作为既有可能导致侵权行为责任，也有可能导致合同的责任。这时我们必须要弄清危害合同关系行为的性质，如果一个行为达到了这样的程度：不作为不是消极地减损了一种利益，而是积极地或者肯定地造成了伤害，那么就不再仅仅是一种合同的责任。因此，一个医师在免费动手术的时候过失地没有给手术工具消毒，或者一个工程师没有切断电源，或者一个汽车制造商没有充分地检查，那么他们都要承担侵权行为责任。疑难的问题永远是：不当行为人的行为是否达到了导致伤害的程度，或者其不作为是否极大地阻碍了善德的实现。卡多佐说，本案原告要我们判定：被告与市政府有合同的事实就意味着它要对城市的每个成员承担责任,如果不提供充足的水源,被告就要承担侵权行为责任。但是我们认为如此扩展责任范围是不合适的。比如,一个煤炭零售商没有及时给商店供煤,我们不能够认定他要对商店的每个顾客承担侵权行为责任。

最后,卡多佐也否认原告可以依照成文法对被告提起违反成文法的诉讼,他认为,成文法并没有扩大被告的合同和侵权行为责任。因此,被告没有给自来水公司供水,并不能够成为第三人的诉讼依据。最后的结论是否定原告的诉讼请求。*

又是卡多佐,又一个美国的名案。这个案件是卡多佐大法官在"烟花爆竹"案之后,同一年判定的另外一个著名案件。卡多佐在烟花爆竹案中确立了法律上的因果关系规则,将法律因果关系定义为"可预见性",从而在侵权法中重新解释了许多一般的理论问题。而在本案件中,他更加具体地解释法律规则,为以后的判决提供了明确法律指导。

在判决书中著名的卡多佐既分析了合同当事人对第三人的合同责任,也分析了合同当事人对第三人的侵权行为责任,以及违反成文法的责任。在合同责任方面,合同当事人一般不对第三人承担责任,其理论的根据仍然是强调"合同法律关系"的重要性,也就是说,如果原告不是合同的当事人,他就不能够要求立约人对他承担赔偿的责任。否则的话,法律责任延伸得太长,有可能出现苛刻的法律。他的前提仍然是,自来水公司服务的对象是大众而不是特定的对象,因此非合同的当事人就没有针对合同的诉讼权利。在侵权行为责任方面,他立论的基础依然没有变化,这就是,不能够把法律的责任无限扩大到无限的受益人。这里,他区分了"积极作为"和"消极的不作为","善德的行为"和"过错的行为"。如果立约人积极的过失行为导致了第三人的伤害,他有可能承担责任;如果立约人的不作为间接地导致了第三人的损害,他一般不承担责任,因为他没有法律上的注意义务。

卡多佐被认为是美国20世纪最伟大的大法官之一。他长期担任纽约上诉法院的法官，在罗斯福新政时期，他出任联邦最高法院的大法官。在法哲学领域，他被认为是美国社会学派的代表，也有人称他为"最早的"法律现实主义者，"有说教倾向的"法律实用主义者，甚至是"开创性的"法律经济分析论者。他强调法律应该随着社会的发展而不断发展，法律应该为社会服务。这种给一个法学家注上一个"标签"的做法，虽然有点武断，但是也可以看出卡多佐的一贯作风。在这个案件中，实际上也隐含着这样的前提：他不愿意为政府加上更重的责任。自来水公司是政府经营的公司，对原告的赔偿意味着政府财政的增加。这一点，后世的法学家对卡多佐的判决提出过批评。其实，卡多佐的法哲学也有其保守的一面，他所应用的理论还是传统"法律关系"论和"对第三人过失责任"论，而且在后面我们还要涉及的严格责任论中，他并没有积极主张全新的规则，而是通过"过失"理论推演出我们今天严格责任的含义。考夫曼的《卡多佐传》中引用过他的一句话，这句话展现了卡多佐的司法立场：疾风暴雨不能够打动自由女神，循序渐进才能够赢得她的芳心。

* R. E. Moch. Co. v. Rensselaer Water Co., Court of Appeals of New York, 1928. 247 N. Y. 160, 159 N. E. 869

引诱违约的侵权行为责任

张三与李四之间存在着一份合同，依照合同李四有终止合同的权利；同时，张三又与王五存在着一份合同，按照合同张三可以终止合同。张三与王五发生分歧，李四承担了王五的业务，也就是取代了王五角色。当张三终止与王五的合同关系后，王五觉得李四的行为侵犯了自己的利益，于是状告李四。法律问题是：在什么样的情况下，李四对王五构成侵权？如何区分李四的行为是一种正当的竞争行为还是一种恶意侵犯王五的行为？由谁来承担举证的责任？我们看下面的案件。

被告是阿拉斯加一家石油管道公司，它与RCA公司签订了一份提供管道沿线通讯系统的合同，被告公司可以终止合同。依照合同，RCA公司要使用一架飞机。于是，RCA公司与原告公司又签订了一份合同，依照该合同，原告提供飞机、飞行员、飞行部件和飞行服务，合同规定RCA公司可以终止该合同。两份合同都开始生效，原告公司开始提供飞行服务。但是，原、被告双方对早先确定的价格存在着分歧，被告因此行使它与RCA合同中的选择权，自己接管了飞行服务。这个行为的结果便是RCA终止了与原告的合同。原告将被告告到法庭，称：被告的行为导致RCA公司与原告公司终止了合同，这种行为是一种引诱违约的行为，被告因此要承担侵权行为的责任。初审法院认为，被告虽然有权利终止它与RCA公司的合同，也就是间接地终止了原告与RCA公司的合同，但是，如果被告非诚实信用地行使这项权利,那么它就要承担法律上的责任。陪审团作出了有利于原告的判定,被告要支付 362901 美元的赔偿。被告不服上诉,最后上诉到了阿拉斯加最高法院,康诺大法官作出了判决。

大法官说,被告的合同权不是绝对的,也不能够恶意地行使。通行的规则是,如果合同的第三人没有正当的理由或特别的权利而导致了违约,那么合同的当事人有权对该第三人提起诉讼。即使合同可以因为当事人的意愿而终止,非法妨碍合同的行为也可以被提起诉讼。本案中,被告认为它在合同中具有经济的和安全的利益,这就使它有充分的特别权利否决原告的诉讼权利。如果其利益在社会利益方面优先于被侵犯的利益,那么它就有权利保护自己的利益而不顾及被侵犯的利益。但是,法官说,如果一个人不是诚实信用地保护自己的利益,而是出于损害合同当事人的目的而行动,那么这个人就丧失了这种优先权。

大法官说,就本案件而言,中心问题是:被告的行为是在促进自己的经济利益或者安全的利益?还是以此为借口伤害原告?被告认为,它接管飞行服务是基于安全的考虑,但是,原告提供的安全记录表明,原告的飞行服务远远比被告想要取代的飞行服务安全得多。因此有足够的证据证明陪审团的判定是正确的,被告不是在保护自己的合法利益,而是在恶意地损害原告的利益。

在举证责任方面,被告称,原告有义务来证明被告的行为是恶意的,或者证明被告是在故意地损害原告的利益。被告说它已经证明了它有终止合同的权利,以及它有着经济的和安全的利益,在这样的情况下,原告就有义务来证明被告的行为缺少诚实信用。大法官说,被告的说法是没有说服力的,虽然《法律重述·侵权法》对此没有权威的说法,但是先例所确立的规则是,只要原告证明被告是故意地妨碍合同关系,被告就有义务来对他的行为予以说明。这里的问题是,被告的行为究竟是出于诚实信用？还是出于某种隐秘不明的动机？这样，这个问题就转化为一个证明的问题，这就只要求原告证实合同违约是被告故意造成的。也就是说，本案件只需要原告证明被告在故意地妨碍合同，而不要求原告证明被告如何存在着恶意或者非诚实信用。这里，不存在举证责任转化的问题。

大法官最后的结论是，初审法院在赔偿额上存在着计算错误，除此之外，初审法院的判决应该得到维持。*

早期的侵权行为法只保护特定的人身权和财产权，并不一般地保护合同上的经济利益。随着法律的发展，侵权行为法开始保护两种"雇佣"的合同关系。第一，师傅和学徒。早期城市的工场中，学徒与师傅之间有一种人身依附关系。学徒只能够为他的师傅劳动，不允许其他的人雇佣该学徒。如果第三人打了学徒，或者引诱学徒离开他的师傅，那么他的师傅就可以起诉这个第三人。第二，丈夫和妻子。妻子被认为从属于她的丈夫，并为她的丈夫提供服务。如果第三人打了该妻子，或者引诱妻子离开她的丈夫，那么丈夫可以对该第三人提起诉讼，理由是被剥夺了妻子对丈夫的服务。这种案件称为"配偶服务的损失"诉讼，连同我们以前提到过的"配偶陪伴损失"的诉讼，共同构成对婚姻关系的两种基本侵权行为责任形式。20世纪之后，侵权行为法开始对合同关系进行一般的法律保护，这里的合同不再仅仅局限于雇佣合同关系，而且扩展到其他种类的合同。从现行的美国法看，侵权行为法既保护已经确立了的合同，也保护未签订合同的商业关系和预期的经济利益。

本案就是一个干涉合同关系的侵权行为诉讼，通常我们称之为"引诱违约"的侵权行为诉讼。也就是说，当被告的恶意行为导致原告的合同终止或者无法履行的时候，被告应该承担侵权行为责任。在这个案件中，原告不能够状告RCA。因为按照他们之间的合同，RCA可以终止他们的合同。他只能够从被告那里寻找赔偿，在原告看来，由于被告取代了原告与 RCA 的贸易，原告认为被告引诱 RCA 终止了 RCA 与自己的合同，因此对原告造成了损害。在具体的案件中，经常争论的问题是：被告的行为是一种正当的经济竞争行为？还是一种恶意的侵权行为？也就是说，RCA 最后选择被告作为自己的合作伙伴，将原告"踢出"其经济活动，原告与被告之间就存在着利益上的冲突，被告的取代行为，是正当的竞争行为，还是不正当的侵权行为？法官认为，在这样的情况下，就要看被告主观上是否存在着恶意，而且应该由原告承担举证明责任，来证明被告的确存在着恶意。

这类案件涉及合同法和侵权行为法的竞合问题。在这个案件中，原告与 RCA 的合同规定了 RCA 可以终止合同，但是，如果我们假设，RCA 没有这个权利，且违反了合同，那么原告既可以提起合同的诉讼，也可以提起侵权行为的诉讼。两种诉讼所获得的赔偿是不一样的，一般认为，侵权行为诉讼的救济方式比合同法的救济方式要广泛，获得的赔偿会更多，因为在侵权行为诉讼中，原告可以提出惩罚性赔偿的诉讼请求和精神损害的诉讼请求，而在合同法中，不存在这两种情况。

* Alyeska pipeline service v. Aurora air service, Supreme court of Alaska, 1979. 604 P. 2d 1090

挖人才与引诱违约

假设北大聘请泰森到北大体育系当拳击教授，泰森与北大签订了三年的聘用合同。泰森来了之后，北大拳击队"打遍全国无敌手"，清华痛心疾首，于是心生一计。私下与泰森联络，希望泰森能够到清华工作，并以高薪诱惑。泰森在北大工作1年半后，离开北大去了清华，从此之后，清华经济收入和荣誉称号猛涨，北大拳击队濒临解散。北大怒告清华，称清华恶意引诱泰森违反他与北大的合同，使北大遭受损失。而清华则辩称，清华也是在为中国高校体育事业作贡献，它聘请泰森是一种正当的竞争行为。北大可以要回泰森，并让清华赔偿北大的损失吗？我们看这个真实的案件。

原告是一家铝制品公司，其业务是制造和销售铝制厨具。他们的销售系统是通过分销商进行挨家挨户地销售，而分销商又在批发商的领导下工作，批发商指导分销商商品销售的技术。分销商和批发商都是独立的承包人，而地区经理则是原告公司的雇员，他监督批发商的活动。被告是一家工业公司，它在全美国的许多城市招募原告的人员为它工作。一次社交性的聚会，就使原告一组批发商和大约10到15个分销商同意为被告工作，终止与原告的雇佣合同。原告起诉了被告，要求法院禁止被告引诱原告的雇员终止与原告的雇佣关系。初审法院判定原告胜诉，被告上诉。

上诉法院帕西曼法官认为，在干涉合同关系的领域里，可以适用的一般原则是:"仅仅劝告一个人违反他现在的合同,可能不会认定是法律上或事实上的不当行为……但是,如果该劝告间接地被用作'损害了原告或者有利于被告',那么它就是一种恶意的行为。"一位贸易者与那些从事相似商业活动的人,可以合法地从事激烈的竞争活动,比如提供超常的引诱条件,或者提供比其竞争对手更好和更便宜的货物。但是,当他超越那条界限,以一种"恶意目的使其竞争对手遭受商业损失"时,他的行为就是非法的。如果由此产生了损害,那么受害方就有权获得补偿。这时不必考虑不法行为者是通过劝告来实现他的目的,还是通过虚假陈述来实现他的目的。法院要调查不当行为者使用恶意的媒介或方式,从而为受损害者提供补偿和救济。他说,"任何人都不能够通过欺诈或错误陈述、也不能通过胁迫、阻挠、或干扰方式,来干涉他人的商业活动。追逐自己的利益和不干扰他人的权利,这是一种相互的责任,也是一个秩序优良的社会的基础。在这里,他们通过一种社会契约的方式结合在一起。"

一般而言,分销商及批发商与原告的合同,可以依照其意志而终止。但是,这种事实不能是也没有为第三人的干涉他人雇佣关系的侵权行为提供一种合法的基础。从法律上讲,合法化必须从事实中予以认定,这种事实独立于法律所提供的保护措施。按照意愿终止合同的权利,是合同当事人的一种特别的人身权,合同的第三人不能行使其意志以替代合同任何一方当事人的意志。在本案中,被告行为的目的是牺牲原告的利益来获得被告的利益。原告遭受的损害,也就是人力的损失和收入的损失,是被告所发掘和计划的最终结果。被告的期望是加强其销售力量,而原告公司是它的一个好的任意挖掘的来源。在本案中,即使被告已证实,它使用的贸易惯例是从竞争对手那里挖掘销售人员,但是,本法院也不会允许这种惯例使侵权行为合理化和合法化。法院的角色是提高商业道德和注意的标准,而不是仅仅以司法的手段来制裁侵权行为。较高的标准有利于保护工业的无辜成员和一般大众。我觉得,要防止可期望的和不可弥补损害的发生从而保护原告的唯一有效的方式,是发出永久性的强制令:禁止被告招募或试图招募原告的雇员、批发商和分销商。结论是维持原判。*

这个案件所涉及的侵权行为是干涉雇佣合同关系的侵权行为。在上一个案件中,我们说过,最早的"引诱违约"就是对雇佣合同的干涉。拿上面假设的案件,北大和泰森之间存在一个有效雇佣合同,清华恶意地引诱泰森终止他与北大的合同,引诱的目的是损害北大而有利于清华。这里,北大与泰森之间是一种合同关系,清华与北大之间是一种侵权行为关系。在侵权行为法中,北大是原告,清华是被告。

法官在这个案件中,分析了这种侵权行为规则的理论基础。拿法官的说法是"秩序优良的社会",法官还将这个理论上升到社会契约论的高度。这个理论是说,在没有法律的社会,社会是混乱的。每个人都为自己的利益而不择手段,结果导致社会的战争、混乱和无序。为了摆脱这种无序的、人性自私的本性状态,人民就希望要组织起来,通过一种社会契约的形式建立国家、法律和社会,使人们生活在安宁、幸福和和谐的状态之中。每个人放弃自己为所欲为的权利,受共同法律的约束。拿洛克的话说,就是在"丧失部分自由"与"被狮子吞噬"之间,理智的人们肯定会牺牲一定的自由来换取更大的自由。当然,这套理论不是本案法官提出的,而是西方社会17—18世纪主流的理论,其代表人物有霍布斯、洛克、孟德斯鸠和卢梭。基于这一点,为了保持秩序和稳定,契约应该得到遵守和尊重。对合同关系的破坏,实际上就是对社会秩序的破坏,这就是为什么反对恶意侵犯合同关系的理论基础。

另外一个方面,社会的稳定与市场的竞争又存在着冲突,过于维持稳定也会妨碍社会的进步。就一个具体的案件而言,原告要的是稳定,被告要的是竞争。从法官的分析看来,他区分正当的竞争与恶意侵权之间的界限定在被告有没有法律上的"特权"或者"合法的理由"。侵权法上的"恶意"不同于日常道德意义上的"恶意"。被告具有主观上的邪恶动机，那么肯定就是一种法律上的恶意；另外，被告损害了原告的利益而没有法律上的依据，在法律上这也可以构成"恶意"。在后一种意义上，法律上的恶意要求比道德上恶意的要求要低。如果被告具有法律上的"恶意"，那么他的行为不再是正当的竞争行为，而是一种侵权行为。

在我国现有的《中华人民共和国合同法》和《中华人民共和国侵权责任法》中，这种"引诱违约"似乎还没有相应的法律规定，比较类似的法律似乎是不正当竞争法。但是，我们在由计划经济向市场经济转型的背景下，经济秩序和法律秩序尚未建立起来。在经济活动中，我们有时还把恶意挖人才作为一种成功的商业经验，没有有效地区分正当的竞争行为和恶意的侵权行为。

---

* Wear-Ever Aluminum, Inc. v. Townecraft Industries, Inc. (82 A. 2d 38) (N. J. 1962)

妨碍预期经济利益的侵权行为责任

张三准备把房子卖给李四。王五是张三的邻居，他跑出来搅和，对李四说房子的坏话。李四放弃购买该房子，张三没有挣到钱。张三认为就是因为王五的多管闲事，才让李四没有买房，他把王五告上了法庭。张三能够胜诉吗？我们看下面的案件。

原告夫妇有一项房产，被告马丁夫妇是原告的邻居。原告想将其房产出售，已经与托马斯夫妇有了联系，托马斯夫妇表示有兴趣购买该房产。在正式签订买卖合同之前，托马斯夫妇去了该房屋所在地，了解并检查该房产及周围的状况。马丁夫妇发现托马斯夫妇来看视房产后，主动与他们寒暄。在随后的交谈中，马丁夫妇说，他们将在原告房屋的门旁边建立一个钢制结构，他们房屋所在地的这片土地经常有大量的积水，冬天不能通行。马丁夫妇还说他们要安装房屋的污染处理系统，他们已经提出了项目申请，但是尚未得到批准。因为马丁夫妇的这些陈述，托马斯夫妇没有与原告签订房屋买卖合同。原告夫妇对马丁夫妇提起了诉讼，指控他们干涉和妨碍了原告的预期合同关系，初审法官作出了有利于原告夫妇的判决，被告马丁夫妇不服而上诉，最后上诉到怀俄明上诉法院，首席大法官罗尼给出了法律意见书。

大法官说，本案是一种妨碍商业关系的商业侵权行为诉讼，原告提出的诉讼请求是被告"妨碍了预期的经济利益"，其实还有另外一种妨碍商业关系的诉讼，这就是"妨碍了合同关系"。从前，这两种诉讼是区分开来的，显著的区别在于后者存在着一种生命"可能的期望值"，比如未来的合同关系，现在这两种诉讼趋向于合并。这种侵权行为的构成要素一般归纳为这样几点：第一，存在一个有效的合同关系或者存在着商业的期望值；第二，妨碍者知道该合同关系或者商业的期望值；第三，故意妨碍，结果诱导或者导致违反合同或终止合同，或者导致商业期望值的丧失；第四，合同关系的中断或者商业期望值的丧失，使相关当事人遭受损失。

接着，大法官援用了得克萨斯州的一个先例，揭示出一般的规则。在那个先例中，法院认为：法院已经确认了一种具有侵权行为性质的诉讼，被告不适当地妨碍了原告的商业利益关系。在这样的案件中，我们没有必要去假设：如果没有被告的妨碍，所期待的合同就会订立。但是，被告行为是否妨碍了他人的预期经济利益，就要根据当时具体的环境判定，其中的标准是合理性和一般情况下的状况。一般地讲，一个当事人没有特权不受到竞争的压力和影响，但是，他有权不受恶意的妨碍，也就是说，妨碍的结果导致了一份合同的失败，而在通常情况下，这份合同是可能通过协商而合理达成的。

就本案而言，原告在其房产上贴出"供出售"的标记，而且标示的时间超过了一年，而且，上诉人马丁夫妇接近托马斯夫妇并主动挑起话题，也正是在他们的谈话中，托马斯夫妇说过他们正在考虑购买该房产。因此，有充分的证据表明上诉人知晓当事人之间的关系。大法官继续说，有证据表明，上诉人接近托马斯夫妇并主动告诉如下信息，比如，淹水问题、污染系统问题和冬天通行问题，但是事实情况是，这些信息并非准确。在这些情况下，我们同意审判法院在这个方面的事实认定。在侵权行为案件中，赔偿的标准是对最接近原因所导致的损害予以赔偿。原告有权不受到故意的妨碍，通过协商，原告原本可以签订一份合同，这份合同存在着原告合理的商业利益，由于被告的妨碍，原告的权利受到了损害。因此，最后的结论是维持下级法院的判决。*

妨碍商业关系的侵权行为诉讼一般有两种形式,一种形式是妨碍雇佣关系,另外一种是妨碍合同关系。在妨碍合同关系的案件中,又分为两种,第一种是妨碍他人订立合同,第二种是妨碍他人履行合同,上述的案件就是前一类案件。妨碍合同订立的侵权行为,简单的表述就是:一个人或者一个公司以恶意的方式妨碍他人与第三人签订一个合同。这里的"恶意"具有广泛的含义,核心点在于"没有法律上的权利或合理的理由如此行为"或者"非法的手段如此行为"。具体地讲,非合理性或者不当行为的判定标准有:第一,被告的行为不是一种公平竞争的行为;第二,被告的动机和目的是转移或者获取他人的商业利益。通常,法官要在如下两个利益之间进行平衡:一个利益是妨碍者行为的个人利益和社会利益,另外一个是被妨碍者利益。为此,就需要全面考虑行为人的性质和当事人之间的关系。美国《法律重述·侵权法》第767节给法官提供了三个方面的考虑因素:第一,被告的行为和动机;第二,当事人的利益;第三,被告行为中蕴涵的社会利益。在这个案件中,法官认为被告没有法律的合适理由来干涉原告的合同行为,因此被告存在着法律上的恶意,最后支持了原告。

假设被告真的是个"善人",他"客观地"描述了原告房子的状况,那么他的行为是否具有"社会利益",而应该得到法律的保护呢?法官没有分析这个问题。我们设想,如果此案发生在中国古代,会怎么样?这使我们想起了中国古代的"邻吴连坐制度"。根据《史记·商君列传》,商鞅变法实行"令民为什伍,而相收司连坐"。《秦简·法律答问》记载:贼入甲室,贼伤甲,甲号寇,其四邻、典、老皆出不存,不闻号寇,审不存,不当论。典、老虽不存,当论。按其含义,如果你邻居家有贼,你在家不去救,要治你的罪;你不在家,可以不治你的罪。但是,如果你是典或者老这样的地方官,即使你不在,也要治你的罪。应该说，中国古代的这种"远亲不如近邻"的观念与西方"以邻为壑"的观念之间，存在着较大的差异。中国的热心人多，私人之间的秘密少，人际关系密切，你的一举一动都在他人的窥视之下；反过来说，一家有难，八方支援，你不主动去帮助，法律会对你进行惩罚。因此你很难干坏事，从而确立起一个文明礼貌的君子社会，这是中国人的理想世界。而且，这也被认为是中国的国粹之一。拿本案件的事实来看，一个人的经济利益，在一个中国人眼里不是一个人的事，而在一个西方人眼里，这可能是个人隐私，个人隐私不容他人侵犯。中国学生碰到此类案件，第一反应就是：这怎么可能？如果被告是客观描述事实，那么被告要承担责任吗？被告的"善举"有错吗？这也许是文化上的冲突。

* Martin v. Wing, 667 P. 2d 1159 （Wyo 1983）

窃取商业信息与经济侵权行为

张三与李四之间有一个服务合同，王五"巧妙地"得到了这份合同的相关信息，其中包括服务的价格。王五利用这些信息与李四接洽，愿意以比张三更低廉的价格为李四服务。李四终止了与张三的合同，与王五签订了新的服务合同。张三把王五告上法庭，认为王五的"巧妙"方法实际上是一种不正当和恶意的行为，而王五认为自己所为是不可指责的正当竞争行为。张三能够胜诉吗？我们看下面真实的案例。

原告是一家航空公司，从事货物航空运输服务。在它的航线上，原告依照合同为"联合包裹服务有限公司"（UPS）运输包裹。该合同规定：任何一方当事人在通知对方 60 天后，都有权终止合同。被告是另外一家航空公司的雇员，他对原告说，如果他能获得原告的商业运作的数据，如果能知道它的价值的话，那么他将有可能购买原告的飞机。原告因此提供了信息，其中包括原告与 UPS 的合同信息。原告的想法是：他所提供的信息是一种机密，提供信息的目的是用于估计原告飞行的价值，从而确立一个公平的买卖价格，该信息不能由被告用作商业竞争的目的。后来，被告告诉原告，他不愿意购买原告的飞机。事后，被告向 UPS 发出一项要约，愿意为他们提供空运服务，并且可以接受比原告更低的价格。UPS 终止了与原告的合同，与被告达成了一个新合同。原告提起了诉讼，指控被告的侵权行为妨碍了原告与 UPS 的商业关系。被告答辩说他只是在从事一项竞争的商业活动，因为按照原告和 UPS 的合同，只要给出了适当的通知，原告与 UPS 的合同可以依照任何当事人的意志而终止。UPS 是自愿地终止合同，所以不发生侵权行为。初审法院做出有利于原告的判定，被告上诉到华盛顿上诉法院，卡罗法官给出了判决书。

卡罗法官认定，原告与被告之间存在着一种交易，也就是说，原告向被告公开了秘密信息，被告许诺"除估价和购买外不以其他目的使用该信息"；另外一个方面，该信息是"机密的"，不能够轻易得到，但是，被告在作出许诺之后不久，就以商业的目的使用了该信息。这样问题就是，被告的行为是否干涉了原告与 UPS 之间的商业关系？被告的行为是一种侵权行为，还是一种合法的竞争行为？

法官说，被告声称其行为是合理的，理由是第一，原告和 UPS 之间的合同，依当事人的意志可以终止；第二，UPS 没有违反与原告的合同，只是按照合同条款将它终止；第三，公共政策鼓励和促进竞争性合同投标。但是，法官说，法院不同意被告的这些说法。不合理地干涉他人的商业关系，就会产生一种责任。这个责任不依赖于一份有效合同的存在，也不依赖于一个合同关系是否被违反，而且，一方当事人依照其意愿，按照合同条款终止合同的事实，也不能否定受害人就其损害提出权利要求。法律支持自由竞争的原则，但是"竞争"不是一个局外人不合理干涉他人合同关系的正当理由。一个贸易者有权合法地从事一项最激烈的商业竞争，但是当他超越界限，以"使其竞争对手在商业中遭受损害的恶意目的"实施行为时，他的行为就是非法的；如果发生了损害，那么受损害的一方当事人有权获得补偿。

自我富裕本身不是一种恶意，还可以是一个好的动机；法律上的恶意是一种没有合理性的行为，或者是一种没有借口的故意的不当行为。这个"不当行为"意味着，"除非是平等权或优先权"，如果该行为侵犯了他人，不当行为人就应该予以赔偿。法官说，在本案中，被告获取和使用了他人的秘密合同信息,违反了通常的竞争惯例,而法律不允许也不支持违反公平的竞争。法院的角色不仅仅是司法地制裁侵权行为,更重要的是提出商业道德和注意的标准。我们要采用一种较高的标准,以有利于保护无辜的商业活动者。最后的结论是维持下级法院的判决。*

这个案件属于一种"经济侵权行为",本案的特征是被告的行为侵犯了竞争对手的利益。这类案件的难点在于如何区分"正当的商业竞争行为"和"损害他人的不正当竞争行为"?一般原则是,一个自由的社会鼓励竞争,但是竞争也存在着必要的限制,这个限制是:当你从事竞争活动的时候,你不能够恶意地损害竞争对手的利益。正当的商业竞争行为不发生侵权行为,比如合理地降价折扣,禁止自己的雇员与竞争对手交易。即使竞争的结果使竞争对方破产或者将竞争对手排除出社区,他的行为也不产生侵权行为责任的问题。但是,"恶意"的"不当行为"者要承担责任,因为恶意行为人破坏了公平竞争的秩序。在上述案件中,被告不正当地获取竞争对手的商业秘密并不正当地利用了这个秘密,就构成了一种侵权行为。

对于这个问题,我国已经有了成文法。《中华人民共和国反不正当竞争法》将"不正当竞争"定义为:经营者违反法律规定,损害其他经营者的合法权益,扰乱社会经济秩序的行为。不正当竞争法对商业秘密的定义是:不为公众所知悉、能为权利人带来经济利益、具有实用性并经权利人采取保密措施的技术信息和经营信息。《反不正当竞争法》第十条列举了三种侵犯商业秘密的行为:第一,以盗窃、利诱、胁迫或者其他不正当手段获取权利人的商业秘密;第二,披露、使用或者允许他人使用以前项手段获取的权利人的商业秘密;第三,违反约定或者违反权利人有关保守商业秘密的要求,披露、使用或者允许他人使用其所掌握的商业秘密。另外,第三人明知或者应知前面列举的违法行为，获取、使用或者披露他人的商业秘密，视为侵犯商业秘密。

有法律是一回事，法律是否得到遵守和适用则是另外一回事。到2003年，《反不当竞争法》实施了十年，中国相关官员的评价是：十年来，反不正当竞争工作虽然取得了一定成绩，但其立法和执法工作存在一定的问题。执法不到位的问题比较严重，各地反不正当竞争工作开展不平衡，影响了行政执法工作的深入开展。突出表现在：现行《反不正当竞争法》在调整范围、执法手段、法律责任等方面规定的不足日益凸显，影响了该法作用的发挥；部门法律肢解《反不正当竞争法》现象十分严重，并有日益加剧的趋势；行政执法还没有完全到位；《反不正当竞争法》还没有达到应有的影响力，经营者的竞争法律意识还需要进一步提高。而且，值得注意的是，我们的法律活动还停留在立法和执法的层面上。如果法官对此类问题没有最终的裁判力，没有形成一整套相应的适用规则，那么我们可以说，在这个问题上，我们远没有达到"法律的统治"。

* Island Air Inc v. LaBar, 566 P. 2d 972 (wash App 1977)

商业秘密的法律保护

上一个案件我们谈的是窃取商业信息构成的侵权行为,这个案件我们来看商业秘密本身的法律保护问题,原告公司花了两年多的时间研制出一台制造柔软金属筒的机器,该产品的用途是保护电话线。原告向西电公司提供这种柔软筒,是它的主要供货商。原告将此机器单独地放在工厂隐秘的地方,只让那些必须用它的工人们使用该机器,该机器没有申请专利。被告公司也想研制一台相似的机器,因此雇佣了原告以前的两位雇员,这两个人曾经使用过该机器。利用原告这两个前雇员所提供的信息,加上原告的一些草图和废弃的机器部件,四年之后,被告生产出了这种机器,后来取代了原告的地位,成为西电公司金属筒的主要供货商。被告公司的一位前雇员对被告公司不满,给原告公司提供了被告机器的照片,照片显示出被告的机器几乎与原告的机器完全一样,他还给原告提供了另外一份关于机器构造的说明书。原告提起了侵权行为诉讼,指控被告通过非法方式不当地占有了原告的商业秘密。原告要求禁止被告使用该种机器,并要求赔偿,贝克法官作出了判决。

法官引用了美国《法律重述·侵权法》第757节,该节对商业秘密的描述是:商业秘密可以包括公式、方案、设备或信息的编辑,在商业活动中它可以带来其他竞争者所不能够得到的利益。一般地讲,它与产品制造的机器或公式相关联。商业秘密的主题是秘密的,公众的知识或一般的工业知识不能成为商业秘密；如果一个产品完全显示出了它的特征，这个产品也不能成为商业秘密。本质上讲，一个商业秘密只在它被运用于特定的商业活动中的时候，它才被人所知晓。商业主将该秘密交予他的雇员使用，并不丧失该商业秘密得到保护的权利。法官说，商业秘密的秘密性不必定是绝对的，在一些情况下我们必须采取合理的预防措施，以防止向无关的当事人公开。秘密的含义是：不使用不适当的手段，其他人很难获得该信息。

法官进一步分析道，一个商业秘密可以是某种特征和元素的联合，虽然该联合的每个部分本身都可能是公共的知识，但是特定的联合便产生了有竞争力的利益；这种利益应该得到法律的保护，因为精密的构形、排列和元件特征的集合，使原告的机器具有一种特殊性，该特殊性就充分地构成一个商业秘密。法官说，当一个雇员终止与其雇主的雇佣关系之后，他有权带走"受雇期间有用的技巧、经验和知识"，但是，一个雇员无权带走和公开其雇主的商业秘密或秘密的程序。该雇员隐含地承担一种保守秘密的责任，他的这种保密义务甚至高于他们之间的雇佣关系。

被告公司认为，他可以通过一种所谓的反向工序或者其他方式设计出他的机器，他的机器是他自己独立设计出来的。反向工序是一种程序，它意味着通过分析一个完成了的产品，反过来设计出能够生产出这种产品的机器。法官明确反对被告的这个说法，法官的看法是，被告公司制造出该机器，不仅使用了反向工序的方法，而且应用了原告两个前雇员的知识，这两个人以前使用过原告公司的机器。通过原告前雇员的知识和原告公司的草图，以及通过直接组合原告公司的转筒产品，被告才最终完成他自己的机器。

根据以上的理由，法官说法院将发出一个期限为16个月的禁止令。在此期间，被告不能够使用其机器，并要证明他使用反向工序的方法可以和如何将机器制造出来。*

这是一个保护商业秘密的案件，法官较为全面地分析了商业秘密的含义、范围和受到法律保护的理由，以及雇员保守雇主商业秘密的法律义务。

关于商业秘密法律保护的理由，存在着两种相互冲突的理论。一种理由是所谓"雇主与雇员的忠诚关系"，著名的霍姆斯大法官就持这种看法，他认为，商业秘密保护的基础是当事人之间的"忠诚关系"，商业秘密不是一种知识产权。这种观点现在被认为过于老套，充分反映了霍姆斯这个清教徒后裔的道德观。商业社会的发展，克制、勤勉、节俭的品德抵不过最小成本获得最大利益的功利主义的冲击。正如同韦伯所说的那样，清教伦理孕育出了西方社会的资本主义，但是进入了19世纪以后，克制与节俭让位于功利主义。"雇主与雇员的忠诚"不足以保护商业的秘密。

另外一种观点是"财产权"的观点，宾夕法尼亚州最高法院认为，商业秘密是一种"财产权"。依照此种看法，商业秘密法律保护的理论基础，不仅仅是违反了忠诚关系，而且是不当地使用了原告的知识产权。这种看法实际上否定了霍姆斯的看法。这种观点与《法律重述·侵权法》第757节相一致，从而实际创立了一种侵权行为诉讼的新的形式，被告就是那个"公开或使用另外一个人商业秘密的人"。波斯纳法官曾经对商业秘密进行过经济的分析。他区分了两种商业秘密的方法论，一是人类好奇心的本性，也就是说每个人都有窥视他人秘密的心理，这是商业秘密的目的论，二是追逐利益的本性，也就是利用商业秘密谋取自己的经济利益，这是商业秘密论的工具论。他自己采用工具论的方法，他认为，任何秘密都有着商业的价值，一个人获得和交流这些秘密都要付出成本。商家在进行交易的时候，都愿意掩盖这些秘密，并将这些秘密的成本加入到商品的成本中去。

本案件中，法官责令被告使用"反向工序"方法解释他机器的原理，也就是说，既然你可以造出这个机器，那么你就可以从机器的外观上深入到原理的层面进行解释，从而证明这个机器是你自己造的，而不是侵犯了他人的商业秘密。这是同类案件比较通常的做法。"反向工序"的典型例子是，一家公司购买其竞争对手的产品，然后将产品拆解，以发现该产品生产的秘密工序。被告成功的"反向工序"有可能使他不承担侵权行为的责任。对于"反向工序"的经济分析，波斯纳对此的解释是，商业秘密的侵犯者要为"反向工序"付出较高的成本，而对商业秘密持有者来说，不需要花太多的成本。本案件法官则给被告留了后路，一个方面，法官认定被告采取了这种方法，并要求被告在限定的期限内证明"反向工序"；另外一个方面，法官也认定被告雇佣了原告的前雇员，并利用了原告废弃的旧图纸。因此得出了以上的判决。

* The Anaconda Company v. MetricTool & Die Company, 485 F. Supp. 410 (E. D. Pa 1980)

模仿外观设计的法律责任

模仿他人产品的外观设计，在什么样的情况下构成侵权行为呢？为了不断创新、发展生产力，法律就要保护知识产权人的财产利益；知识产权人对知识产权具有独享权，又可能阻碍技术革新的社会价值。如何在保护知识产权和服务全社会之间取得平衡，是立法者和法官要解决的问题。我们看下面的案例。

原告公司是一家制造香烟打火机的厂家，其主要产品都标有Zippo（芝宝）字样。被告是新奥尔良州的一家珠宝商店，低价出售外观模仿芝宝产品的打火机。被告商店的橱窗里陈列着真正的芝宝打火机，同时也出售假冒此牌子的打火机。原告公司曾经享有芝宝的专利权，但是所有相关的专利权都已过了有效期，芝宝品牌不再受到专利权利的保护。原告公司认为被告的行为是一种经济侵权行为，试图禁止被告陈列芝宝产品，并阻止被告出售仿照品。原告以"不公平竞争"为诉讼理由，将被告告到法庭，请求法院发出限制性强制令。瑞特法官给出了判决书。

瑞特法官称，模仿一个产品的外观设计是不是属于不公平竞争，已经成为了一个热点的法学问题，其中许多问题都难找到一致的答案。其中的原因是在这个问题上存在着经济学观点的分歧，一派学者认为法律要"保护人们的公众权利"，另一派却认为"制造物的形式或设计本身具有财产的权利"，产品外观设计的所有人可以在经济社会中因该形式或设计得到回报。法官认为，大多数案件所确认的规则是：如果没有得到著作权或专利权的保护，那么外观形式或外观设计的财产权要让位于社会的公平竞争权，公平竞争是一种公共的利益。一旦产品的外观形式或外观设计过了有效期，它就变成了公众的财产，而且，如果没有证据来证明存在着欺诈，那么竞争者可以随意地复制该外观形式和外观设计。

法官接着说，一个制造商要保护其产品的外观形式和外观设计，他就要证明侵权行为人的产品外观形式或外观设计与他自己产品的外观形式和外观设计相一致，而且，因为这个一致性，购买者被误导去购买侵权行为人的产品。在本案中，没有疑问的是，被告出售的打火机复制了原告产品的外观形式；但同样没有疑问的是，除了外观形式和外观设计外，被告所出售的打火机没有什么地方与原告所生产的打火机具有一致性。事实上，被告所出售打火机的底部都明显地标有自己的商号，甚至还刻了"日本制造"的字样。在这些情况下，我们难以认定，有理智的一般大众可能或能够被这些打火机所混淆或者误导。

原告公司对芝宝的专利权已经丧失了很长时间。按照法律的原则，想要保持这种独占权，专利权人就必须申请延长这种独占权，从而阻止公众使用这种专利产品。但是，一旦一项专利失效，那么其权利连同被保护的产品就都变成了公众的财产。这个原则同样适用于原告公司的这个诉讼，这就意味着，希望以低价获得芝宝式打火机的购买者，有权利低价购得一个；愿意满足这种需求的竞争者，有权利生产或者销售这种式样的打火机。人们容忍了专利权的独占之后，现在他们有了这种权利。

最后法官作出了有利于被告的判决，否定了原告所要求的禁止令诉讼请求；但是同时，法院也发出一项暂时性的强制令，禁止被告使用芝宝的名称，不允许被告在其出售的商品周围陈列芝宝的产品广告。*

我们一般把专利分为三类，一是发明，二是实用新型，三是外观设计。专利法目前各国都有专门的法律，在法学领域，也有了专门的知识产权法学。从广义上说，侵犯知识产权也是一种侵权行为。本案件就是关于外观设计的一个案件，其主要的含义是：如果一个产品的外观设计在专利权的有效期内，那么专利人就享有独占权；如果过了有效期，该专利权就变成了公共的财产。前者保护的是知识产权，后者保护的是公平竞争。

本案所提出来的问题处在这两个极端之间，过了独占期的外观设计是否受到法律的保护？在法律实践中存在着不同的看法。通常的看法是，如果仿冒者的产品足以误导消费者，或者仿冒者通过不正当的手段仿冒，他就要承担侵权行为责任，这种侵权行为属于广义"不正当竞争"经济侵权行为的一部分。

但是在实践上，法律则更多地保护商业公平竞争的权利，以维护社会的公共利益。美国《法律重述·侵权法》说，如果一个商家的产品不受到著作权或者专利权的保护，那么商业竞争者就有权复制或者模仿该产品的外观。只是在特定的情况下，仿冒者承担侵权行为责任，这些情况包括：第一，仿冒者以不公平的方法复制；第二，仿冒者以欺诈的方式误导公众；第三，仿冒的逼真效果使公众误将仿冒品当作了真品。

在英国法中，与这种侵权行为接近但更加广泛的，存在着一种侵权行为形式，称为"假冒"。典型的案件是发生在1979年的一个英国案件。原告制造了一种饮料，命名为 advocaat。被告也开始生产一种叫"古英国 advocaat"的饮料。原告向法院申请禁止令，禁止被告使用 advocaat 的名字。此案最后上诉到贵族院，笛洛克勋爵分析了"假冒"最基本的要素：第一，不实陈述；第二，一个交易者在交易过程中做出；第三，该不实陈述的对象是他预期的客户，或者是他产品或者服务的最终消费者；第四，如此行为损害了原告的商业利益或者商誉；第五，对原告的商业利益或者商誉造成实际的损害。在这个案件中，因为原告所使用的名称区别于他人的名称，法官判定原告有权获得禁止令。

在我国，侵犯外观设计与假冒的法律规定是分开的，前者属于专利法或知识产权法，后者属于不正当竞争法。我国《反不正当竞争法》第五条规定了如下假冒行为：第一，假冒他人的注册商标；第二，擅自使用知名商品特有的名称、包装、装潢，或者使用与知名商品近似的名称、包装、装潢，造成和他人的知名商品相混淆，使购买者误认为是该知名商品；第三，擅自使用他人的企业名称或者姓名，引人误认为是他人的商品；第四，在商品上伪造或者冒用认证标志、名优标志等质量标志，伪造产地，对商品质量作引人误解的虚假表示。

---

* Zippo Manufacturing Co v. Mannevs Jewelers Inc., 180 F. Supp. 845 (E. D. La. 1960)

电脑软件的法律保护

电脑改变了我们的生活，同时也给我们带来了麻烦。如何保护电脑软件，在法律领域算是一个新的问题。我们来看一个美国的案件。原告是苹果计算机有限公司，它制造个人电脑和编写电脑程序即软件。被告富兰克林电脑公司制造了一种可以与苹果机兼容的电脑，因此，苹果公司的软件可以在被告公司所生产的机器中使用。为了实现兼容性，被告公司复制了苹果机的电脑操作程序。这些程序用"客观"编码写成，使用二进制数字系统。这种程序使电脑的内在功能存在于"只读存储"的半导体晶片上。苹果公司起诉，称被告公司侵犯了苹果公司14个电脑程序的版权，苹果公司申请一项强制令，要求禁止被告的使用。被告公司则抗辩说，半导体晶片中所包含的程序不能够获得版权，因为它们是实用的物体或机器的部件。地区法院拒绝发出强制令，苹果公司上诉，后上诉到联邦第三巡回法院，斯洛维特法官发表了自己的看法。

法官说，一部著作要获得版权，就必须是作者的原始成果，它必须固定在能够表达的有形媒体上，比如一部文字著作。"文字著作"的定义不仅包括语言文字，而且包括"数字符号或记号"，这就扩展了"文字著作"这一个普通用语的含义。因此，一个电脑程序，不论它是客观的编码，还是来源编码，都是一种"文字著作"，并且受到保护，未经授权不得复制。客观编码是一种电脑语言，来源编码是用一种人们更易懂得的语言写成的程序，来源编码可以通过电脑的"编辑程序"转换成或翻译成客观编码。

按照被告公司的看法，原告的操作系统程序要么是一个"过程"或者一个"系统"，要么是一种"操作方法"，因此它是不可以获得版权的。苹果公司没有试图使该方法版权化，比如原告没有指令电脑履行它的操作功能。因此，只有依靠专利法，这种方法才可以得到法律的保护。但是，法官认为，这个问题在法律上是一个未解决的问题。一般的规则是，案件发生争议的软件只是一种受到保护的指令，并没有涉及"过程"，操作系统程序中的指令可以启动电脑的操作；如果这些指令在使用手册中用普通的英语写出，以描述启动复杂机器的必要步骤，那么该指令才可以得到法律的保护。操作系统程序可以蚀刻到"只读存储"之上，这个事实本身既不能使一种程序成为一部机器，或者成为机器的一个部分，也不能是机器的同等物。因此，不同的情况，法律保护的方法是不同的：如果"将一个革新的观念变成了实际的操作方式"，那么专利法就为它提供法律的保护；如果"一个观念表达了出来"，那么著作权法就提供版权的保护。

法官最后的结论是：修改下级法院的判决，原审法院拒绝发出强制令存在着错误，发回重审。*

这个案件发生于1983年，是1984年美国《半导体晶片保护条例》之前的一个重要案件。这个案件的意义在于，在没有成文法的情况下，计算机方面的知识产权问题是通过专利法或者著作权法来保护的。

专利法保护的对象可以是一个程序，也可以是一部机器，也可以是一项制造物，也可以是物的成分，也可以是一种植物；专利的典型特点是该产品的有用性和新颖性。著作权法保护的则是著作和音像制品，受侵犯的著作权人可以申请禁止令和要求赔偿。此外，法院可以命令没收并销毁唱片和磁带，故意侵犯著作权的人可以被判处罚金甚至监禁。

上述案件所确立的规则是：当计算机程序蚀刻到计算机芯片上的时候，就变成了一种文字的作品，这类文字作品受到著作权法的保护；如果未经授权复制该晶片，原告就可以向法院申请一个禁止令，禁止被告的侵权行为，同时原告也可以提出赔偿的要求。

1984年美国《半导体晶片保护条例》确立了一种新的知识产权类型，这就是"屏蔽作品"（mask work），它是半导体晶片制造中主要的设备。该产品的创造者有10年期的复制和销售专有权。该法的主要目的是遏制日益猖獗的非法复制半导体晶片的行为，从而在计算机和知识产权这些高科技领域鼓励人们进一步的研究和投资。

在我国保护电脑软件方面，国务院还颁布了《计算机软件保护条例》，规定了保护电脑软件的具体实施办法，于1991年10月施行。《计算机软件保护条例》规定了下列行为属于侵权行为：第一，未经软件著作权人同意发表其软件作品；第二，将他人开发的软件当作自己的作品发表；第三，未经合作者同意，将与他人合作开发的软件当作自己的单独完成的作品发表；第四，在他人开发的软件上署名或者涂改他人开发软件上的署名；第五，未经软件著作权人或其合法受让者的同意修改、翻译、注释其软件作品；第六，未经软件著作权人或其合法受让者的同意，向公众发行、展示其软件的复制品；第七，未经软件著作权人或其合法受让者的同意，向任何第三方办理其软件的许可使用或转让事宜。

在侵犯电脑软件方面，还是作为侵犯著作权案件来处理的。1990年我国制定了《中华人民共和国著作权法》，并于1991年6月1日起施行。依据《著作权法》及其实施条例，电脑软件纳入了著作权保护范围，与文学、艺术和科学作品作者的著作权以及与其相关的权益一起，受到同样的法律保护。在加入国际公约方面，从1980年6月

3日起，中国成为世界知识产权组织的成员国。1984年12月19日，中国政府向世界知识产权组织递交了《保护工业产权巴黎公约》的加入书，1985年3月，我国成为巴黎公约的成员国。1992年10月，我国加入了《保护文学和艺术作品伯尔尼公约》和《世界版权公约》，成为了伯尔尼公约和世界版权公约的成员国。中国在乌拉圭回合的多边贸易谈判中，达成了《与贸易有关的知识产权协定》草案。

* Apple Computer Inc v. Franklin Computer Corp., 714 F. 2d 1240 (3rd Cir. 1983)

通用名称与商标

我国以前有本杂志叫做《读者文摘》，后来美国的《读者文摘》提出异议，我们的《读者文摘》改名为《读者》。我国的全国男子篮球联赛叫 CBA，美国篮球协会 NBA 提出异议，我们没有改。其中的理由是什么？我们看下面的案件。

布劳有限责任公司拥有一个商标，其商标使用在非碳水化合物的啤酒标签上，商标上包含有"LITE"的字样。后来布劳公司将此商标有偿转让给了原告，原告是密勒酿酒公司。原告将"LITE"一词使用在一种啤酒标签上，这种啤酒的热量含量低于原告的正规啤酒产品，这种产品含有碳水化合物。原告曾经较大投入地为该啤酒产品做广告，不久，其他酿酒人也出售标有或刻有"Light"字样的低热量啤酒，被告也是其中之一。原告提起了商标侵权诉讼，地区法院发出禁止令，禁止被告销售带有"Light"字样标签的啤酒。被告不服，上诉到美国第七巡回法院，泰勒法官作出了判决。

泰勒法官首先区分了商标的两种法律保护方式，也就是注册商标的成文法保护和商标的普通法保护。按照原告公司提出的证据，"LITE"是注册登记过的商标，原告享有专用权，但是按照注册登记的内容，该商标只是使用在非碳水化合物的啤酒上，而不是使用在其他的产品上。在本案件中，原告所出售的啤酒包含了碳水化合物，所以登记本身并不意味着原告在碳水化合物啤酒上享有专有权，因此，原告所持有的标签"LITE"只能作为普通法的商标予以保护，而不是以注册登记的商标予以保护。

接着，法官依普通法的原则，分析了商标的词语的构成和法律性质。一般而言，构成商标的术语包括这样一些类型：第一，一般的或普通的描述术语。一般的或普通描述术语通常是一种物品的名称或对它的描述，比如"家用电器"。在任何情况下，这种术语都不能成为一个商标；第二，描述性的术语。描述性术语有时是特别地描述一件物品的特征或成分，比如"晒黑洗液水"。因为这种含义的术语可以描述"申请者商品的特性"，所以它可以变成一个有效的商标；第三，提示性的术语。提示性术语不同于描述性的术语，它要求该术语的接受者或听众通过想象和感性认识来确定物品的性质，比如，用"gobble-gobble"的火鸡叫声来指火鸡。这种术语也能得到保护。第四，任意的或想象的术语。任意或想象的术语，比如"Q-Tips"，这种术语可以与提示性术语一样，得到法律的完全保护，在实践中也不易受到争议。

法官说，本案中"Light"一词已经广泛地运用于啤酒工业，这已经有许多年的历史。它用来描述啤酒的颜色、香味、形体或酒精含量，或者相近特征的联合。没有疑问的是，州成文法将"Light Beer"当作了一般的或普通的描述性术语。当"Light"一词用于啤酒时，明显的是一种通用描述性词语。即使原告赋予其轻度啤酒的独特含义，他也不能要求享有一种专用权，不能将普通描述性的"light"一词作为该种啤酒的商标来使用。如果其他酿酒人所酿制的啤酒同样具有"轻"质量时，那么这些酿酒人仍然可以称其啤酒为"Light"啤酒。法官总结说，"Light"一词以及其语音的对应物"Lite"，是一种适用于啤酒上的一般的或普通描述性的术语，不能成为原告的商标而享有专用权。最后的结论是，修改原审法院判决，撤销下级法院的禁止令。*

商标首先是指一项产品或者服务的来源，从生产者或者服务者来说，使用商标可以使自己的产品或服务与其他同类的产品或服务区别开来，从消费者的角度来说，通过商标可以便利地购买他们喜欢的商品或服务。因此，当商家使用他人商标的时候，就足以误导消费者，对商标持有者和消费者来说都是损失。在这个时候，商标的法律保护也得以产生。本案件比较全面地反映了美国商标的法律保护实践，商标法既是知识产权法的一部分，也是侵权行为法的一部分，在侵权行为法中，对商标的侵犯属于经济侵权的一部分。

美国是一个联邦制的国家，对商标的保护既存在着全美的联邦法，也存在着各州的商标法；在法律渊源上，既存在着有关的成文法，也存在着成文法之外的普通法。在这个案件中，联邦法院适用的是普通法。我国也有专门的商标立法，属于知识产权的一部分，侵犯商标的行为也是一种不正当的竞争行为，《反不正当竞争法》有着专门的规定。

这个案件的独特之处是阐明了"通用名称"不能够成为商标的道理，比如，全聚德生产了"北京烤鸭"，享有"全聚德"的商标。假设甲公司也生产烤鸭，称为"金聚德烤鸭"，乙公司也生产烤鸭，称为"北京烤鸭"，那么甲公司侵犯了全聚德的商标，因为"金聚德"足以让消费者误认为"全聚德"。乙公司不构成商标侵权，因为"北京烤鸭"是一种产品的通用名称。实际上，一个词是否能够成为商标关键之处是看这个词是否具有它字面含义之外的第二种含义？公众是否将此名称与生产商、制造商或其他商家的产品和服务联系起来？但是，产品的通用名称即使有了第二种含义，也不能够成为商标。

按照经济分析法学的看法，其基本的经济学基础是减少消费者"寻找"的成本，也就是说，当消费者发现产品或者服务出现问题的时候，可以直接找到产品和服务的商家。在这个意义上，商标反过来刺激了商家的质量意识。当商家为了扩大销路增加商标宣传的成本时，商家可以把这些成本转到产品或者服务的价格上去，由于著名商标降低了消费者的相关成本并保证了较好的质量，商标本身也具有了价值。法官在本案件中，列举了三种商标的形式：通用名称、描述性术语和提示性术语。按照波斯纳的经济分析，提示性的商标是想象的产物，其组合是无限的，因此，商家发明和宣传的成本最小；描述性的商标，则要让消费者认同以区别其他同类的产品或服务，成本较高；而通用名称则不可以用来作为商标名称，因为反过来说，如果通用商标可以被人垄断，那么商标持有人就是对其所有的竞争者增加成本。

* Miller Brewing Company v. Heileman Brewing Company, 561 F. 2d 75 (7th Cir 1977)

通用名称的第二重含义

"可口"和"可乐"是中文的两个常用词,从这两个词中怎么也不会让人将它们与饮料联系起来。但当美国人把这两个词连接起来并作为他们产品名称的时候,"可口"与"可乐"就有了新的含义,"可口可乐"成了一种不可侵犯的商标。"可口可乐"区别于"可口"和"可乐"之处,就在于可口可乐具有该词语的第二种含义,因为这第二重含义,它受到商标法的保护。

原告有一个称为"达拉斯牛仔"的拉拉队,原告雇用一些女士在橄榄球比赛中进行常规表演。原告还特许他人生产和分发海报、日历、T 恤衫和其他产品,这些产品上印有穿着制服的拉拉队队员。制服的特征是白长靴、白短裤、镶蓝的白腰带、蓝色罩衣和镶白背心。被告有一家电影院,电影院里正放映着一部叫"多碧在达拉斯游荡"的色情片。在电影里,多碧想成为一个"达拉斯女牛仔",她和她的朋友进行色情表演以获得游资。多碧有 12 分钟的镜头穿着制服,其制服与原告拉拉队的制服"惊人的相似"。电影广告将她称为"达拉斯拉拉队的 X 号",然而原告从来没有聘任过她。原告认为被告违反了兰哈姆商标法和纽约反财产减损成文法,将被告诉诸法庭,初审法官发出禁止令,命令被告停止侵害。被告不服,上诉至联邦第二巡回法院,巡回法官范·格拉菲兰德作出了判决。

法官说,被告提出来的问题首先是:原告对其制服是否享有有效的商标权？被告的看法是，制服只是演出用的道具，纯粹是一种通用产品，它不能够成为商标。法官说，一件物即使只具有通用产品的性质，我们也不能够完全把它排除在商标之外。原告并没有对其所有的服装要求商标专用权，而只是对颜色和装潢的特定组合要求商标专用权，因为这种组合使他们的拉拉队与其他队区分开来。一般的规则是，如果一个设计不仅是通用性的，而且具有了第二重另外的含义，那么即使具有通用性，它也可以成为一个商标。也就是说，一个产品可以用作通用品，但这并不意味着它不具有原创性；特别是当产品的装潢部分不是通用的时候，情况更是如此。就本案而言，白长靴、白短裤、镶蓝的白腰带、蓝色罩衣和镶白背心是一个任意的设计，这个设计使通用性制服具有了商标的专用权。

被告提出的另外一个问题是，按照兰哈姆商标法，被告的产品必须误导人们，将被告的产品与原告的产品相混淆。被告称，一个理智的人不会认为他们的电影来自原告。法官说，被告过于狭隘地理解了"混淆"的含义。只要公众相信商标的所有人赞助了被告或者同意被告使用了商标，就符合混淆的要素。本案中，"多碧在达拉斯游荡"中的制服无疑会让人们联想起达拉斯牛仔拉拉队。从事实上看，凡看过被告黄色电影的人无不联想起原告的拉拉队，这种联想就是一种混淆，从而导致毁损原告的服务，损害原告的商业信誉。法官并且援用先例来进一步解释混淆的适用。

法官总结说，商标法的目的不仅是防止消费者混淆，而且要保护"商标所有人维持其产品信誉的权利"。初审法院认定原告成功证明了原、被告使用标记的相似性，按照商标法，原告有权获得禁止令，有权对不公平竞争和财产减损得到法律的救济。结论是维持原判。*

这同样是一个商标侵权的案件。在上一个案件中，我们说在美国法中，商标侵权的法律是州普通法的一部分，而联邦也有关于商标的成文法。一般来说，实体性问题有赖于州法规则，联邦法只涉及管辖权和程序方面的规则。关于商标注册的联邦法就如以上案件中提到的兰哈姆商标法。在商标成文法产生之前，普通法对于商标也有着类似的保护。在早期的普通法中，一个消费者要买张三生产的产品，而销售者故意把李四生产的同类产品卖给消费者。我们通常的叫法是"挂羊头卖狗肉"，这样故意蒙骗消费者的行为是一种故意的侵权行为。更复杂的情况是，不是拿李四的产品来替代张三的产品，而是将李四的产品包装成张三的产品卖给消费者。最复杂的误导消费者的方法就是侵犯他人的商标。是否构成商标侵权的尺度就是要看，消费者是否可能被误导。

商标由文字、字母、记号和符号，以及颜色和形状的组合构成，商家依此将自己的产品、服务或者商业与他人区分开来。商标法的目的之一就是为了公平竞争，现在我们称之为知识产权；商标侵权，实际上就是侵犯了商标的专用权，而这就意味着原告财产价值的减损。

上述案件涉及了商标侵权的两个经常出现的问题：第一个是，通用性的标记如何成为商标？法官的说法是这个标记具有了"第二重含义"，也就是说，在一定的期间内，公众将某种产品当作特定某个生产商、制造商或者销售商的产品或者服务。比如我们在开头举的那个例子，当"可口"与"可乐"叠加起来成为一种饮料的专用术语后，它就产生了第二种含义，因而受到商标法的保护；第二个是，如何解释公众将原告的商标与被告的商标"混淆"起来？这可以是直接的商标盗用，也可以采取近似的标记，也可以采取相似的包装等。

其实，这个案件还涉及所谓商标价值减损的问题。"达拉斯女牛仔"色情表演队是否降低了"达拉斯牛仔"拉拉队的商标价值？因为色情队的服务不同于拉拉队的服务。人们会不会把拉拉队与色情队联系起来？甚至因为反感色情队而不喜欢拉拉队呢？再比如，甲生产一种"十七岁"的杂志，乙生产"十七岁小姐"的腰带。他们两个人不是商业上的竞争对手，而且，购买杂志的人不会把杂志当做腰带，购买腰带的人不会把腰带当做杂志。但是，可能造成消费者的错觉的是，杂志社赞助了腰带厂，或者允许腰带厂使用同样的商标。在特定的情况下，消费者的联想也许会减损杂志的商标价值。为了解决这个问题，一个方面，商标持有者尽可能地将其商标在所有的商品分类中予以注册，另外一个方面，美国许多州制定了反减损的成文法，作为普通法商标保护的补充。

---

* Dallas Cowboys Cheerleaders, Inc. v. Pussycat Cinema, Limited, United Court of Appeals, 2nd Circuit, 1979. 604 F. 2d 200

谁对消防队员人身安全负责？

"9·11"事件中，一个消防队员在抢救一个受困在废墟中的伤员时受伤。被救者可以找拉登索赔，消防队员可以找拉登请求侵权赔偿吗？拉登也许会说：我指使部下摧毁了世贸大厦，在大楼中受伤的人，我有赔偿的责任，而消防队员是自己给自己找的麻烦，与我无关。拉登的说法有道理吗？

原告是一位消防员，他受命与其他消防队员一道去被告家救火。被告的房子正在修建中，未完工的房子浓烟弥漫。调查显示，起火的原因是粉刷工使用的烤箱或者地下室里的油炉，这些东西用作灰泥干燥和为建筑工人供热。有证据表明，如果处理得当，蝾螈就不会冒烟，但需要有一个人全天候看护。事故一、两天前曾经发生过冒烟，被告也知道这个情况。房子正在施工中，也未安装电灯。原告首先检查了房屋的上层房间，没有发现火的蔓延，然后他转向底层。楼梯扶手尚未安装，他试着踏上房屋的台阶。烟尘已经堆积，看上去就像是楼梯。原告一脚踏上去，结果是踩空、落下和受伤。他起诉了房主，也就是被告，他同时也是总建筑者。初审法院作出了有利于原告的判决，被告上诉。上诉院修改了初审法院的判决，此案最后上诉到新泽西州最高法院。

维因特劳博首席大法官提出了他的法律意见书，他认为本案首先要解决的问题是消防队员的法律身份。为了公共的利益，他进入了他人的土地中，因此他不是一个非法闯入者。通常的说法是，他被视为一个有权利进入他人土地的人，而不是一个受邀请人。但大法官认为这也是不准确的，他以为，消防队员不属于这两类人，因为他的进入既不要求房主或者使用人的许可或者邀请，他们也不会对他的进入予以否定。因此按照传统的分类，消防队员的法律身份不属于任何一种。大法官说，如果随意地贴上一个标签，人为决定他们的法律结果，那是不公正的。

大法官设问，在什么样的情况下所有人或者使用人对受伤的消防队员承担责任呢？他说，不可争议的是，本案中的消防队员受伤是在可以预见的范围之内，不过，可预见性与责任并不总是并存的。这个问题的最终答案是一个社会政策问题，法官要从相关的因素中抽象出公平和正义的原则。一般地讲，所有人和使用人对消防队员不承担过失的责任，根本的理由是：在这样的情况下要适用"原告自愿承担风险"的原则。也就是说，消防队员的工作就是要从事救火这样危险的事业，他没有权利就失火的问题提出"过失"的权利要求。就义务的术语而言，谁都没有一种要对消防队员尽到注意的义务，因为消防队员所受到的训练和得到的报酬就是要救火。多数情况下，发生火灾基本上都是因为某种过失，但是，要让过失失火者或者失于防范火灾的人对受过训练的人员承担人身伤害的责任，从公共政策上考虑是难于成立的。按照通常的做法，受伤的消防队员应该从他的工作中得到合适的补偿，这个补偿既包括他从事危险行业所得到的相应收入，也包括该本身危险作业所要发生的劳动赔偿。

当然，也存在着规则的例外。如果要房屋的使用人对消防队员承担侵权责任，就要求前者违反了成文法或者成文条例并造成了不可避免的火灾。此外，使用人没有利用合适的机会来警告消防队员，让他们知道存在着隐藏的危险，他也要对消防队员的人身伤害承担责任。但是，大法官说，本案件不存在着这样的情况。因此最后的结论是，维持上诉院的判决，也就是说，消防队员不能够从房主那里获得赔偿。*

　　这个案件涉及的问题比较多，有些问题我们在前面的案件中已经涉及，有些问题还要等到后面进一步阐述。第一个问题是：房子的占有人或者所有权人对消防队员是否承担"过失"的责任。在这里，法官否认了这种说法，要构成"过失"，首要的一条就是要被告对原告存在一种"注意"的义务。这个问题如同我们已经说过那种情形：站在阳台上的妈妈看见儿子被车撞倒后流产，肇事司机对这个妈妈有注意的义务吗？答案是：没有。在这个案件中，法官同样认定，房屋的主人对消防队员没有注意的义务，因而不产生过失的责任。第二个问题是：公共政策在法律中的地位。在本案件中，法官认为，不设定房屋主人对消防队员的注意义务，原因就在于一种公共政策。这个问题，我们也不陌生，卡多佐大法官在许多案件中都谈到过这个问题。第三，法律中的公正问题。在本案件中，法官把上述两个问题的理论依据上升为公正，可惜，法官不是哲学家，谈得不透彻。第四，房屋的占有人或者所有权人对进入房屋的人承担什么样的责任。对这个问题，法官只是予以否定，没有展开论述。法律原理是房主对不同身份的人承担不同的责任。英国法将这个问题作为专门的侵权诉讼形式，而美国法将这个问题作为"过失"的特别情况处理。这一类的案件，我们后面还会涉及。

　　这个案件确立了这样的一个规则：消防队员的工作就是从事危险的活动，他从事这项工作的回报是他得到的报酬和劳动保障，如果在其职业范围里受伤，他就不能够从房屋的所有人或者使用人那里获得赔偿。这个规则称之为"消防队员规则"。消防队员是一个"有权利进入他人土地的人"，因此房主只因为故意或者恶意的不当行为才对消防队员承担侵权行为责任。

消防队员的这类工作有时候称之为"职业的危险承担人",因为这个缘故,"消防队员规则"也扩展至履行职责进入他人土地的警察。如果原告不是一个有法律义务的救助者,而且因为其救助活动而受伤,那么原告可以从过失失火的房主那里得到补偿,这时,适用的法律原则是"救助原则"。这里,职业的危险承担与自愿承担风险有相似之处,不同的是,自愿承担风险得不到任何的补偿,而职业的危险承担可以从他的工资和社会保障中得到补偿。

这个"消防队员规则"被美国各州的法律广泛接受,有的州则作出一些限制,比如,只限定于"过失失火"或"未减少火灾"的情形。但是在英国,这个规则受到了批评,一位勋爵评论说,英国法律中肯定不会承认美国的这个"消防队员规则",英国的法官们觉得这样的规则过于苛刻,对消防队员不公。

* Krauth v. Geller, Supreme Court of New Jersey, 1960. 31 N. J. 270, 157A. 2d 129

工伤意外事故及其赔偿

坐办公室的人容易得上脊椎病，井下的矿工容易得矽肺病，这些疾病我们有时称为职业病。职业病从形成到发病经常需要很长的时间，而且证明疾病源于职业也存在着很大的困难。患上了职业病，有的人对雇主提起侵权行为诉讼，有的人则请求劳动保障。问题是，职业性的、缓慢形成的疾病是否可以得到工伤事故的救济？下面的案件，就是这样一个案件。

科吉比尔是弗吉尼亚电力公司雇佣的操作员，工作要求她坐在办公室里的一个软座垫椅上。她证实只要她愿意，她就可以"来回走动"。1980年4月19日，电力公司公开拍卖剩余的汽车，科吉比尔直坐在敞蓬车硬后背的椅子上，膝盖上放着一个写字板，她在写字板上记录着竞标。她连续弯腰工作了3个半小时到4个小时。在拍卖的时候，她的后背就"开始折磨她"，那天晚上开始出现疼痛。在接下来的周一、周二和周三里，科吉比尔继续正常工作。周四，她的领导建议她去看公司的医生。医生让她去看一个整形医生，该医生诊断出4月19日拍卖会上长时间的坐姿使她的脊椎拉伤。记录进一步表明，科吉比尔以前后背就不适。1969年至1975年6月23日，她请过111天的病假，这部分与她的后背有关。1977年10月到1978年3月，她因跌倒而生的背伤休假20天。自1978年3月，她没有请过病假，也没有就背伤或者背疼接受过治疗。

1980年5月5日，科吉比尔向工业委员会提出申请，寻求背伤赔偿和医疗的利益。该委员会认定申请人遭受到了工伤意外事故。1980年12月8日，委员会判定申请人获得赔偿。电力公司向弗吉尼亚最高法院提起了上诉，认为委员会的认定存在错误。汤普森大法官代表多数提出了他的法律意见。

大法官援引了先例，提出了本案件可以适用的规则。他说，构成工伤要求"身体上明显和突然的机械或者结构性改变"。这里要求申请人证明，意外事故的伤害"源于合理时间里发生的意外事故"。大法官认为，科吉比尔的情况是：第一，导致她受伤的行动，在性质上与她平常的工作是相似的，并不需要不同的或者异常的活动。科吉比尔称弯腰、硬椅、久坐综合导致了她那天的活动显然不同于她平常的工作。大法官说他不同意她的看法，认为两者不存在区别，两种工作要求坐姿，要求科吉比尔写。在拍卖会的时候，她也可以自由地站立，但是她没有选择站立，因为坐着更方便。而且，硬背椅和软座垫都不是实质性要素。第二，科吉比尔没有遭受突然、明显机械或者结构性的变化。她的后背折磨她，后来是更加疼痛。她不能够准确地描述什么时候开始疼和什么导致她的疼痛。她要求法院支持她的看法，即认为长时间的坐式和弯腰导致了她的伤害。她的根据是先例中的一个定义，这就是：把意外事故定义为一个不同寻常的和没有预料到的事件。大法官说不同意这样的看法，他认为《工人赔偿条例》在保障员工和家属的利益，应该对它进行扩大地解释以实现它人道的目的。但是这样扩大的解释并不意味着这个条例应该变成一种健康保险的形式。有了这个原则，大法官说科吉比尔的活动属于正常的活动范围，不能够认定她的活动具有任何特定意义上的超乎寻常性质。她的伤是缓慢发展的，而不是突然发生的。因此大法官认定，坐式导致的伤害不是意外事故伤害。

法院最后的结论是：修改工业委员会不利于弗吉尼亚电力公司的

判定，最终判决撤销科吉比尔的申请。*

这是一宗涉及因工作或者劳动活动而发生的损害赔偿案件。按照法官的论述，这个方面的一般原则是：在工作过程中或者因为工作的缘故，雇员死亡或者伤残，不管是否存在主观过错，雇主都要对其雇员提供赔偿。这是一种雇主对雇员的责任，这是一种"人身的责任"。雇主的这种"普通法"责任是指雇主要对其雇员的安全尽到"合理注意"的义务，其中的标准也就是"过失"侵权行为中的注意标准，即合理审慎的标准。具体而言，雇主的"注意义务"涉及：第一，选择雇员；第二，关于工厂，设备和房屋的规定；第三，工作系统的安全规定。在工厂、设备和厂房规定方面，首先，雇主要尽到所有合理的注意义务、采取所有的技巧来保证其工厂和设备的安全。其次，雇主必须采取所有合理的步骤来保障房屋的安全，减少他能意识到的危险。在工作系统安全的规定方面，一个雇主除了提供充分的职员和设备外，还必须把他们结合成一个安全的工作系统。比如英国有一个1920年的案件，被告是一个码头装卸公司，为了保障雇员的安全，船中必须要有一架入船的绳梯，这架绳梯还要固定在一个永久性的铁梯上。被告没有安装这样一个永久性的铁梯，结果原告在使用绳梯时受伤。判决的结果是，被告要承担责任，他违反了"提供安全和充分设备"的普通法责任。这是法律对雇主对雇员责任的一般规定。

安全保障责任应该包括"意外事故伤害"而发生的责任，与一般劳动救济不同的是，意外事故的特殊补偿有其特定的要求，这就是，只有当雇员受到"意外事故"或者"意外事故伤害"的时候，他才可以得到赔偿，上面这个案件就是这个方面的一个典型案件。在这个案件中，大法官着重分析的问题是，科吉比尔的腰伤是否构成一种意外事故伤害？大法官将这个方面规则的关键归结为"明显和突然的机械或者结构性改变"，特别强调了伤害事件活动与员工平常工作之间的相似和相异之处，以及伤害是突发性的还是缓慢发展的，由此来确定雇主对雇员的责任范围。如果是慢性病，可以得到劳动保障而不应该得到意外事故赔偿。

早期的法律救济依赖于侵权行为诉讼，到了当代，英美法系国家，乃至美国各州都有了劳动赔偿方面的成文法。这也反映了法律发展的一些新的思路，这些成文法一般都更多地保护劳动者的利益。英国1969年的《雇主责任（瑕疵设备）条例》规定，如果雇员在雇佣期间，因瑕疵设备而受到人身伤害，且该设备是雇主为其商业目的而配置，那么即使有第三人的过错，不管是部分的过错还是全部的过错，也不管这种过错是肯定性的还是否定性的，雇主也要对雇员的人身伤害承担责任。从普通法对劳动伤害的救济到成文法的发展，也意味着侵权行为法到劳动保障法的发展。

* Virginia electric & power Co. v. Cogbill, Supreme court of Virginia, 1982. 223 Va. 354, 288 S. E. 2d 485

飞机失事与举证责任

飞机失事，罹难者家属要航空公司赔偿，航空公司是无条件地赔偿罹难者家属呢？还是要罹难者家属证明飞机驾驶员存在着过失，或者飞机存在着安全隐患呢？假如要让罹难者的家属证明航空公司存在着过错，那么罹难者家属面临什么样的问题？他们能够证明航空公司的过错吗？我们看下面这个真实的案件。

被告是一家航空公司，其两架飞机起飞时气候正常。两架飞机平行飞行，后在阿拉斯加遭遇到了大雪崩。在50到100英尺高度的时候，其中有架被称为"空中走道"的飞机右转，消失在另外一架飞机驾驶员本尼狄克的视线之外。证人查尔斯和凯兹看见失事飞机落向他们家小屋附近，几秒钟后坠毁，发动机声音没有变化。凯兹看到飞机残骸头朝下垂直落在阿拉斯加的一处海滩上。所有的乘客连同飞行员全部遇难，乘客家属提出了对航空公司的诉讼。原告的事故专家证实，飞机坠毁是因为飞行员失误而导致飞机失控和自旋。他还说飞行员违反了"联邦航空管理可视飞行规则"的规定。本尼狄克证实，失事飞机的驾驶员在寻找芝加哥夫海滩时，不巧碰到了树丛而不得不急剧上升，结果导致飞机失控。而被告方称事故的原因是恶劣的气候，其证言显示飞机坠毁时当地存在着恶劣的湍流。专家也证实说飞行员遭遇雪崩、试图降落而后不幸失事。

初审中，原告要求法官指导陪审团作出过失的推定，但是遭到了法官拒绝。法官认为，事故本身并不能够充分保证认定为过失。陪审团因此作出有利于被告的判决,原告上诉,最后上诉到了阿拉斯加的最高法院,首席大法官布奇佛进行了法律的分析。

首席大法官首先区分了过失和推定过失的适用问题。他认为,在这个问题上存在着不同的看法,阿拉斯加的法院并不否定过失推定理论的适用。如果原告可以认定事故是由于被告的过失,那么就要适用"充分解释"的标准,而不适用举证责任倒置或者"事物自道缘由"的举证原则。然而在这个案件中,存在着相当程度的不确定性,比如不知道飞机自起飞到芝加哥夫岛海滩的精确航线,也不知道飞机坠毁前事故的准确结果。如此,我们就没有掌握直接的证据。在这样的情况下,如果原告可以向陪审团提供可能的解释,我们就不能够不让他们申请适用举证责任倒置的原则。

首席大法官接着分析了所谓"更多知晓"问题,也就是说,只有当被告比原告更多地知道事件的性质和事故原因的情况下,才有可能适用举证责任倒置的举证原则。在本案中,高等法院否定适用这个原则,原因是他们认为飞机坠毁时,飞行员和乘客同样不知道导致飞机失事的事实和原因。如果双方对事故发生的知晓是一样的话,那就排除了适用这个原则的可能性。为此,首席大法官分析了适用"事物自道缘由"举证原则的三个先决条件:如果不存在过失,事故通常就不会发生;被告排他性地控制着机器设备;原告不存在着自愿行为或者过失相抵的行为。如果没有任何记录说明原告存在着过失,那么就应该认定原告没有妨碍飞行员的驾驶活动,因为这样更具有说服力。气候的原因可能会否定适用"事物自道缘由"的举证原则,这要依据具体的环境,但是在航空案件中,法院一般都适用这个原则。飞行过程中因为湍流而发生的颠簸、倾斜或者急拉所导致的旅客伤害,不适用这个原则,而在飞机坠毁案件中,一般适用这个原则。首席大法官说,航行的一般安全的记录和现有的航空技术使我们相信:即使在恶劣的天气下，如果不存在过失，飞机坠毁事故一般就不会发生。而且飞行本身现在也并不被视为一种具有内在危险的活动。

首席大法官最后的结论是，在本案中，我们没有理由拒绝适用"事物自道缘由"的理论，不对陪审团给出这样的法律指导是错误的。*

在飞机失事的案件中，如果航空公司无条件地对受害者承担赔偿的责任，那么法律上叫做航空公司承担严格的赔偿责任；如果要求受害方拿出证据来证明航空公司存在着过失，那么法律上叫做航空公司承担过错责任。在后一种情况下，按照普通法的传统，要让被告承担过错责任，那么举证责任要让原告来承担，法律上叫"谁提出权利要求，就由谁承担举证的责任"，也就是让原告证明被告存在着过错。但是，在航空失事的案件中，让普通的旅客及家属来证明专业的航空公司存在着过错，几乎是不可能的，双方的专业知识、信息掌握、仪器设备相差太大，他们之间处于不对等的地位，如此，就对普通旅客很是不公平。为了解决这个问题，法官们设计出了一个中间的方法，也就是介于航空公司无条件赔偿和旅客及其家属证明航空公司过错的折中。这就意味着，要航空公司赔偿损失，需要证明航空公司有过错，但是，不让旅客及其家属证明航空公司有什么错误，而是让航空公司自己证明不存在错误。如果航空公司证明不了自己的"清白"，那么它就要承担赔偿的责任。法律上，这个原则在举证方面叫做"举证责任倒置"，或者"事物自道缘由"，在归责责任方面，叫做"推定过失"。

法官在这个案件中深入细致地分析了举证责任倒置的适用条件，也就是三个方面的要素。他也区分了原告"充分解释"的举证责任和"推定被告过失"的情况。原告充分解释与航空公司无条件赔偿，是承担责任的两个极端。在前一种情况下，原告想主张权利，他就要承担举证的责任。在后一种情况下，没有必要探讨被告的主观状态。特定情况下，比如这个案件涉及的飞机坠毁，可以适用过失推定责任，也就是说"推定被告存在着过失"，因此由被告承担责任。在英美国家，推定过失是过错责任原则的一个特殊情况，我国的有些法学家把它与"过错责任"和"严格责任"并列。

"过失推定"经常与"事物自道缘由"联系在一起，但是，他们之间毕竟不同，严格地说，"过失推定"是侵权行为法中的一个基本的归责原则，而"事物自道缘由"是一具体的举证责任倒置的法律方法。在具体的案件中，法官的分析还是集中于"事物自道缘由"，采用这种举证责任的方法而适用了过失推定的原则。本案中，大法官对飞机坠毁这类案件的分析，还是限定在飞行员是否有过失或者航空公司是否有过失问题上，以此确定被告的责任。而在英国法中，这类案件涉及"危险结构"或者"危险不动产"的侵权行为责任，因为航空飞行本身就是一种高度危险的活动，因为危险所以承担严格责任。在这样的案件中，结构或者不动产的使用人承担近似严格的责任，此外，此类案件都已经有了专门的成文法。

* Widmyer v. Southeast Skyways, Inc., Supreme Court of Alaska, 1978, 584 P. 2d 1

"开脱责任条款"的法律效力

上一个案件讲的是飞机失事,航空公司被推定为过失,要承担侵权赔偿责任。这一个案件也是飞机出故障,原告受伤,但是法官没有支持原告,也没有推定飞机持有方存在过失。原因是原告与被告之间存在着一个免责的合同,合同排除了被告的责任。这种单方面的合同有效吗?我们看看本案法官的分析。

原告是一个飞机跳伞爱好者,被告是一家跳伞娱乐公司。原被告双方签订了一份书面的合同,依照该合同,原告有权使用被告的飞机跳伞设备,其中包括起跳所要使用的飞机。飞机起飞之后不久坠毁,原告严重受伤。原告提起侵权行为诉讼,称被告过失以及故意和不负责任的渎职行为。被告则称只对飞机失事承担过失责任,而对原告的损失不承担责任,因为他们之间的合同明确规定了"开脱责任的条款"。这条规定:"2A:免责。当原告进入公司场地或者登上飞机的时候,或者参加任何本协议规定活动的时候,不管发生了什么样的损失、损害或伤害,原告都要免除公司、公司的所有人、官员、代理人、服务人员、雇员和出租人的责任。"初审法院作出了有利于被告的判决,上诉院也认定原告应该受该合同的约束。此案最后上诉到了科罗拉多州最高法院。艾里克松大法官就两个基本的法律问题作出了解答。

首先的问题是原被告双方的合同是不是一个所谓"服从合同"?服从合同是由商业实体单方起草的合同,它对非自愿的和经常不知内情的大众实施一种强制性服务,而且它所提供的服务不能够从其他途径得到或者获取。一个服从合同通常不是经过讨价还价得来,而是基于"要么服从要么放弃"规定而设立的公众必要服务。在本案中,原告认为他与被告签订的合同是一个服从合同,因此应该无效。大法官认为,要确立一个合同是不是一个服从合同,不能够只看它是否有"要么服从要么放弃"的文字,而应该看合同双方在交易权力方面是否存在巨大的差异,或者该服务是否不能够从其他的途径获得。要从实体和程序两个方面来判断一个合同是否为服从合同,这是一个应该由法官来判断的问题。大法官说,就本案证据情况上看,合同双方在交易权力方面不存在巨大的差异,而且原告坐被告飞机跳伞也不是他能够选择的唯一途径,因此大法官认定下级法院的判决不存在错误,原被告双方的合同不是服从合同。

其次,原告称"开脱责任条款"有悖于公共利益,因此应该确定为无效。大法官认为,要看一个开脱责任条款是否无效,要考虑四个方面的因素:第一,被告的服务是否涉及社会公共利益;第二,被告提供服务的性质;第三,合同的签订是否公正;第四,当事人的目的是否用清楚和无模糊的语言表达出来。对于前两点,认定该条款有悖于公共利益,就要求被告提供的服务对社会有着重要的不可或缺的影响,而且在被告与原告的交易之间,被告有一种压迫性的和控制性的权力,原告受制于被告,为了防止被告的过失,他要为被告的行为付出更多的费用。大法官说,就本案而言,被告提供的服务不属于这种情况。就后两者而言,证据表明,被告没有强迫原告,可以认定他们之间是公平地达成了协议,而且合同是用清楚和毫无含糊的语言表达出来的。因此,从公共政策上讲,原、被告之间的合同以及"开脱责任条款"不是那种应该撤销的协议。最后的结论是维持下级法院的判决。*

在上一个案件中，飞机事件中的原告较轻易地得到赔偿，在这个案件中，飞机故障中的原告没有得到赔偿，其中的区别我们可以从两个方面来看。第一，在上一个案件中，飞机是在提供航空服务，而在这个案件中，飞机被用来娱乐或者锻炼身体。同样是飞机事件，但是事件的性质不同。航空服务的对象是不特定的社会大众，具有社会公共的利益，娱乐服务的对象是特定的个人，很难说具有社会的利益。因此，在上一个案件中，飞机方对顾客负有的注意义务程度要高，在这一个案件中，飞机方注意的程度低。第二，上一个案件不存在一个"免责"条款，而这个案件有这样一个条款，也就是飞机方单方面提出条件，为自己免除法律上的责任。这个案件的法官详细地分析了这种条款的效力，用法官的观点来看，在上一个案件中，即使飞机方单方面排除自己的责任，也不具有法律上的效力，也就是说，飞机方不能够单方面地排除自己的责任；而在本案件中，这个单方面排除自己责任的条款被法官予以确认。

这个条款涉及所谓"服从合同""开脱责任条款"或者"豁免条款"等问题。拿我们自己通俗的话来说，就是"强者的霸王条款"。比如在电力公司和自来水公司经营活动中比较常见，因为他们独占了重要的社会经济资源。法律上有时候叫"格式合同"，合同双方实际地位不平等，单方面拿出拟定好了的合同，让相对方签字生效。一般而言，现代法律的精神是不承认这类合同和条款的法律效力的，因为合同的本质在于双方当事人真实意思的表示，是双方平等、自由交易的文字载体。格式合同只表示了一方当事人的意思表示，另外一方当事人只是在被动地接受这些条款，这类合同与现代合同精神相悖，而且格式合同以表面平等的法律形式掩盖了合同双方地位的真实不平等。但是，格式合同也有另外的一面，比如工会代表工人集体与工厂主签订的合同，这样排除了工厂主单独与工人签订合同，也保护了弱者工人的利益；而且，合理的格式合同有利于节约成本提高签约的效率。当法律史演进到 20 世纪以后，法律原则开始由"双方意思表示一致"转向"保护社会弱者的利益"，也就是传统合同自由原则到社会公平原则的转变。

但是，一个格式合同是不是"服从合同"或者"霸王条款"并不存在明确的界限，而要看案件的具体情况，其中的尺度是有无"有悖于公共利益的免责条款"。在这个案件中，大法官提出了四个方面的参考因素，很值得我们回味。如果说美国法是通过具体的判例来解决这个问题的话，在英国则有了具体的成文法。1957 年《使用人责任法令》第 2 节第 1 条规定：危险场地（包括固定的危险结构）的使用人有权以协议或其他的方式来扩展、限制、修改或排除他对任何造访者的责任。

* Jones v. Dressel, Supreme Court of Corolado, 1981. 623P. 2d 370

"成文法的规定和普通法的规则"

我们设定三个场景：第一，被告开车上了人行道，撞伤了原告张三；第二，李四在人车混合道中行走，被被告驾车撞伤；第三，王五跑上了高速公路，被汽车撞伤。汽车主在哪一种情况下承担全部的责任？在哪一种情况下承担部分的责任？在哪一种情况下不承担责任？理由是什么？我们看下面的案件。

原告安娜和她的聋哑哥哥沿着公路行走，被开着车的被告从后面撞倒。安娜受伤，她哥哥死亡。原告兄妹的工作是拣拾和出卖垃圾。他们经常在爱斯利普村的焚烧场周围拣垃圾。事故发生的时候，他们走在"日出公路"上，推着一辆婴儿车，婴儿车里放着从焚烧场里拣来的垃圾和木头。那天是12月份的一个星期天，事故发生于傍晚6点或者更早一些时候。这时夜幕已经降临，哥哥当时提着一个点着的灯笼。安娜将被告告上了法庭，陪审团认定事故的原因是汽车驾驶者的过失。被告称他并不否认司机存在着过失，但是他坚持认为安娜和她哥哥因为违反了有关成文法而应该承担与有过失的责任。此案上诉到纽约上诉法院，列曼法官代表多数法官提出了法律意见。

相关的车辆交通法规规定："行人应该停留在公路中心线的左边……这样朝各个方向的车辆都从右边通过他们……"安娜和她哥哥没有遵守这条成文法规则，事故发生的时候，他们在东线或者公路右侧的东面方向行走……初审法官留给陪审团的问题是：不遵守成文法是否是事故的最接近的原因？

　　州警察的证言说，在事故发生的时候，"很少有车朝东行驶"，但是朝西方向的车则是"星期天晚上之车水马龙"。法官认为，采纳了成文法之后，对行人有了相关的规定，普通审慎只是这样的情况：行人不应该将自己置于公路危险之中，如果他能够在较为安全的、较少车辆的道路上行走的时候，就不要在"星期天晚上之车水马龙"的道上行走。这样，行人在公路上行走，按照该成文法，他们的行为就构成"法律上的过失"，因此应该按照与有过失分担相应的损失。法官说，过失是失于尽到法律要求的注意义务。当法律规定了注意的标准和危险所需要的安全的时候，我们没有其他的方式来确定当事人的注意义务。没有遵守成文法的规定从法律的意义上说就是过失。另外一个方面，如果成文法一般规则没有具体地确立过失的标准，而只是编纂或者补充了存在限制和例外的普通法规则，或者成文法为了公共的便利和安全规定了冲突的权利和义务，那么成文法不应该解释成要消除普通法义务的限制和例外，也不应该解释成一种僵死的命令。我们可以合理地断言，立法规定行人保持在车道中心线的左边。是想让他们面对驶来的车辆更好地保护自己的安全，而不是预防从后面来的车辆。

　　法官总结道：按照成文法的解释，如果没有合理的理由，行人没有遵守成文法的规定，他就存在着过错。成文法规定了一般的义务，没有正当的理由偏离了成文法，就是一种不当行为，而不当行为人应该对自己的不当行为造成的损害承担责任。最后的判决是维持原判，也就是被告司机存在着过失，但是原告因违反了成文法而应承担相应的责任。*

　　在现实生活中，交通事故中的侵权行为占了相当大的部分。在公共交通道路上，司机撞了行人是否遵循"撞了也白撞"？曾经引起国人们激烈的争论，有的省市还专门召开过听证会。曾经有一段时间，有的省市采取了司机的严格责任，比如行人翻越车道中间的栏杆横穿马路，被司机撞死，司机要承担全部责任。这又引起社会的争论，认为这样的规定过于苛刻，比如某个行人想用"碰瓷"的方法敲诈司机，如何处理？尚无定论。合理的规则是，应该区分具体的情况，就上面我们涉及的三种情形：在第一种情况下，被告承担全部的责任；在第二种情况下，双方按照各自的过错大小承担责任；在第三种情况下，被告不承担责任。

就本案的法律问题而言，它涉及所谓的"法律上的过失"，也就是说原告违反了成文的交通法，他本身就具有一种过失，因其过失就要承担相应的责任。其法律术语是"本身过失"，有时称之为"违反成文法所发生的责任"。比如，机动车上路必须配备良好的制动系统，这是交通成文法的要求，如果你开着一辆没有制动的车上路，本身就是一种过失。本案件附带的问题的是，被告驾车存在过失，原告违反成文法也存在过失，那么各自承担各自的过失比例，这有时称之为"与有过失"，通俗的叫法叫"过失相抵"。这个问题，我们在前面的案件中已经广泛涉及。

本案件引出的深层法律问题是如何看待"成文法的规定"和"普通法的规则"的关系。法官在本案中的分析颇为精彩，值得仔细品味。一般而言，成文法的效力高于普通法的效力，因为按照传统的民主理论，立法机关代表人民，而法院只是法律的实施机关。但是，因为英美法系传统是判例制，法律的渊源传统上是法院的先例。这就决定了，一个成文法要在实践中应用，还得需要法官进行解释和适用。而且，如何解释成文法？如何将成文法的一般规定应用到具体的案件中？法官在本案中的解释也值得我们琢磨。同样一条成文法的规定，控辩双方也许有着截然相反的解释，而法官的任务之一便是在相互冲突的解释之间找到一个更公平、更合理和更有说服力的解决方案。

我国是一个成文法的国家，法官只适用法律，其判决对以后的案件和下级法院没有约束力，因此如何解释成文法？如何将成文法的一般原则应用到具体的案件中？在这个问题上，中国法官所面临的困难也许比英美国家法官的困难更大，英美法官可以创造法律，我们的法官只能够适用法律。解释过宽，有悖于法治的精神；解释过严，不利于法律的发展；严格按照立法者的含义解释法律，过于保守；按照社会需要重新解释法律，又过于激进。在这个方面，法哲学家们做的研究，学术上称为"法律阐释学"或者"法律解释学"。

---

* Tedla v. Ellman, Court of Appeals of New York, 1939. 280 N. Y. 124, 19 N. E. 2d 987

房东与房客

张三到李四那里帮助李四搬家，李四租住王五的房子。也就是说，那个房子的主人是王五，房子由李四居住，李四与王五有租房合同。张三在搬家的时候，由于房子倒塌而受伤，问：张三应该状告王五，还是应该状告李四？

被告拥有一栋两层、可供两家合用的复式楼。房屋上层出租给布拉特纳家居住，该上层有两个阳台，其中一个阳台的扶手曾经被置换过，发生事故的时候这个扶手是一个木质结构。扶手有 $2×4$ 个间隔与地面平行，有 $2×2$ 个间隔与地面垂直，每 $4×4$ 个间隔两端都由钉子固定。当房客布拉特纳先生离家在外的时候，布拉特纳夫人把孩子们迁到屋外，安排她的兄弟们搬运家具。布拉特纳夫人的兄弟们则请原告帮助移动笨重物品。原告在阳台上从一个墙面向下卸置一个箱子，当他把手放在扶手上准备站立起来的时候，扶手脱落，原告掉下摔到了地上，严重受伤。他把房东告上了法庭，房东也就是房屋的所有人或称房屋的出租人。经检查，扶手装置已经干化腐烂，不能有效地支撑，但肉眼也看不出来扶手的这个状况。有证据表明，被告房东按照合同有责任去修理出租的房屋，不过证据也同时表明，这个合同的责任只限于已知的或者已通告的房屋瑕疵。审判法官指导陪审团：被告没有义务去发现他没有意识到的危险。

法官认为，这个案件所涉及的问题是：房屋所有人与房屋承租人以及与承租人家里客人之间的法律责任。关于这个问题，普通法的一般原则是：即使房屋的承租人或者他的客人因为房屋的瑕疵而受到人身的伤害，房屋的所有人也不承担侵权行为责任。这一般称之为"无责任一般规则"，这种无责任一般规则的理论基础是：租赁行为是一种财产转移、随后让渡占有权以及将房屋交给承租人控制的行为。但是另外一个方面，法官说，这个普通法的规则也存在着一些例外。在如下的情况下，如果房屋的承租人或者他的客人因为危险的房屋而受到人身的伤害，那么房屋的所有人要承担侵权行为责任：第一，房屋所有人依照合同有责任去修理房屋的瑕疵；第二，明知房客在占有房屋期间存在着瑕疵，但是房屋所有人隐瞒了该瑕疵，使得房客不能够合理地发现这个瑕疵；第三，房屋租用的目的是为了"公共的使用"；第四，该房屋仍为房屋所有人所保有；第五，房屋所有人在修理房屋的时候存在着过失。法官说，对于这个规则，同时存在着两种方向的发展趋势，一个趋势是传统的无责任一般规则持续地在起作用，另外一个趋势是扩展这个规则例外情况的适用范围。

法官分析道，将这些规则应用于目前这个案件的事实，那么我们就会发现本案件不存在着一般规则的例外情况。首先，这栋房屋的出租并不是为了公众的使用，其次，阳台所发生的意外事故也不是在被告的控制之下，再次，也不存在被告过失修理扶手的情况。法官说，原告称被告有合同的责任去修理房屋的瑕疵，但是据布拉特纳夫人的证词，被告的修理责任只限于布拉特纳夫妇通告给被告的项目。最后，"隐瞒瑕疵"的例外也不适用，因为没有证据证明十年前当布拉特纳家搬进来的时候，就存在木制扶手发生干化腐烂的情况。

接着，法官作出了两个假设：其一，如果我们遵循传统的规则，那么被告就对原告不存在着合理注意的义务；其二，同时，我们认为更好的公共政策应该是，放弃原有的一般无责任规则，采用另外一个新的规则，这个规则要求房屋所有人在维护房屋的时候承担一种合理注意的义务。最后，法院作出了有利于被告的判决。*

我们以前在那个"小偷受伤"的案件中，曾经提到过类似的问题，这就是房屋的占有人对进入到房子里的人承担注意义务和过错的责任。这个案件与那个案件有些类似之处，不同的是，当有人在房子里受伤的时候，由谁来承担侵权行为责任？由房子的主人即本案被告来承担呢？还是由房子的占有人即本案布拉特纳夫人来承担呢？按照法官的解释，应该由房子的占有人承担责任，房子的所有权人不承担责任。这也就是本案原告败诉的原因。原告没有状告布拉特纳夫人，假定原告状告布拉特纳夫人，那么原告也许会在诉讼中获胜，因为布拉特纳夫人作为占有人对原告存在着注意的义务。

在侵权法中，大量的案件涉及占有人和使用人的责任问题，较少涉及所有权人的问题。这一点很特别，比如，对土地的不法侵害中，土地占有人才有资格提起诉讼，再比如此类的诉讼，房屋的占有人对进入到房屋里的人承担一种注意的义务。这类诉讼的目的是保护土地的占有权。法官在本案件中所给出的理由是：当所有权人把房屋的占有权转给占有人后，房屋所存在的风险随着转移，因为是占有人控制着房屋，而不是所有权人控制着房屋。所谓所有权与占有权的区分，最简单的例子是：你拿着我的水杯在喝水。我是所有权人，你是占有人；杯子是我的物，但你控制着杯子。

这个案件的典型之处在于，它揭示了房屋出租人、房屋承租人和在房屋里第三人之间的侵权行为责任规则，以及这个规则的发展趋势。按照传统的普通法，房屋出租人对承租人和他的客人不承担侵权行为责任，理由是租赁合同财产转让的性质，而且还有侵权行为法中过错责任原则，因为不能够要求出租人对自己无法预料的损害承担责任。

有规则就有例外，本案件也全面地提出了五个方面的例外，本案件规则的发展趋势是扩大房屋所有人的责任，使出租人承担一种合理注意的义务，从而扩大承租人的权利。法官将这种发展的原因归结为

"公共政策"。这种发展趋势的法律依据要么是出租人对"该房屋适宜居住的默示保证",要么是"成文法"明确规定的出租人责任,前者的归责原则是一种"准严格责任",后者的归责原则是违反了成文法的责任,也就是"本身过失"。

除了房物所有人与占有人的区分之外,这类案件还存在着占有人与进入房屋人的区分。关于占有人与进入房屋人,法律发展的趋势是:扩大占有人的注意义务,保护进入房屋而受伤的人。法官对此的法理解释是"公平原则"或者"人道原则"。这个案件是美国的一个案件,法官基本上还是按照普通法中的"过失"和"注意义务"来分析占有权人的责任问题,而在英国,这个问题已经有了专门的成文法。

* Pagelsdorf v. Safeco Insurance Co. of America, 91 Wis. 2d 734, 284 N. W. 2d 55 (1979)

房主对来访客人的侵权责任

假定,第一天,你去朋友家串门,聊到起劲之时,房顶的吊灯脱落,正好打在你的头上,额头上留下一道擦痕。你很郁闷,第二天,你要去散心,到赛特购物。在花花绿绿的商品世界里你忘记了自我,得意忘形之际,一脚踩到运货的小车上,你仰面朝天摔倒,臀部受伤。你很生气,分别把你朋友和赛特告上法庭,要求他们分别为你赔偿损失。你朋友和赛特商店会给你赔偿吗?我们看下面这个真实的案件。

原告和她的女儿于1973年2月7日下午去被告家里,参加一个小女孩聚会。原告是一个志愿者,担任助理队长。她的工作得不到任何金钱或者其他的经济回报,她的实际支出也得不到任何的补偿。她女儿是聚会的成员。原告知道在聚会的那天,街道和人行道上有冰,驾车和步行的状况都特别危险。原告离开被告家的时候很是匆忙,在其前厅的长廊里脚踩冰块,滑倒在前台阶上,严重受伤。原告提起了诉讼,初审法院认为,从法律上讲,原告是一个"获得许可能够进入他人土地的人",因此法院判定被告胜诉。原告不服,后上诉到了堪萨斯州最高法院,米勒大法官进行了分析。

大法官首先引用一个先例,区分了两种进入他人土地的人,一种是"商业上的受邀请人",另外一种是"社交性的来访者"。他说,在许多的情况下,我们在法律上要区分来访者的身份,比如,一个顾客到商店里购买商品,他就是一个商业上的受邀请人。另外,一个人进行一次社交性的访问,即使得到了明确的邀请,他也仅仅是一个社交性的客人,他既不能成为商业上的受邀请人,也不能够成为公众的受邀请人。但是,在特殊的情况下,我们很难清楚地划分社交性的来访者和商业性的受邀请人。特别是在土地所有人的利益,或者邀请者与来访者的相互利益不十分明显或不十分显著的情况下,更是难以区分。在有些情况下,同样的证据会得出不同的结论。这是一个事实的问题,因此,我们要将这个问题交给陪审团,让陪审团来决定来访者的身份,因为初审法院和陪审团是事实的判定者。

引用先例之后,大法官作出了自己的总结,"受邀请人"是一个进入或者停留在他人土地上的人,他受到土地占有人明示或者默示的邀请,他进入到他人土地的目的或者是为了邀请人的利益,或者是为了邀请人和受邀请人相互的利益。如此情形下,土地的使用人对受邀请人的安全必须尽到合理注意的义务。使用人必须保护和警告受邀请人,使他们免受可预料危险的伤害。"获得许可能够进入他人土地的人"则是那种得到房屋占有人明示或者默示同意而进入房屋的人,他们之间没有利益上的联系。社交性的客人就是一种获得许可能够进入的人。这时,土地的使用人只承担有限的责任,也就是他不能够故意地或者恶意地伤害来访者。

受邀请人通常指的是"商业上的来访者"。一个"获得许可能够进入的人"要变成一个"受邀请人",他们之间就需要有一种利益的存在,这个利益可以是商业利益,可以是经济利益,可以是金钱利益,还可以是贸易利益。在朋友家社交和聚会所发生的情感或者心理利益,不足以成为这里所谓的利益,因为否则的话,每个获得许可能够进入的人都可以变成受邀请人。

大法官说,根据本案的事实,他认定原告只不过是一个社交性的客人,也就是"获得许可能够进入他人土地的人"。在这个案件中,原告没有提出被告存在着故意或者恶意的行为，因此初审法院的判决是正确的，最后的结论是：维持原判。*

这种类型的案件，在美国法中，是"过失"侵权的一种特殊情况。其构成要素与过失相同，关键之处在于要看房主是否对进入房屋的人承担一种注意的义务。在英国法中，这一类型的案件是一种独立的侵权形式，称之为"瑕疵房屋的侵权行为"。英国在这个类型的案件中，有两部成文法，一个是1957年的《使用人责任条例》，另外一个是1984年的《使用人责任条例》。本案件是一个美国的案件。这个案件比较全面地处理了房屋占有人对进入房屋里的人的侵权行为责任范围。从这个案件中，我们可以发现：处理此类问题，我们不能够抽象地谈房主对来访客人的责任，而是应该区分不同来访者的法律身份，从而来决定房主的侵权行为责任。

在这个案件中，大法官清楚准确地区分了两种来访者，一个是"受邀请人"，商业性质的来访者即是，另外一种是"得到许可进入的人"，社交活动来访者即是。比较而言，前者得到较高程度的保护，后者得到较低程度的保护。在开头所设计的假想案件中，你在赛特购物，你就是一个受邀请人；你去朋友家，你就是一个"得到许可进入的人"。按照本案件法官的看法，两类不同性质的人，其中的区别是双方之间是否存在着某种"利益"。你去商店购物，你与商店之间存在着利益关系；你去朋友家串门，你们之间不存在利益。同时，法官也承认，截然区分两者是很难的，应该由陪审团来区分和确定。不过，两类人在法律上的地位是不一样的，房主只对"受邀请人"承担注意义务，而对"得到许可进入的人"只承担有限的注意义务。这就意味着，赛特应该赔偿你，而你的朋友没有义务来赔偿你。

应该说，本案法官处理的方式是比较保守的，更多地保护了房主的利益。在法官看来，房主只对有利益关系的人负注意的义务。法官的这种看法不具有普遍性。至少，如果按照英国现行法律，情况有所不同。英国法把进入到房子里的人分为三类：一类是受邀请人，二类是得到许可进入的人，第三类是非法闯入者。按照英国判例，房主对这三种人都负有注意的义务。

  法官在法律分析中，没有涉及进入房屋的第三种人，也就是"非法闯入者"所发生的侵权行为责任。一个非法闯入者在房屋里受到人身的伤害，房主是否要承担责任？一般而言，早期普通法规则是房主不承担责任，只要房主不故意地伤害非法闯入者就行。后来有了变化，英国1984年的《使用人责任条例》规定：房主对非法闯入者也要承担公平的和人道的责任。从这个案件来看，法官设立的"得到许可的人"的注意标准，仅仅是1984年以前英国对"非法闯入者"的注意水平。

* Zuther v. Schild, Supreme Court of Kansas, 1978. 224 Kan 528, 581 P 2d 385

商家对顾客的安全保障义务

上一个案件，我们谈到了对于进入房屋人的三种分类，每种人在法律上的地位都不一样。本案件也是同类型的案件，它更加细致地谈到了商店对顾客的安全保障义务。

被告是一家商店，顾客的进出口是一道小门，此门36英寸宽。门外是两根混凝土的柱子，柱高5英尺，设置该柱子的目的是防止过往汽车堵住进出口的门。此门出口处有一个6英寸的台阶。由于没有窗户和透明的嵌镶板，从商店里往外，看不到门外的柱子。原告是一个顾客，从顾客门进入了商店，在商店里转悠了半个小时，最后购买了一个5英尺长、1.5英尺宽的卫生间用大镜子。镜子用纸板盒包着，不过镜面没有盖住。原告交完钱后，垂直地抱着镜子，他事后说当时他没有把镜子抱在他眼睛前面。原告用左肩部打开了顾客出口门，当他半步或者一步跨出门槛的时候，只感觉到"金星乱串，一阵剧痛"，此后就什么都不知道了。事实是，首先是玻璃镜子撞在了混凝土柱子上，接着是原告的头和脸撞在了柱子上。原告事后证实，他走出商店的时候，看不到那些柱子，因为镜子挡住了他的视线。他还说他当时也没有急匆匆地出门，出门的时候也没有得到门外有柱子的标志或者警告。原告一只眼睛完全失明，中心视力模糊，还患有以前从来没有过的头痛。原告对商店提起了诉讼，初审法院陪审团判定原告的损害为85000美元，也同时认定原告自己也存在着20%的过失，因此判定被告对原告赔偿68000美元。被告上诉，上诉院撤销了陪审团的判定,他们认为,被告不能够合理地预料原告不能够看到或者不能够记得门外的柱子。原告不服,最后上诉到伊利诺伊州最高法院,瑞恩大法官提出了他的法律意见书。

大法官认为,本案要解决的法律问题是:被告是否对原告存在着一种合理注意的义务?一般而言,一个人到了另外一个人所拥有或者使用的土地上,土地的所有人或者使用人是否要对来访者承担安全保障的义务,要看来访者的身份。传统的普通法区分了两种来访者的身份,一个是"受邀请人",一个是"获得许可能够进入他人土地的人"。普通法对前者有较高程度的保护,对后者有较低程度的保护。顾客到了商店,顾客就是一个商业上的受邀请人,这时要求商店采取合理的注意义务,来保障顾客的安全,不过,这种安全保障也并不要求商店消除所有的危险,来防止顾客受到伤害。有时候只要商家提醒顾客存在着一种危险就足够了。大法官继续说,现代的成文法撤销了两种身份的区分,按照该州的《不动产责任条例》,不动产的所有人或者使用人对来访者承担一种合理注意的义务。规则是:被告有义务提醒原告存在着危险,不过如果存在"公开和明显的危险",被告也可以不给出特别的警告。如果原告意识到危险但还要面对这些危险,那么就可以适用"与有过失"的理论或者"自愿承担风险"的理论。

具体而言,在一个案件中如何来确定被告对原告的安全保障义务,大法官引用了美国《法律重述·侵权法》和法学家的论述。法律重述的总结是:只要在如下的情况下,土地的占有人才对来访者的人身伤害承担责任,第一,他知道或者应该合理发现及认识到已存在的危险可能会对来访者造成人身的伤害;第二,他应该预料到来访者不能够发现或者认识到危险,或者不能够保护他们自己;第三,他没有能够采取合理的注意来防止来访者受到伤害。

大法官说,在本案中,被告对顾客有一种注意的义务,他也能够预料到：当原告拿着大宗商品穿过出口时会撞上柱子而发生人身的伤害。在初审时，陪审团认定被告对原告负有一种注意的义务，对这一点，双方当事人都没有提出质疑，也有充分的证据证明被告违反了这种注意的义务，而这又是原告受伤最接近的原因。当然，也有证据证明原告自己也存在着过失。因此，最后结论是，没有必要来改变初审法院的判决。撤销巡回上诉法院的判决，发回重审，建议判定原告获得68000美元的赔偿。*

这类案件要解决的问题是，土地的所有人或者使用人对在土地上的来访者承担什么样的责任？一般规则是，前者对后者在土地上的人身伤害负有合理的注意义务，要合理地保障他们的安全。普通法对来访者做了三种分类，一是"受邀请人"；二是"获得许可能够进入他人土地的人"；三是"非法闯入者"，法律保障的程度依次降低。在这个案件中，只涉及了前两种分类。这也是一个美国的案件，与上一个案例相比，它们的发生不在同一个州。在分类上，两个州的分类是一样的，也就是"受邀请人"和"得到许可进入的人"二分法，不同于英国法的三分法，英国法除了这两种人之外，还有"非法闯入者"。本案件中的原告是一个顾客，对商家来说，他是一个商业上的受邀请人，他应该得到较高程度的安全保障，这也是被告对原告的人身损害承担80%责任的理由。

如果说本案件与上面那个案件存在着区别的话，那么这个案件的法官指出了此类法律发展的趋势。法官说，现在的法律已经取消了两种人的区分，而且该州还有了专门的成文法。让房主对所有进入房屋的人都承担一种注意的义务，适用"过失"的侵权规则。这也是此类法律的一个发展趋势。与英国法相比，英国现行的法律也把"受邀请人"与"得到许可进入的人"合并，让他们都对进入者负有注意的义务。英国法与本案所在州的法律有相似的发展趋势。

不同的是，两个美国的案件都没有谈到"非法闯入"者的情形，而在英国法中，这却是一个"热点"问题。按照早期的普通法，房主对非法闯入者不负有注意的义务，只要房主不故意伤害非法闯入者就可以了。到了1984年的《使用者责任条例》，成文法作出修改，要求房主对非法闯入者，也负有注意的义务。这个问题，我们曾经在小偷给房主弹簧枪射伤大腿的案件中谈到过。其实，英国也有一个类似的案件。案件发生在1996年，被告是一个76岁的老人，他睡在花园里的小屋里，保护着贵重的财物。原告想破门而入，被告端起散弹猎枪，从门上的小口朝外开火。原告受伤并对夜盗服罪，被告被指控伤人后免予起诉。原告对被告提起民事赔偿诉讼。初审法官在判定这个案件的时候，援引了1984年的《使用人责任条例》，认为被告虽然是一个非法闯入者，但是这并不影响他提起民事赔偿的诉讼。一个方面，法官认定被告对原告负有注意的义务，被告所使用的防卫力量超过了自卫的程度，另外一个方面，法官也认定，原告自己也存在着过失。最后上诉到上诉院，上诉法官判决的结果是，被告要赔偿原告，但赔偿额要根据原告与有过失的比例相应减少。

* Ward v. K Mart Corporation, Supreme Court of Illinois, 1990. 136 Ill. 2d 132, 143 Ill Dec. 288, 554 N. E. 2d 223

倒霉的老爷车赛手

前面两个案件都是美国的案件，法官在处理案件的时候基本上还是适用"过失"的侵权行为规则。这个案件是英国的一个案件，原告在危险场地受伤最后死亡。在危险场地，进入场地的人享受什么样的权利？法律在如何发生着变化？成文法如何改变着判例法规则？我们也许可以从这个案件中，找到一些暗示。

怀特是一位有经验的老爷车竞赛车手，他曾经参加过一些由本案被告俱乐部所组织的比赛。在竞赛场的入口处及赛道旁都张贴有告示，上书："公开警告。赛车竞赛危险。这是进入该场地的条件：所有与该活动之动议和/或组织和/或会议行为有关的人……都豁免于这样的责任：观众或持票人发生的致命或者其他的损害或人身伤害责任。"因为是参赛选手，怀特没有买票就进入了赛场。在观看一场他未参加的竞赛时，他站在一根主杆旁，所有安全绳都系在这根主杆上，而他应该在这些绳子的后面。一辆赛车跑出赛道，缠绕在绳子上，把绳子拉紧，结果将主杆从地里拔起。主杆正击中了怀特，导致了他的死亡。

初审法官认为，被告在安装安全绳方面有过失，也就是不该把它们全都系在一根柱上。但是，他否决了怀特遗孀的权利要求，判决的理由是怀特"自愿承担风险"。在上诉院，法官否定了初审法院"自愿承担风险"的认定。罗斯基尔法官说，我不同意初审法官判决所依据的自愿承担风险准则，或者以这种理由来拒绝原告的权利要求。我不能发现这条准则怎么能够适用到这个案件上去。相关的危险没有发生于死者所参与的老爷车竞赛这种危险的活动中，而是起源于被告未能合适安置的安全措施。对于被告的失误，死者没有也不可能在本案条件下意识到该危险。在上诉状的开头，伊文斯先生正确地指出，被告对死者所负的注意责任是由 1957 年《占用者责任法令》第 2（2）节规定的。按照法官的认定，被告明显地违法地违反了该责任。但是该法令第 2（1）节允许占用者在其权限的范围内去扩展、限制、修改或排除关注责任，其方式可以是"通过协议或其他方式"。对于这个成文法，议会考虑到的是，该法是如何设立的，它如何成为一种政策，该法如何保留和继续承认被告享有的先前存在的权利，即占用人用协议或其他方法来扩展、限制、修改或排除他的责任，同时也保留了自愿承担风险的理论，从而在任何特定案件中，它可以提供给占用者一种抗辩理由。因此我对这个问题的看法的基础是，被告在法律上有权设定某些条款，依此条款，当死者在周日下午进入了他们的场地之后，就排除了被告的所有责任。当然，关键的问题是他们是否成功地做到这一点。因此，上诉法院主张，被告依据 1957 年《占用者责任法令》第 2（1）节有效地排除了他们的责任。*

这是一个伤心的故事，但是隐含其中的法律道理却很值得琢磨。本案涉及侵权行为法的两个基本原则：一个是原告的"自愿承担风险"原则，另外一个是危险场地下的责任。不幸的是，怀特先生在第一审中被认定为自愿承担风险，得不到法律的救济。在第二审中，又被成文法的例外条款排除在保护之外。可怜的怀特先生和怀特夫人得不到任何的赔偿。

"自愿承担风险"我们以前反复提及。它是英国法的一个古老的原则，一般应用于危险的活动，特别是比赛运动的活动。比如一个动物园的游客自己钻到豹子笼里捡烟头以维护豹子笼的卫生，结果为豹子所伤，那么他不会得到赔偿，因为他不是垃圾清理员，他是个自愿者。他明知道有危险还要去豹子笼，所以得不到法律的救济。需要指出的是，这个原则适用范围越来越窄，在美国逐渐演变成了比较过失理论，也就是原告承担自己过错的比例外，还可以得到一定的赔偿。第一审法官认为原告丈夫作为老爷车手进入到场地，就是一个"自愿者"，因此得不到法律的救济；而在第二审，法官否定了第一审法官的意见，认为原告丈夫不是一个自愿者。如果说，原告的丈夫自己在老爷车比赛的过程中冲出跑道，撞在看台上死亡，那么他可以成为一个自愿者，如同那个死去的赛车手塞纳一样。但是，原告的丈夫是在观看他人比赛的时候受伤死亡，援用"自愿承担风险"似乎不妥。

因此，在第二审中，法官还是应用了过失的理论。问题就变成了：比赛的组织者是否对比赛的观看者承担注意的义务，保障他们的人身安全？原告方找到了法律的依据，这就是1957年《使用者责任条例》。这个成文法，我们已经提及，上两个案件我们较多地提到了1984年的那部成文法。从历史的情况看，1957年的成文法是对此类问题普通法的一种改造，而1984年的成文法则是对1957年的法律进行了修改。本案件发生在1972年，因此，原告求助于1957年的法律。1957年的成文法确认了英国普通法的一项古老原则，这就是：在危险房屋中，房屋占用人承担一种"近似于"严格的责任。这里用"近似于"，是因为英国法学家们对此类责任的性质理解不一，有的学者认为它是一种独立的侵权行为责任，有的学者认为是过失侵权责任的一种特殊情况。"瑕疵房屋"是一个广义的概念，既包括不动产的房屋，也包括危险的机动车工具和飞行器。按照这个原则，怀特先生实际上是可以得到法律救济的，因为赛车场是个危险的区域，场地的占用人承担较严格的责任。但是，1957年的成文法有了特殊的排除条款，也就是它张贴的告示，在这点上有点类似于我们前面谈到的那个飞机娱乐公司与跳伞爱好者签订免责合同的案例。所以，怀特只好自认倒霉。

*   White v. Blackmore (1972) 2 QB. 651 Court of Appeal

健康优先还是财富优先?

你家邻居是一个生活有情趣的人,喜欢养花养草养猫养狗。而且,他们家还有一个癖好,就是拿猫和狗的排泄物给花草施肥。邻居家的闲情逸致成了你的心病,你是一个喜欢清净的人,邻居家猫狗的叫声让你无法静下心来工作,邻居家的"施肥工程"让你阵阵恶心。你把邻居告上法庭,想向法院申请一个禁止令:不许你家邻居养猫养狗,不允许拿动物的粪便给花草施肥。法院会支持你吗?我们看下面的案件。

被告是一家水泥厂,原告是水泥厂的邻居。原告认为,被告的粉尘和震动影响和毁坏了原告的房屋财产。他对被告提起了侵权行为诉讼,要求法院发出禁止令,以使被告停止侵害,而且要求被告赔偿原告所受到的损失。一审法院认定,被告工业生产的行为造成了污染,因此对原告造成了损害。对于原告损害赔偿的请求,法院予以支持,并确立了被告对原告的具体赔偿数额以及被告对其他相关受污染者的赔偿数,该赔偿总数达 185000 美元。对于原告申请法院发出禁止令的诉讼请求,法院不予支持。原告上诉,二审法院维持一审法院的判决。原告最后上诉到纽约最高法院。

纽约最高法院的法官柏甘认为,按照传统的普通法,此类案件的法律会支持受污染的原告,法律判决的结果是法院发出禁止令,结果便是让水泥厂关闭。法官引用了一个先例说明这个问题,在这个先例中,被告提出"被告对原告造成的损失较小,而禁止令对被告造成的损失很大"。先例中的法官对被告的这个抗辩理由予以否定,他说,纯经济损失的比较不是拒绝发出禁止令的很好理由。因此发出了禁止令。柏甘法官认为,先例所采取的规则是纽约最高法院对此类案件所遵循的一般规则。他说,在本案中一审法院和二审法院并没有按照普通法原有的规则处理这个案件,而是衡量了两种利益,这就是污染企业的经济效果和禁止令对企业造成的经济后果。比较之后,法院认定,污染企业的经济效果大于污染造成的损害,因此拒绝发出禁止令。柏甘法官说,尽管一审法院和上诉法院都背离了此类案件的原有规则,但是本法院也完全同意这种做法,因为法院应该尽可能地要避免判决造成重大的损失。

柏甘法官认为,现在的任务是要找出一个好的解决方案,按照本案的情况有两个方法:第一,法院发出禁止令,让被告限期作出技术改进以消除污染;第二,不发出禁止令,但是被告对原告现在和将来的损失予以一次性的补偿。就第一种情况而言,存在技术的难度,因为不能够指望被告在短期内比如18个月通过技术的方式消除污染。而第二种方式则是可行的。这个方法可以使双方当事人都可以得到公平的对待。对原告而言,他提出的诉讼请求就是财产的损失赔偿,而对被告而言,大额的赔偿可以促使它改进技术最大限度地减少污染。这种解决的方式也有法理的依据,这就是"地役权"的理论,也就是说污染企业购买和使用了地役权,他对原告予以经济上的补偿。柏甘法官引用先例说,大法官道格拉斯就曾经应用过这个原理。

最后的结论是:撤销二级法院的有关命令,发回原审法院以发出禁止令,但是,等被告赔偿所有相关原告的一次性赔偿后,再撤销禁止令。另外三个法官同意柏甘法官的看法,另外两个法官没有出席。有一个法官部分提出异议,他担心,一旦法院以一次性赔偿取代禁止令,无异于承认了企业可以花钱来买污染的权利,它可以肆无忌惮地去实施污染的行为。*

此类案件，有人叫"公害"，有人叫"私害"，有人叫"恼神思"，有人叫"侵扰"。在英美侵权行为法中它是一种独立的侵权行为诉讼形式，通过民事诉讼得到法律的救济。按照大陆法系的传统，这类案件可能涉及物权、相邻权、侵权行为和环境法。此类法律，英美法律有着相当长的历史，英国法古老的原则是：在你充分享受自己土地乐趣的时候，比如养猫养狗养花养草，不要妨碍你的邻居，比如他人清净生活的偏好。早期的法律中，较多地涉及邻居间的废水、废气、废渣和震动等，后来扩展到环境污染。环境法后来有了专门的成文法，成为独立的法律部门，但是从法律原理和损害赔偿规则上方面看，污染案件与侵扰案件同源。

其实我们对这种类型的案件，也不陌生。中国环境学家们喜欢从中国历史上找到此类案件的源头。那就是《韩非子·内储说上》：殷之法，弃灰于道者断其手。韩非认为，孔子对此还进行过解释，其中的一种解释是：无弃灰，所易也；断手，所恶也。行所易，不关所恶，古人以为易，故行直。这段文字如何解释？是否真实可靠？是一个历史悬案。

这类案件范围广泛，按照此法规则处理的一些案件，让我们觉得不可思议。比如，你家邻居是一个有钱人，他把你家隔壁的房子租给一些妙龄女子。这些妙龄女子是性工作者，妙龄女子们的声色犬马，让你这个道德正统而高尚的人不堪忍受。你向法院申请禁止令：把这些妙龄女子赶出大楼。

当此类案件发展成环境法的时候，生活小事就被标的巨大的案件所取代。按照普通法的传统，此类案件更多地保护受污染的受害人，其法理是：法律应该优先保护人类不受污染的权利，因为这是人的一种基本的人权，也就是健康权。随着人们环境意识的形成和发展，这种环境权成为一个世界性的课题。各国的法律都开始承认环境权，有些国家，比如瑞典和日本等还将环境权写进了宪法。健康优先于财富，成为一句流行的时髦口号。但是，这种传统的法律原则自上个世纪60年代以来也受到了挑战，特别是当美国经济分析法学兴起之后，法学家们和法官们开始采用成本和效益的模式分析法律，得出的结论与传统法律原则有了冲突。这种冲突的突出表现就是：在环境污染的案件中，法律究竟应该保护人类不受污染的权利还是保护人类的经济利益？美国《法律重述·侵权法》，并没有使用"经济分析"这样的词语，但是，从精神实质上看，与经济分析的思路特别相似。正如同波斯纳所言：普通法的传统实际上蕴涵着法律的经济分析。本案发生于1970年，从判决结果来看，经济分析战胜了传统的法律原则。

* Boomer v. Atlantic Cement Co. (1970) 26 N. Y. 2d 219, 257 N. E. 2d 870, 309 N. Y. S. 2d 312

不实陈述的严格责任

张三想买一套100平米左右的二手房，找中介公司甲，公司甲在公司乙那里找到了一套二手房，房主为李四。张三购买了李四的这套房。两年后，张三发现自己受骗了，因为李四的房子才60平米。张三把李四、公司甲和公司乙告上了法庭，认为他们"不实陈述"，应该承担赔偿的严格责任。这是对本案件的一个简单的描述，具体案情如下：

罗兹卡夫妇享有一个酒店，他们委托古地姆地产公司出售。罗兹卡夫妇对地产公司说，依前业主的说法，这个地产有5.5英亩。古地姆公司将这个信息录入了销售说明书单。同时，原告夫妇正求购一处酒店，他们请佛罗斯特地产公司为他们物色合适的对象。佛罗斯特公司的代理人从古地姆公司得到那份出售房产的说明书单，并转交给了原告夫妇。原告夫妇最后购得罗兹卡夫妇的房产，两年后，他们却发现他们所购得的房产不足3英亩。原告将罗兹卡夫妇、古地姆公司和佛罗斯特公司告上了法庭。佛罗斯特公司提出异议，初审法院将佛罗斯特有异议的问题提交陪审团，陪审团作出了有利于原告的裁定，认定佛罗斯特公司承担"不实说明的严格责任"。被告上诉，最后上诉到威斯康星州最高法院，瑟西大法官作出了判决。

被告称，初审法院不应该指导陪审团适用不实陈述严格责任的原理，因为这种严格责任只能够在特定的情况下适用，这个特定的情况是：被告无须调查、按照通常知识就应该知道事情的真相。被告强调，初审法院在指导陪审团的时候，应该特别加上"无须调查"的内容，但是初审法院没有这样做。

大法官由此引用了威斯康星州相关法律和先例。不实说明的严格责任适用情况之一是，被告依据自己的知识作出了一项陈述，或者未经调查他就应该知道其陈述的真实性。在判定严格责任的时候，法院应该考察两个方面的要素：第一，被告按照自己的知识作出了一项陈述，陈述的事项涉及应用他的学识，由此被告承担类似于保证的责任；第二，被告在原告的交易活动中有着自己的经济利益，他想通过此交易获得他的经济利益。换言之，严格责任适用于这样的情况：陈述者要么对相关事实有着特定的理解，要么他的地位使他有可能知道所有的情况，以及他的陈述本身就意味着他有着这个方面的知识。因此，陈述者应该知道事实情况，或者说他不应该如此陈述。

大法官说，我们支持这样的观点：适用严格责任原则不依赖于陈述者实际的知识；如果陈述者表达了该意见或者隐含表达了个人的学识，这个要件就满足了。另外一个关键的要素是购买者合理地信赖了这个陈述。如果我们不能够指望陈述者不加调查就能够知晓所陈述的事实，那么确定购买者是否合理信赖就是一个要素。这样，"无须调查"要素不是不实陈述严格责任的必备要件，因此认定，即使初审法院没有向陪审团强调"无须调查"要素，法院也不存在着错误。最后结论是维持下级法院的判决。*

"不实陈述"，我们在前面"欺诈和不实陈述"中已经作过讨论。在那个案件中，卡多佐曾经描述和区分过"欺诈"与"不实陈述"。不实陈述是指被告根据自己的专业知识做出了一个陈述，原告相信了该陈述且依据该陈述做出了法律上的行为，最后导致原告的损失。故意的不实陈述构成欺诈。这里的欺诈和不实陈述强调被告的主观状态，由此决定他们的责任范围，因此从广义上说，欺诈和不实陈述之归责原则为过错责任。本案也是一个不实陈述的案件，与上面不同的是，原告提出，被告的不实陈述应该承担严格的责任。

在特定的情况下，不实陈述者要承担严格的责任，本案就较为详细地分析了这种情况。在前面，我们说欺诈的构成要件是：被告欺诈地作出事实的错误陈述，被告的目的是使原告依据该陈述而行为，原告依据该陈述行为，结果遭受损害。在这里，要被告承担严格责任，条件更为严格。按照法官的分析，这类严格责任的基础是购买者合理相信陈述者，陈述者是该陈述真实性的保证人，上述的案件强调了两个方面的因素：一是陈述者知道该陈述的真实性，比如在我们设定的例子中，公司甲与公司乙都是专门房地产的从业者，李四是原房主，三个被告不知道房子实际面积的情况，可能性不大。二是陈述者有着相关的经济利益。比如，李四出售自己的房子，公司甲与公司乙都是商业性质的企业，都与这笔二手房买卖有着经济上的利益。如果不能够确定陈述者是否知道该真实性，就要看原告是否合理地信赖被告的陈述。

不实陈述的严格责任多出现在不动产案件和债券销售案件中，比较典型的情况有：第一，撤销。依合同法，双方当事人对基本事实存在着认识错误，会导致合同无效或合同撤销。或者说，如果存在着相互的错误认识，合同就根本不存在。第二，信托关系。信托人与受托人之间，律师与委托人之间存在着诚信的义务，这时要求受托人或者律师尽到最高程度的诚信义务。第三，成文法的严格责任。常见的行业包括证券业和不动产业，特别是地产开发和娱乐场所开发。在这些方面，一般都有成文法严格的规定，在这样的案件中，不实陈述会导致严格的责任。

从英国的情况看，1964年以前，英国法中不实陈述的责任既存在于合同法中，也存在于侵权行为法中；在侵权行为法中，典型的形式是欺诈和违反信托义务。1964 年，英国贵族院在一个判例中确立了不实陈述的侵权行为，强调这类侵权行为中的两个要素，一是原告与被告之间存在着"特殊的关系"，一般强调被告具有专门的知识，比如会计师或者律师；二是原告"合理信赖"被告的陈述。在美国法中，这类诉讼有时候称为"欺诈和错误交易"。

---

* Gauerke v. Rozga, Supreme court of Wisconsin, 1983. 112 Wis. 2d 271, 332 N. W. 2d 804

法律上的披露义务

张三重金从李四手里买了一艘游艇，1年后，张三大呼上当，因为张三发现游艇底部已经老化，要继续使用就必须花上一大笔钱置换游艇底部的材料。张三状告李四，称李四卖给他游艇的时候没有告诉他游艇底部的瑕疵，而他在购买之前检查游艇的时候，也无法发现游艇底部的瑕疵；李四则称，如果告诉游艇所有的情况，那么这笔交易就根本无法完成。商人的天性就是牟利，任何一个交易总有有人受益有人受损的风险，这种风险就是商业活动的内在性质。商人不是道德家，他没有必要在从事商业的时候像一个慈善家那样行为。张三的说法有道理吗？李四的反驳有力吗？我们来看这个案件。

原告从被告那里购得一份土地，当他基建修房的时候，发现了一个未加盖的地下水井，水井在渗水。原告称，为了给水井加上盖，他已经花掉了2700美元，而且因为水井的缘故，他要改变建房的设计，而这个改变则要多花费10500美元。他宣称，被告公司知道那口井，但是他们没有告诉原告。初审法院作出了有利于原告的判决，法院认为，有披露义务的当事人如果保持沉默，那么他就要承担责任，这个责任等同于不实陈述的责任，这时，有义务披露的销售者要承担故意不实陈述的责任。被告不服上诉，后上诉到威斯康星州最高法院，阿伯拉罕森大法官作出了判决。

大法官说，按照威斯康星州传统的规则，房地产商没有义务对购买者披露信息，因此也就不承担不实陈述的责任。这个规则的理论基础是"货物出门、概不负责"的理论，也就是说，在自由市场经济的商业交易中，我们不能够要求有更高技巧的人和更多知识的人告诉相对人所有的事情，我们不能够剥夺他们合法得来的智力成果。法律反映了商业习惯和道德，商业活动允许当事人充分发挥他的聪明才智。

但是大法官说，近年来法律发生了微妙的变化，商业诚信和公平交易也开始反映到了法律之中。法院开始偏离传统的"无披露义务"规则，采用了一些规则的例外，在如下情况下，销售者有披露的义务：出售者故意隐瞒瑕疵或者阻止调查；出售者告之半真实情况或者给出模糊语言造成错误印象；当事人之间存在着信托关系；一方当事人有着专门的和排他的知识而另一方当事人自己不能够发现问题。大法官说，本案不属于这些例外，但著名的普洛塞教授曾经提出过另外一种"披露的义务"：如果被告有一种不为原告所知道的特殊知识或认知方式，他意识到原告对事实存在着误解并有可能影响到他的决定，那么法院就可以认定一种披露的义务。另外一个叫基顿的法学家则主张放弃不披露义务规则，他说，如果一方当事人掩盖或阻止调查重要的事实，那么他的沉默就是一种欺诈。这种法律的目的是要促进正义、公平和公平交易，因为拒绝披露就意味着不公正的行为。大法官进一步引用了《法律重述·侵权法》1977年第2版起草者的看法，他以为起草者想要确立一种披露义务的规则，要求相关当事人对"交易的基本事实"有披露的义务。基本事实是那些构成交易基础或者交易本质的事实，基本事实不同于重要的事实，重要事实是那些重要的、可能影响交易的、但非本质的事实。

大法官分析了本案，他说被告是一个有着专业知识和技巧的不动产商人，原告则没有这种知识，他只能够依赖于被告的知识和技术来交易。因此就应该对被告确立一种责任，要求他对非商人的原告披露这样的事实：出售方知道该事实、对交易重要的事实、购买者难以马上弄清的事实。最后的结论是，维持原判。*

欺诈和不实陈述必定是隐瞒了事情的真相，陈述必定是通过语言或者行为积极地表达出来。语言可以是口头的，也可以是书面的。法律上的"披露义务"来自合同法，在一个合同中，相关当事人有义务揭示出重要事实的真相。如果事实发生了变化而不通告对方当事人，那么就可以确立一个合同的诉讼。事实的陈述应该是一种对"事实"的陈述，而不是一种"观点"。英国1927年曾经有这样的一个诉讼，被告卖给原告一块土地，被告声称他的这块土地可以供养2000头羊，但是实际上被告从来没有在这块土地上养过羊，双方当事人都没有养羊的经验。当原告发现被告不实陈述后，状告被告。但是，法院没有支持原告，理由是：被告说这块地可以供养2000头羊是一个观点，而不是陈述一个事实。

本案法官是一个有点哲学家气质的法官，他在判决书中探讨了法律"披露义务"的起源、内容和理论基础。早期商业社会，即所谓自由竞争的社会是没有法律上披露义务的。这也就是说，占优势地位的销售者对劣势地位的购买者并没有披露详细信息的义务，"一个人愿打，一个人愿挨"也是早期交易行为的惯例。受益-受损是不可以避免的商业规则，因此，在商场中获胜者总是那些精明的、会算计的，甚至是坑蒙拐骗之人。但是，当商业走向有序化之后，早期商业社会的欺诈和狡诈不再被认为是合适的商业道德准则。当不披露行为导致明显不公正和不正义的时候，法律上的"披露义务"应运而生，它要求具有专业知识的被告对无专业知识的原告披露相关信息。有披露义务的被告不履行披露义务虽然不同于欺诈，也不完全等同于故意不实陈述，但是大法官认为，其责任后果类似于故意的不实陈述。至于披露义务的范围，司法实践上存在着分歧。美国《法律重述·侵权法》

则要明确得多，首先它列举了不披露义务的四种例外情况，其次它区分了"交易的基本事实"和"交易的重要事实"，被告对涉及交易性质的"基本事实"有披露的义务。

法官把这种新的商业道德称为公平和正义，也就是我们现在经常说到的"诚实信用"。在这个意义上，披露义务的理论基础是正义、公平和公平交易。另外一个方面，法学家们所谓"正义"和"公平"标准则多多少少是一些模糊的用语，并不能给出明晰的法律界限。新的理论又给出了新的解释，比如波斯纳，他用经济学来解释欺诈和不实陈述问题。一方面，买卖双方对标的物的信息是不对称的，卖家一般总是比买家知道得多，也总是在买卖的时候隐藏这些信息。卖家的这些信息是具有价值的，买家要知道这些信息就要付出成本。另外一个方面，欺诈或者虚假信息又是有害的，如果买方根据错误的信息购买并投资，对于社会来说就是一种浪费。对于一个社会来说，浪费就是不经济的行为，是法律应该阻止的行为。这就是法律上设立披露义务的经济学基础。

* Ollerman v. O'rourke Co., Inc., Supreme court of Wisconsin, 1980.94 Wis. 2d 17, 288 N. W. 2d 95

虚假许诺的责任界限

张三是个有钱人，在一次"资助一个贫困大学生"的造势会上，他对穷困生李四许诺，他将资助李四完成学业。李四相信了张三的话，放弃了自己的打工计划，专心地学习。后来，张三反悔，李四又找不到勤工俭学的机会。新学期开学的时候，李四交不起学费，于是状告张三，张三要赔偿李四吗？我们看这个案件。

原告是一家投资公司，被告是一家开发商。原告向被告购买40英亩的土地用作居住小区。购买合同要求原告对空闲场地进行改善，比如，道路、电、电话和供水系统。如果原告能够在限定的时间内完成改善工程的话，原告就享有购买额外土地的选择权。期限到了的时候，原告开始了改善工程，但没有完成，这时，被告称选择权已经过期。原告称被告一直都在欺骗和引诱原告放弃改善工程，因此选择权应该仍然有效。原告的说法是，被告曾经口头表示空闲场地改善工程不影响选择权的行使；既然原告已经开工改善场地，选择权就应该继续有效。由此，原告称被告在签订合同的时候就存在着虚假陈述，原告提起了诉讼。被告称其口头许诺在选择权合同执行之前，按照"禁止口头证据"规则，原告不能够就口头许诺提起诉讼。原告则称，口头合同与书面的合同有着冲突，这证明被告在作出许诺的时候就存在着不实陈述，因此，被告应该对其虚假的口头许诺承担责任。初审法院作出了有利于被告的判决，原告上诉，上诉到亚利桑那州上诉法院，奥康娜法官作出了判决。

法官认为，虚假许诺是指许诺人在作出许诺的时候根本就没有想要去履行该许诺，这种许诺本身就是一种不实陈述，不实陈述能够发生欺诈的诉讼。《法律重述·合同法》和《法律重述·侵权法》都有这样的规则，依照亚利桑那州相关先例，不实陈述要构成欺诈，就必须是现存的事实问题，而不是将来要做什么的协议或者许诺，也不是已经发生或者希望发生某事的观点或者判断。当然，也存在着例外，这个例外是，当许诺者作出将来做某事许诺的时候根本就没有想要履行它，那么这样的不实陈述就会发生欺诈的问题。

　　接着，法官解释了"禁止口头证据规则"。学者们传统的看法是，如果事先的口头协议与最后达成的书面协议相互矛盾，那么该禁止口头证据规则就不承认口头许诺的效力。虚假许诺欺诈的观念与欺诈的成文法规则和禁止口头证据规则存在着冲突，后两个规则的目的就是想要通过排除某些证据的方法来避免不诚实的权利请求。有些法院允许存在口头欺诈的诉讼，原因是这类诉讼可以预防虚假的合同，因此应该遵循《法律重述·合同法》中虚假许诺欺诈的规则；另外一些法院则反对这类诉讼，而遵循禁止口头证据规则。在实践上，法院一般适用禁止口头证据规则，当事先或者同期的口头许诺与正式书面的合同存在不一致的时候，不认可口头许诺不实陈述的诉讼请求。只是在一些"非正式的合同"中，法院才认可口头虚假许诺的诉讼请求。在涉及滥用交易程序，比如不道德的合同或者胁迫合同的时候，法院总是抛开禁止口头证据规则，采纳口头许诺的证据。

　　最后，法官分析本案的具体情况。他认定双方当事人都有商业交易的经验，双方通过协商之后达成了书面的选择权合同，合同又是涉及不动产的交易。这样，书面的选择权合同是一份"正式的合同"。本法院采取大多数法院的做法：不采信事先的口头证据，严格适用禁止口头证据规则。因此，初审法院不存在着错误，最后的结论是维持下级法院的判决。*

法官在这个案件中论及的基本规则是，言不由衷的许诺可以导致欺诈。这既是合同法的规则，也是侵权行为法的规则；既可能发生合同的责任，也可能发生侵权行为责任。在前面的案件中，我们多次提到了侵权行为法与合同法的竞合问题。一般认为，提起侵权行为诉讼对原告有利。比如，合同时效以签订之时起算，而侵权行为从遭受损害的时候起算。再比如，在侵权行为法中，原告可以要求惩罚性赔偿和精神损害赔偿，而合同法则没有这些法律的救济方式，再如，要提起合同诉讼，必定要求先存在一个合同，而侵权行为诉讼则不需要这样的前提。但是，事实上也不完全如此，比如，合同责任一般为严格责任，而侵权责任一般被认为是过错责任。当原告提起侵权行为诉讼的时候，被告以原告与有过失可以减少自己的赔偿数额。按照法国法，合同当事人只能够通过合同诉讼寻求法律救济，其优势是简单明了。按照德国法，当事人可以在合同诉讼和侵权行为诉讼中选择。

关于虚假承诺问题，本案法官没有详细地谈论。他只是说到了不实陈述的一个方面的规则，那就是：不实陈述只是对"事实"的表达，而不是对"观点"的表达。因为被告所言是一个观点或者判断，而不是事实，因此不构成不实陈述，不承担侵权责任。实际上，对这个问题的详细探讨，可能要回到合同理论中的"约因"理论。当双方存在着"互惠利益"的时候，那么许诺方才对原告承担法律义务，否则，被告不因为虚假许诺承担责任。在上面我们设想的例子中，富豪张三与倒霉的李四之间不存在互惠的关系，也就是说，张三资助李四，张三并没有得到经济上的好处。新近的禁止悔言理论确立了"信赖"的理论，理论上讲原告可以得到补偿，但是在实践上要区分"可能引起依赖的许诺"和"不可能引起依赖的许诺"。在张三和李四的例子中，李四很难达到法律的救济，因为他放弃勤工俭学在常人看来是轻率的和鲁莽的，张三是不能够被信赖的。

本案件还涉及所谓"禁止口头证据规则"与"书面证据规则"的问题，法官还是主张书面证据规则优先。在实践中，口头许诺要受到另外两个规则的限制，一个是"禁止口头证据规则"，一个是"关于欺诈的成文法规则"；前者否定口头许诺的证据力，后者则妨碍口头许诺的实施。在特定的情况下，口头证据才有法律效力。在证据规则方面，如果该许诺是口头表达的，口头许诺发生在正式书面合同之前，而且口头协议与书面协议不一致，那么在适用法律的时候有两种情况：第一，适用禁止口头证据规则，不承认口头证据的效力，目的是防止滥诉；第二，在特别的情况下，比如非正式合同、胁迫合同时候，承认口头证据的效力，目的是保证交易的诚信。

---

* Pinnacle peak developers v. TRW investment corp., Arizana Court of Appeals, 1980.129 Ariz. 385, 631 P. 2d 540

有错没错都得赔

张三在自己家里挖了一个人工小湖,湖与湖之间小溪相连。某年某月某天,天降暴雨,湖水暴涨,湖水溢出,流到邻居李四家,淹死了李四家的小花狗。李四把张三告上法庭,称李四人为地把水聚集、流到自己家,淹死了自己心爱的小花狗;张三则辩称,不是张三不小心,而是暴雨无情,老天要下雨,自己无法让雨不下。谁的说法有道理?李四能够得到赔偿吗?我们看英国的这个案件。

原告福来彻拥有和开采一家矿场,地下有一些竖坑与被告的土地相邻。谁都不知道这些旧的和不再使用的采矿竖坑,这些竖坑将原告的工作场所与被告土地在地下连接了起来。被告是一家水磨坊的业主,他在他的土地上建造一个水库,雇佣有名望的承包商施工。当建造水库时,这些承包商发现了废弃的矿竖井,但是没有适当地填充。当水库蓄满水时,水冲进竖井并最后淹没了原告的矿。

二审法官布莱克本认为,法律的规则是,被告为了自己的目的,将有危险可能的物带进、聚集和保持在他的土地上,如果该物发生泄漏,他就必须承担发生危险的责任;如果是自然危险所导致的损害,或者是由于原告的过错,或者是由于自然的结果,或者是神意的行为,就不发生这个规则的适用问题。但是,本案没有发生这种情况。一般规则是,一个人的草坪或农作物被邻居家逃跑的家畜吃掉,或者一个人的矿被邻居家的水库之水淹没,或者一个人的地窖被邻居家卫生间的污水侵蚀，或者一个人的日常生活被邻居家碱性物的气味和讨厌的气味弄得不健康，那么即使侵害方没有任何过错，他都要受到谴责。合理和正当的情况是，邻居将某物带进了他自己财产范围内，这件物不是天然地存在于那里；只要它被限定在他自己财产范围内，它就对他人不存在损害；但是，如果他知道它进入其邻居家里就会发生损害，那么，如果没有成功地将它限定在他自己财产范围内，他就应被强迫承担充分的赔偿。

贵族院的蔡恩斯勋爵说，本案必须确立的原则，对我来说似乎极其简单。被告被视为场地的所有人或占用者，他们在场地上建造了水库；被告也许会合法地使用该场地以做任何有目的之事，比如，对土地日常性的享用，我称之为对该土地的自然使用。如果存在水的任何积聚，或者发生在水面，或者发生在地下，只要是因为自然规律的作用，水积聚并且流进了原告所占用的场地内，那么原告就不能抱怨自然规律所发生的结果。如果他希望保护自己，那么他应该在他的场地和被告的场地之间留下或插上一些栅栏，以此来防止由于自然规律的作用而发生的损害结果。但是另外一方面，如果被告不是对其场地的"自然使用"，而是希望为了我称之为"非自然使用"的目的而使用场地；将非天然生长或本来处于那里的物品带进场地，引入大量地上水或地下水，而且因为他们如此行为的结果，或者他们如此行为模式任何非完美的结果，水开始泄漏并冲进了原告的场地，那么在我看来，对于自己所做的事，被告要承担危险所发生的责任；如果在其所为的过程中发生我所指的恶，即水的泄漏并流进原告的场地损害了原告，那么其结果，按照我的看法，被告要承担责任。*

这是英国的一个名案，在侵权法中，其重要性仅次于"姜啤酒"案件。与姜啤酒案件不同的是，姜啤酒案件所确立的三种侵权责任形式，今天仍然在英国法中适用，而且，它所倡导的"过失"成为侵权法的核心概念。而本案件则是开辟了一个新的时代，也就是所谓"严格责任"的时代。这也就是标题上所表达的，在这种情况下，被告主观上有错无错都要承担责任。民法的著作提到它，法理学的著作也提到它，法律史的著作同样提到它。原因很简单，这个案件成为"严格责任"的代名词。不过，形成反差的是，姜啤酒案件至今被认为是成功案件的典范，经常被法官和法学家们援引，而本案却常常引起法律学术和法律实践者们的争议和批评。其中的原因是，侵权行为法传统上被认为以"过错责任"为基石，而本案件反其道而行，确立了侵权责任的严格责任。

赞同严格责任的人认为，此案是一个规则，而不是一个原则。严格责任规则因本案而确立，但是严格责任原则早就有了几百年的历史。比如张三打了李四，在早期社会，不管张三故意打李四，还是过失伤害了李四，还是意外打了李四，张三都要承担赔偿的责任，也就是我们经常说的"以牙还牙，以眼还眼"。本案的贡献，是英国工业革命之后，侵权法的变化。工业革命的结果是，当一个人用他的土地用于工业的时候，就会对相邻的土地造成损害，或者减少邻居土地的价值。司法界认为，既然你是以营利为目的使用土地，那么你对邻居家土地的毁损就应该承担赔偿的责任。而反对严格责任的人则认为，侵权法从产生到现在，都以过错责任为基础，侵权法的目的之一就是对被告主观恶意的一种惩戒。如果在侵权法中确立严格责任，那么就有违于公平和正义。

因为对此案的规则一直存在着争论，因此，本案件之后，法官在适用该规则的时候，严格其适用的范围，或者说，不扩大该规则的适用范围。具体而言，严格遵循本规则的要素，比如被告必须是土地的占用者，他"非自然地"使用其土地，他必须将某物"带进他的土地，并聚集和维持在那里"，该物存在"如果泄漏，就可能发生损害"等情况。比如，我们设想的那个案件，张三的湖水由于暴雨淹死了李四家的狗，实际上是根据英国 1876 年的一个案件改编的。在这个案件中，暴雨是一个自然的现象，法律术语叫"上帝的行为"，一般是侵权法中充分的抗辩理由。但是，在这个案件中，法官认为，暴雨，这个上帝的行为不能够被常人所预见和预防，但是，被告在自己家里挖湖的时候就应该对自己的行为结果有预见，由于他没有预见到，他因此具有过失。法官最后支持了原告，被告要进行赔偿。有的法学家评论说，这样的做法是将严格责任放到过错责任下去考察。

* Rylands v. Fletcher (1866) L. R. 1EX265; Court of Exchequer Chamber (1868) L-R. 3H. L. 330 (House of Lords)

瑕疵产品的侵权责任

张三到李四的火锅店吃火锅，烧火锅用的是小煤气罐。吃到一半的时候，煤气罐发生爆炸，张三严重受伤。张三把李四、煤气罐厂和煤气罐厂的煤气供应商告上了法庭。李四说自己没有责任，他只是煤气及煤气罐的使用者，他无法预见煤气罐会发生爆炸；煤气罐厂说他的罐没有问题，煤气商认为煤气罐质量不过关。证据表明，煤气和煤气罐质量都存在着瑕疵。这是发生在北京海淀区的一个真实案件。法官最后让煤气罐厂和煤气供货商分摊了原告的损失。这就是所谓的瑕疵产品的责任问题，在侵权法领域，瑕疵产品的责任属于严格责任。我们看下面这个美国的案件。

原告和其妻子准备在他们的卫生间嵌上一块板，他们购买了二加仑罐装的、可溶解的气体黏合剂。罐上的指示是："危险／极度易燃／气体会导致闪光火焰／气体有害／见背面的警告"。背后标签有如下警告："含有乙烷，气体遇火会爆炸。防止气体聚积——开窗和门——只能在有交叉通风地方使用。在使用时，不要抽烟，消除所有明火和明火苗，关掉炉、加热器、电动机和其他引火的来源，直到所有气体散尽为止。不要内服。避免长期接触皮肤以及吸入气体。远离热、火花和明火。每次用完后关紧罐口。"原告在使用这个产品的时候，关掉了他的热水器，熄灭了厨房炉上的点火器，打开前后门。然后，他打开易拉罐，开始将黏合剂用在卫生间的窗户上，该窗户是关着的并且被封死，原告妻子到卫生间对面的大厅里打开了风扇。当她再走进卫生间时，一束蓝火从原告泥铲下喷出，发生了爆炸，原告严重受伤。原告提起诉讼，状告制造商和分销商，案由是产品责任。陪审团判定原告获得60万美元的赔偿，被告不服而提出上诉，上诉法官多林作出了判决。

法官引用先例提出了产品责任的诉讼要素："首先，原告必须证明该产品是发生损害的原因，导致损害的可能性不是充分的理由。其次，如果诉讼是针对制造商提起，那么原告必须证明：产品离开制造商占有和控制之时，产品就存在有缺陷；如果诉讼是针对零售商或物品供应商提起，那么原告必须证明：在物品出售给消费者使用或消费之时，或者它离开零售商占有和控制之时，物品存在有缺陷。第三，原告必须证明，该缺陷的物品对原告或原告的财产造成了不合理的危险"。"不合理危险"的定义是，"危险超过了一个普通消费者以'普通的社会知识'所能理解的程度"。

被告辩称，原告的诉讼理由缺乏上述的第三个要素。法官分析道，易拉罐发生了爆炸，这不存在疑问，原因可能是因为电扇的电点燃了气体。但问题是，导致不合理危险的原因是设计的瑕疵和不充分的警告，还是由于原告无视了罐上的警告？法官说，制造商必须预料到产品所有可预见的情况。为了避免"不合理"的危险，他必须警告产品所包含的所有"潜在"的危险。这些警告必须易于理解，以保证产品的使用安全。本案的被告应该预料到有些使用者会在一个无窗户的房间里嵌板。如果陪审团认定，易拉罐的设计方式容易导致燃烧和爆炸，而且又没有警告或者警告不充分，那么就可证明产品存在着缺陷。既然陪审团认定该产品对消费者存在着不合理的危险，那么就符合产品责任的第三个要素。专家的证言也表明，如果按照罐上的指导方法去使用，那么含有乙烷气体的黏合剂就会以极快的速度散发。罐上的标签指导消费者去用一种锯齿状的泥铲处理黏合剂，而专家认为,这种使用方式会加剧危险,因为这种使用方法会因为气体在沟槽里混合,从而使蒸发的速度倍增。原告和他的妻子都证明他们阅读过该指示和警告,并尽他们最大努力跟着去做。他们"开门"和"使用电扇"的行为都是试图按照该指示所要求的"交叉通风"去做的,证据表明原告的每一种努力都是在注意该警告。最后的结论是:维持原判。*

一个产品从生产出来到进入流通领域,存在着一系列的合同链,这个链条依次为:制造商—批发商—零售商—购买者,有时候还有受赠者,比如姜啤酒案件中的原告多诺休女士。每一个合同都规定着产品的责任。从英国的情况看,在1932年以前,法院不允许侵权行为诉讼中断合同关系链。他们所持的观点是,人们根据他们的合同责任来安排他们的事务,如果允许第三人提起侵权行为诉讼,那么就会破坏这种安排。这种观点被称为"非当事人利益的谬见"。1932年以前,此类侵权行为诉讼仅限于本身危险产品的案件,或者参与人实际上知道该危险的案件。1932年的姜啤酒案件在侵权行为法中确立了产品责任,贵族院形成了一项规则,让产品的制造商承担瑕疵产品的侵权行为责任。该侵权法原则的目的是为了保护最终的消费者,当瑕疵产品发生人身损害的时候,可以向制造商寻求赔偿。英国成为欧盟成员后,有了这个方面的成文法,这就是1987年的《消费者保护条例》。这个成文法为瑕疵产品责任规定了严格的责任。现在的情况是,如果瑕疵产品导致了人身损害,那么受害人既可以选择普通法诉讼,也可以选择成文法诉讼。

在美国,瑕疵产品的严格责任我们以前曾经提到过,其起源于卡多佐法官在"别克案件"中的判决。或者从合同隐含的质量保证义务寻找瑕疵产品责任的根据,或者从"过失"侵权法中扩展至瑕疵产品责任的根据。一般地讲,瑕疵产品的侵权行为责任采取一种无过错责任原则。依照美国《法律重述·侵权法》，瑕疵产品具有不合理的危险性，如果产品在到达最终使用者或者消费者之前不存在着实质性的变化，那么销售者要对产品的最终使用者或者消费者承担责任。有的法学家认为，产品责任采取严格责任的理由是一种公共政策。经济分析法学就认为，瑕疵产品造成的损害应该由制造商或者销售商承担，因为他们可以通过其商业活动来消化该损失，这个损失是其商业成本的一部分。

  上述案件比较全面地表述了瑕疵产品责任构成的三要素，因果关系、瑕疵的存在和瑕疵产品的不合理危险。在实践中，法院往往难以判定"不合理危险"的标准，因为在每个案件中，危险的情况不一样，通行的抽象标准则是"社会普通消费者按照普通知识所能够理解的危险"。比如煤气罐，放射性物质等被公认为危险品，这些不会发生争议。但是有些日常用品，有时候也被认为是危险品，比如在姜啤酒案件中的那瓶啤酒，再比如后面我们要谈到的可乐瓶。在正常的情况下，啤酒瓶和可乐瓶不是危险物，但是在特定的情况下，比如啤酒里面有蜗牛，比如可乐瓶压力导致爆炸，啤酒瓶和可乐瓶也可以成为危险物。

* Smith v. United States Gypsum Co., 612 p2 cl 251 1Okla 1980 58

产品责任的抗辩理由

美女照了一张艺术照,装框完毕后准备装饰在墙壁上。一时找不到合适的小锤子,她随手拿起可乐瓶当锤子用。可乐瓶砸在铁钉上,可乐瓶子粉碎,美女受伤。她把可乐瓶制造商告上法庭,美女能够得到法律的救济吗?

被告生产了一种支撑起卡车车身的推动系统,这种系统安装在一家叫罗杰公司的垃圾装卸车上。受害人的一个朋友借用了一辆这样的车作为私用,受害人和他的朋友用该车为受害人运送碎石,可是,碎石卸载后车身不能够复原回到原来的位置。受害人爬到卡车底盘上查看问题所在,这样他就身处抬起的车身下面。他抓到了阀门组件上的控制杆并将它开启,车身急速下落,受害人当场死亡。其亲属以受害人名义将被告及相关人告到了法庭,指控被告在推动系统的控制系统上存在着瑕疵。陪审团认定损害赔偿额达175万美元,但同时认定受害人也存在着过失,也就是与有过失,但是不能够说受害人是自愿承担风险。初审法院和上诉法院在受害人与有过失的问题上有着不同的认识,上诉院根据陪审团的判定,由原告自己承担30%的损失。此案最后上诉到俄亥俄州最高法院,最高法院对产品责任中的与有过失抗辩理由作出了判定。布朗大法官代表法院多数提出了法律意见。

大法官说,按照俄亥俄州的法律,产品责任中存在着两种抗辩理由:第一,原告自愿承担风险,也就是说,原告明白地知道产品的瑕疵，但是仍然自愿地从事风险活动，第二，原告用一种非常规的方式误用该产品。在这两种情况下，被告有完全的抗辩理由。大法官说，上诉法院区分了原告"积极的过失行为"和"被动的过失行为"，并认定原告被动的过失行为不是被告的抗辩理由，而原告积极的过失行为可以成为被告的抗辩理由，原告的积极过失行为类似于成文法中的比较过失的原则。大法官不同意上诉院的这种区分，为此他引用了《法律重述·侵权法》的有关规则，认为原告的与有过失只存在着两种情况，第一，受害人过失，比如原告过失而没有发现产品的瑕疵，或者他没有能够保护自己。在这样的情况下，原告的过失不是被告的抗辩理由。第二，明知危险并自愿面对危险，也就是自愿承担风险，如此过失行为可以成为被告的抗辩理由。因此，规则是如果原告自愿承担风险，被告就有抗辩理由，否则他就没有抗辩理由。按照这个规则，大法官说上诉法院划出原告"积极的过失行为"这个中间地带，理由不充分。

接下来，大法官分析了严格责任原则所蕴涵的公共政策和目标。《法律重述·侵权法》认为，产品的卖方对社会广大的消费者承担一种特殊的严格责任，公众有权利来信赖卖方保证产品的质量。让卖方承担事故的损失，是因为这是一种生产的成本，这种成本可以通过责任保险的方式获得。著名的普洛塞教授认为，让商人和企业承担事故的损失，是因为他们有能力向商品购买者那里分配损失，这是一种"风险承担的经济学理论"，比如他们可以通过较高的定价来消化这部分损失。在这一点上，严格责任原则不同于过错责任原则，过错责任原则是要让造成损失的人补偿该损失，因为侵权行为人的不当行为应该受到谴责，他应该尽到合理注意的义务。但是，严格责任的理由不是被告的"应受谴责性"，而是让从产品获益的人通过商业活动消化产品所发生的损失。

最后，大法官分析比较过失在严格责任中的地位，他说，美国有的法院认可比较过失为严格责任中的抗辩理由,而另外更多的法院拒绝这种抗辩理由。就俄亥俄州而言,大法官认为不能够将它认定为有效的抗辩理由。最后的结论是:撤销上诉法院的判决。*

一般而言,瑕疵产品责任的归责原则为严格责任,但是严格责任并不意味着诉讼的被告不加区分地承担全部责任,也就是说,产品责任案件中的被告同样存在着抗辩的理由。有时候,法学家们区分两个概念,一是严格责任,二是绝对责任。他们认为严格责任不是绝对责任,绝对责任不存在抗辩理由,被告无条件承担责任,而严格责任仍然存在着抗辩理由。但是也有法学家认为,侵权行为只存在着过错责任与严格责任的区分,绝对责任就是严格责任。侵权行为中严格责任的适用范围,除了我们在前面谈到的"有错没错都得赔"案件那一类和这里的瑕疵产品案件外,通常还包括动物造成损害的案件、火损案件和环境污染案件等等。

从成文法的情况来看,英国的 1987 年《消费者保护条例》有着具体的规定,依照此成文法,被告可以利用的抗辩理由有:第一,产品符合欧共体的质量标准或者成文法的质量标准。第二,制造商可以证明,在他们把产品移交之后,产品瑕疵才出现。为了做到这一点,制造商必须证明,他们在交付产品的时候瑕疵不存在。第三,产品被制造出来的时候,当时的科学技术的水平不足以发现该产品的瑕疵。

从普通法的情况看,美国《法律重述·侵权法》可以作为参考,它列举了原告的三种情况:第一,原告过失而没有发现产品的瑕疵;第二,原告过失而没有能够有效地保护自己;第三,原告明知危险并自愿面对危险,也就是自愿承担风险。三种情况下,原告的过错程度逐步增大。但是,只有在最后一种情况下,原告的过失才是被告的完全的抗辩理由。比如我们设想的"美女拿可乐瓶砸钉子"的例子,就是美女自愿承担风险的行为。本案法官基本上采取了《法律重述·侵权法》的看法，他认定，原告的过失，不管是积极的过失还是消极的过失，都不能够成为被告免责或者减少责任的理由。

比较复杂的问题是，在一个具体的案件中，究竟适用过错责任原则？还是适用严格责任原则？比如上述案件中"与有过失"和"比较过失"所引起的争议，就是这个情况的反映。就两者的理论基础而言，过错责任和严格责任存在着实质性的不同，过错责任强调的是"行为的应受谴责性"，严格责任则是"事故损失的经济分摊"。法官对于严格责任公共政策的分析，与法律经济分析的结论是一样的。而且，在法律经济分析学派看来，适用严格责任的成本高，对原告有利；适用过错责任的成本低，对被告有利。因此，有人从中得出结论，过错责任原则的出现是为资本主义企业服务的，有利于工商业的发展。而严格责任的出现，则是保护经济上处于劣势的人。

---

* Bowling v. Heil Company, Supreme Court of Ohio, 1987. 31 Ohio St. 3d 277, 511 N. Ed. 2d 373

制造商的过失与严格责任

可乐瓶公司生产出可乐瓶，卖给可乐公司，可乐公司灌了可乐封瓶，卖给了可乐销售商，可乐销售商把可乐卖给了餐厅，放在冰箱里。服务员从冰箱里拿可乐的时候，可乐瓶爆炸。服务员应该找谁寻求赔偿呢？原理是，可乐瓶的质量问题出在哪个环节，就由哪个环节的人承担瑕疵产品的责任。是让服务员即原告来证明瓶子存在着瑕疵呢，还是由那个环节的人即被告证明自己不存在着产品瑕疵呢？还是无须证明就让被告承担责任呢？如果让原告证明被告存在着过失，那么法律原理是过错责任原则；如果让被告证明自己不存在过失，那么法律原理是因事物自道缘由而推定过失；如果直接让被告承担责任，那么法律原理是严格责任。其中的细微差距，我们可以从下面的案件中发现。

原告是一个餐馆的女服务员，在往冰箱里放置可口可乐的时候，可口可乐瓶"在她手里发生爆炸"，女服务员严重受伤。她将可口可乐玻璃瓶制造商告上了法庭，由于不能够证明被告存在着特殊的行为过失，法官主张适用"事物自道缘由"的理论。陪审团作出了有利于原告的判决，被告不服上诉，后上诉到加利福尼亚州最高法院，大法官们给出了他们的法律意见书。

首席大法官基布森认为，权威的看法是，当产品离开了被告控制后导致了伤害事故，该事故本身并不意味着被告就必然要承担过失的责任。但是，更合乎逻辑的看法是，如果原告能够证明产品在离开被告占有之后并没有发生变化，那么即使是对事故没有控制权，被告也对其过失行为有着控制权。就本案而言，有充分的证据可以推断，被告的可乐瓶交付给餐馆之后，可乐瓶并没有受到任何无关力量的损害。因此可以说，可乐瓶在离开被告实际控制的时候，就存在着某种程度上的瑕疵，因为如果搬运得当，质量合格的碳酸盐类饮料瓶通常不会发生爆炸。

  首席大法官接着分析了事物自道缘由的理论，他说原告依据这个理论推断，在可乐瓶交付给饭店的时候，被告就要对产品的瑕疵承担过失的责任。大法官说，本案所发生的爆炸，也许是因为过度的内在压力，也许是因为玻璃中的瑕疵，也许是因为这两个因素的综合。问题是：在现有的证据下，我们是否可以认定被告在其中一个方面可能存在着过失？倘若如此，就可以适用事物自道缘由的理论。本案中虽然没有明确的证据证明存在着过度的压力或者玻璃的瑕疵，但是也有充分的证据表明：如果适当注意，上述两个方面的事故原因就不会出现。而且，被告对看管和检查可乐瓶有着专门的控制权。所有这些就意味着，原告可以根据事物自道缘由理论推定被告存在着过失。

  另外一个大法官崔诺同意首席大法官的意见，但是在法律理由上，他提出另外的思路。他觉得与其让被告承担过失的侵权行为责任，还不如让被告承担制造商的严格责任。一个产品放置于市场内、明知道使用者不经过检查就使用，那么如果产品存在着瑕疵，就会对他人发生损害。即使制造商不存在着过失，公共政策也会要求对危及生命健康的、本身危险的瑕疵产品设立一种责任。制造商能够预料并防范危险，而公众则不能够做到。如果让受瑕疵伤害的公众承担这些伤害成本以及时间和健康的损失，那就是不合理的，这部分成本和损失应该由制造商来承担，因为他可以通过商业活动以商业成本的方式来消化这个损失。因此，应该对危险设立一般的和固定的保护措施，而制造商是提供这种保护措施最合适的人选。

这位大法官继续说，手工生产如今已经被大规模的工厂生产所取代，大规模工厂生产就意味着巨大的市场和运输设备，这样，生产者和消费者的关系开始发生了变化。消费者不再能够有充分的方式和技巧来检查产品的质量，往日的谨慎也因为制造商眼花缭乱的广告和市场策略而荡然无存，他们只是按照制造商的信誉和产品的商标来购买他们需要的商品。在这样的情况下，制造商就有义务在新的情况下采取更高的标准和更严格的检查措施。

本案最后的结论是：维持初审法院的判决。*

在美国法中，产品严格责任原则确立于20世纪60年代。在此之前，产品瑕疵导致的人身损害，要么通过合同法中的瑕疵担保义务来补偿，要么通过侵权行为法中的过失责任来补偿。在前面的案件中，我们知道，早在1916年，卡多佐法官就处理过产品瑕疵案件，在那个案件中，他采用传统普通法过失侵权行为来处理产品责任的问题。他认为瑕疵产品存在着一种"迫在眉睫的危险"，对此，产品的制造商应该"合理预见"该危险，否则他就要承担过失的侵权行为责任。这是产品责任法早期的特征，也就是从过失侵权行为中推演出瑕疵产品的责任。在上述的案件中，首席大法官的看法基本上延续了卡多佐的观点。这个案件发生于1944年，它实际上反映了在侵权行为法体系中产品责任从过失责任到严格责任的过渡。上述案件的另外一个大法官崔诺则建议直接采用严格责任的原则，主要的理由是制造商比一般消费者有更多的知识和财力来预防危险并保护生命和健康。在1963年的另外一个案件中，崔诺大法官重申了这个观点，此后不久，美国《法律重述·侵权法》第二版第402节就明确确立了瑕疵产品的严格责任。

应该说，这个特点在英国也是一样。在1987年《消费者保护条例》颁布前，产品责任还是遵循过失责任原则，我们提到过的那个姜啤酒案件就是一个标志。在那个案件中，阿特金勋爵确立了产品责任原则，认为制造商要对最终消费者负有注意的义务。即使在那个案件中，从法律推理的角度看，贵族院还是从过错中推演出产品责任。在这个方面，我们可以发现，姜啤酒案件既是英国过错责任的起点，也是英国产品责任的起点。这就意味着，在英国，产品责任与过错责任同源，只是到了1987年以后，为了与欧盟法律一致，英国法颁布了成文法，才正式承认产品责任遵循严格责任。到现在，瑕疵产品采用严格责任，基本上已经成为世界的通例。

从我国的情况来看，80年代中期以前，我们没有现代意义上产品责任问题。1986年的《中华人民共和国民法通则》规定了产品制造者和销售者的责任，其第122条规定：因产品质量不合格造成他人财产、人身损害的，产品制造者、销售者应当承担民事责任。1986年4月5日，国务院颁发了《工业产品质量责任条例》。1993年2月22日全国人民代表大会常务委员会通过了《中华人民共和国产品质量法》，并于2000年7月进行了修改。依照我国的《产品质量法》，产品质量之"产品"，是指经过加工、制作，用于销售的产品，"产品缺陷"是指产品存在危及人身、他人财产安全的不合理的危险。其中的标准，既有国家标准，也有行业标准。在归责原则方面，多数学者认为我国《民法通则》和《产品质量法》采用了"无过错责任说"，司法实践中也采用了"无过错责任"，这里的"无过错责任"可以理解为严格责任。

---

* Escola v. Coca Cola Bottling Co. of Fresno, Supreme court of California, 1944. 24 Cal. 2d 453, 150 P. 2d 436

服务性行业的严格责任

美女去做美容，美容师给美女做头部按摩的时候，用力过猛，擦伤头皮，加上使用烫发液不当，美女头皮红肿，额头起泡，头发脱落。美女状告美容院，与此同时，她去医院整容。麻醉师给美女注射局部麻醉剂里多卡因和肾上腺素，不久，美女心跳加快，最快时每分钟240次。随后心脏停止了跳动，一个半小时后死亡。美女父母状告整容医院。美容院和整容医院都要赔偿吗？如果两院都要赔偿的话，那么法律的理由应该是一样的吗？我们看下面这个真实的案件。

原告是被告美容院的常客，给她做美容的美容师叫范兰特。范兰特建议给原告烫发，原告接受了建议。在烫发的过程中，原告多次感到灼伤，范兰特每次都作了处理，但是她前额留下了水疱，头发也有脱落。皮肤专家认定她患上了皮炎，原因是烫发所使用的烫发液。范兰特称所使用的烫发液是一种叫做"烛光"的溶液，这种烫发液性质温和，但是可能损害擦伤了的头皮，且当溶液揉进擦伤了的头皮之后会导致刺痛。他说他从原包装中取出并使用该烫发液，依照他的经验，原告刺痛感和灼烧感都是正常的反应。烫发液包装上对美容师有个标签警告，上写："带着橡胶手套烫发。保证顾客的头发和头皮处于可以冷烫的状态。洗头前后都不要狠搓头皮。如果头皮过于柔软的，或者发现有溃疡或者擦伤，就不应该烫发。询问顾客从前的烫发经历，并确信顾客对烫发液不敏感。"原告没有看过该警告，也没有证据表明范兰特曾经问过原告从前冷烫的经历。但是事后原告四次烫发都没有出现不良反应。原告将美容院告上了法庭,初审法院作出了有利于被告的判决,理由是被告是在提供一种服务,而不是提供一种产品,上诉院撤销原判,认定被告在使用烫发液的时候承担一种默示的保证义务。此案最后上诉到新泽西州最高法院,弗朗西斯法官作出了判决。

法官首先分析了,在该案件中美容院的工作是纯粹的服务,还是产品买卖和服务的综合服务。如果被告将烫发液卖给原告,让她回家自己使用,那么就是完整的产品事故,被告要承担保证的责任。但是在本案中,被告不仅建议原告使用该烫发液,而且也在原告身上使用了该烫发液,这就增加了被告的责任。因为这个缘故,被告的行为是销售产品和提供服务的综合行为,一方面提供服务,另外一个方面提供产品,被告在确定烫发价格的时候,已经将烫发液的价格计算在内。这种情况下的顾客既是产品的消费者,也是服务的接受者。因此,该产品隐含的保证义务成立。美容院招揽顾客,就意味着它有充分的知识和技能对顾客提供服务,接受服务的顾客就合理地信赖美容院所使用的产品以及使用该产品的方式不会对她发生损害。她处于美容师的控制之下,她只是一个被动的接受者。

其次,被告将自己的服务与医生的医疗活动联系起来,而按照先例,医生对其服务只承担过失的责任,而不是严格的责任。为此,法官区分了美容师——顾客的服务与医生——病人的服务,并认为前一种关系可以适用一种严格的责任,而后者只承担一种过失的责任,理由是前者是一种商业的关系,而后者是一种职业活动关系。美容师做广告和从事非职业活动,而医生不招揽顾客和按照自己的判断给病人治病。而且,医生的治疗活动从来都不是一门精确的科学,不能够准确地判断和完美地治疗,他们是按照病人的状况和他们的经验。因此,不能够给类似医生这样的职业者确立一种严格的责任,而只能够给他们确立一种过失的责任。从这个意义上讲，美容院的服务并不具备这样的性质以及社会福利的功能，被告应该承担一种严格的责任。最后的结论是：维持上诉院的判决。*

早期的产品责任仅仅局限在食品和私人产品上，后来扩展到几乎所有的产品；早先的产品责任仅仅局限在产品的制造商，后来又扩展到供货商、分销商、批发商和零售商；早期的产品责任仅仅局限于产品本身，后来的发展扩展到产品的附带产品。产品责任范围的扩张提出来的一个问题是：服务性的行业是否会适用一种严格责任？上述的这个案件就这个方面的一个名案。在这个案件中，烫发液的瑕疵，是一种产品责任，美容院将这种产品用在顾客头上，就是一种服务。瑕疵产品发生严格责任，我们在前面的案件中已经涉及，而这个案件提出的不同问题则是：服务行业提供的瑕疵服务是否可以适用严格责任？在这个案件中，大法官认定被告提供的服务同时包含了瑕疵产品和瑕疵服务，并肯定了瑕疵服务也可以像产品责任那样适用严格责任。如果被告的活动是兼有服务和买卖性质的活动，那么被告就可能承担瑕疵担保的义务，也就是要承担一种严格的责任，这就是本案提出的一项规则。

虽然一部分法律学者提出纯粹服务业也存在严格责任的可能，并呼吁对服务瑕疵确立严格的责任，但是在实践上，并没有太大的进展。对于一些服务业，法官采用了严格责任，比如 1977 年，英国有一个贵族院判定的案件。在这个案件中，建筑公司按照建筑师的方案建造了一栋楼房，建筑公司没有将地基挖到足够的深度，结果房屋出现了瑕疵。法官把责任延伸到了销售商、出租人、建筑师、建筑人和地方当局。1972 年英国的《瑕疵房屋条例》明确规定，建设人、分包商，建筑师和其他职业性人员要承担三个方面的责任：工作负责，材料合适和适合人居住。如果出现了瑕疵，就可以适用严格责任。

另外的一些纯粹服务业则不适用严格责任，比如医疗和律师服务。这个问题，我们曾经在医疗失当的案件中提到过，医师、律师和巫师工作有他们的特殊性，他们的专业不是严格意义上的科学，更多的是经验和判断。如果我们不能够用公式和函数表达出标准的医生治疗方案或者律师程式，我们就不好判定医生或者律师的服务存在着瑕疵。另外，从传统意义上看，医师和律师的服务不是一种纯粹的商业活动，而是带有社会公共福利的性质，医生的口号是"救死扶伤和人道主义"，律师的口号是"除暴安良和法律援助"。虽然今天的医生和律师的道德标准已经比不上他们的先辈，但是，这两个行业的公共福利精神仍然在"灵光闪现"，职业的传统随着历史的沉淀，还是保留了下来。以此标准来分析我们开头假设的案件，那么，美女诉美容院一案，可以让被告承担严格责任，而美女家属诉整容医院案，只能够按照过错原则来分析和判断医院是否应该承担法律责任。

* Newmark V. Gimbel's Inc., Supreme Court of New Jersey, 1969. 54 N. J. 585, 258 A. 2d 697

血液制品瑕疵的责任性质

张三临近分娩入院，次日分娩后，产后大出血，该院为其输血800毫升。后发现张三体内含艾滋病和丙肝病毒，被卫生部艾滋病预防和控制中心确诊为艾滋病病毒携带者。后查明，医院的血液来自当地血库，血库采血时未对供血者血液作相关病毒检查。输给张三体内的血来自两名艾滋病携带者。张三将血库告上法庭，血库因血液承担严格责任吗？我们看美国的一个案件。

被告是一家非营利性质的血库，在美国西部经营血液业务。血液主要来自志愿者，他们将捐献的血液加工成全血和血元素，比如红细胞，血小板，新鲜的冷冻血浆，然后把它们提供给医院。1983年4月，被告接受了一位捐献者的血液，后加工成医疗用血，送进了科罗拉多州的一家西南纪念医院。一个月后，原告遭枪击住进了该医院，她在医院接受了外科手术。在手术过程中，她被输注了来自被告血库的全血和新鲜冷冻血浆。后来，原告表现出艾滋病的症状，成为艾滋病病毒携带者，后发展成为艾滋病相关综合征，最后患上了艾滋病。后查证原告手术所用的血来自1983年那位捐献者的血，从该捐献者的医生那里得知，捐献者属于艾滋病的高危人群。原告将被告告上了法庭，指控被告存在着过失，也就是，血库在采血的时候没有对捐献者的血液仔细检查，看其血液是否存在艾滋病毒感染的潜在可能性，也没有对这类血进行替代实验。

原告在起诉书中提交了一份科蓝特医生的专家鉴定，科蓝特是一个皮肤科医生，他对被告的工作提出了专家意见。这位专家对艾滋病做过大量研究，他在证明书中称，自1983年1月起，有充分证据表明，如果不采取充分的预防措施对捐献者的血液进行检查和替代实验，艾滋病病毒将会进入医疗行业和国家血库。当时，艾滋病最危险的人群是那些男同性恋者、静脉内毒品注射者、海地人和血友病患者，可惜的是，血库无视艾滋病专家的建议和警告，没有对捐献者所捐献的血进行严格的检查。1983年4月18日，也就是捐献者献血的那天，被告没有对该血采取充分步骤和严格的预防措施进行检查，最后使得该血进入到了国家的血库。

初审法院首先认定被告采集、准备和加工血液的行为是一种"履行医疗服务"的行为，因此，要认定被告存在着过失，就应该适用血库的专业标准，而不是一般合理注意标准。但是，对于科蓝特医生的专家鉴定，初审法院予以排除，因为法院认为医生本人并没有直接从事血库业的活动，他的鉴定不能够用来否定血库业的业内标准。初审法院指导陪审团采用血库业的业内标准，在此指导下，陪审团作出了有利于被告的判定。原告上诉，上诉院则认为本案应该采用一般合理注意的标准，而不是初审法院所采用的专业标准，结论是再审。原告继续上诉，于1992年上诉到科罗拉多州最高法院，奎恩大法官作出了判决。

奎恩引用了科罗拉多州的成文法，认为输液方面的科学知识、技巧和物质对人们的健康和福利至为重要，但是，也不能够因此对从事这些科学的人和组织设立一种无过错责任，因为严格责任可能会抑制医学的判断，限制科学知识、技巧和物质的有效性，公共政策决定对相关人员和组织适用过错责任原则，只追究他们过失和故意渎职责任。另外，人体血液和血液元素的采集、准备和加工是履行医疗服务的行为，而不是一种买卖。因此，血库只对他们的过失行为或者故意的渎职承担责任。依照这个准则，两级法院都存在着错误，上诉法院的错误在于采用了一般合理的过失标准，而初审法院错误地排除了科蓝特医生的专家鉴定，结果导致被告实际上设立了自己的法律责任标准，而这个标准又明显的存在缺陷，不利于防止艾滋病毒的感染。最后的结论是：发回重审。*

为了保护消费者和社会弱者的利益，产品责任法的发展趋势是适用领域的扩张，产品责任不仅扩展到有形的财产领域，而且还扩展到无形的服务领域。本案提出的问题是，血液产品出现了瑕疵，是适用产品责任？还是沿用传统的过错责任？这个案件的三级法官都将被告的行为认定为"服务"，而不是产品的"买卖"，从而确立了过错责任原则，这意味着对医疗行业和医师的保护，其中的理由是这个行业涉及大众的健康和公共的长远利益，因此不适用产品责任中的严格责任。这个案件涉及了三个过失的标准，第一个是上诉院采用的"一般合理的注意标准"，第二个是初审法院采用的"行内专业的注意标准"，第三个是最高院采用的"专家的注意标准"，其注意的程度逐步递增。

可以预见，人数众多的个体供血者，以获取经济收入为目的，频繁流动供血，从而导致血液质量下降和经血液传播的疾病流行。由于目前血液管理方面的行政法规客观上调整能力有限，加上监督机构及制度不健全，处罚力度不够等诸多原因，卖血和非法采供血现象层出不穷，使得血液质量无法得到充分的保证，包括乙肝、丙肝、艾滋病等以血液传播为主的疾病时刻都在威胁着献血者与用血者的安全。

血液是生命的源泉和动力，自从输血技术临床应用以来，输血行为挽救了无数人的生命，但同时也成为传播疾病的一个重要途径。相比注射毒品、性接触和母婴接触等传播途径，输血传播病毒的概率最高，因而输血感染艾滋病、丙肝、梅毒等疾病给社会稳定和经济发展造成了严重影响。在具体的诉讼案件中,司法机关还是采取了过错责任原则,不过,在举证责任方面适用证据倒置规则,让血库和医院证明自己不存在着过失。

* United blood services, div. of blood systems, Inc. v. Quintana, Supreme Court of Colorado, 1992. 827 P. 2d 509

雇主的替代责任

北大法学院向方正公司定购方正电脑200台，法学院委托北大车队把电脑从上地五街方正公司运送到法学院新大楼。北大车队派年轻的司机张三完成这个任务，当张三载着电脑经过清华西门的时候，遇到堵车。张三心急毛躁，强行经人行道超车，在避让行人的时候，不小心撞在清华西门的石狮子上，石狮子受损。清华认为，该石狮子为清华镇校之宝，该狮子一旦被毁损，百年名校前途未卜，遂状告北大。北大以为，北大车队为北大附属机构，但是，司机是在违反交通规则的情况下，撞坏清华石狮子的。撞石狮子是该司机的个人行为，清华应该找张三索赔，而不应该找北大。清华则称，张三的经济状况不足以赔偿石狮，且张三为北大工作，北大应该对自己雇员的行为承担严格责任。你支持北大，还是支持清华？我们现在开始来探讨这个类型的案件。

原告是洛杉矶的一名警察。在高速公路上检查交通的时候，他被一个叫弗兰克的人驱车撞倒。事故后，原告遭受永久性伤害，市政府为他支付了医疗费，也为他提供残疾年金。肇事者弗兰克在一家电气公司工作，原告将这家公司告上了法庭，也就是说，将弗兰克所在的公司作为被告提起了诉讼。弗兰克在这家公司担任电梯设计师的助手，他为被告公司工作了4个月，其工作由被告公司指派。弗兰克在上班之前和下班之后，都不回办公室，而是直接从家里去上班，直接从工作地点下班回家。事故发生的时候，弗兰克的工作没有完结。依照弗兰克与被告公司的劳动合同，公司供给弗兰克的车资和提供的行程时间依其工作点与洛杉矶市政厅的距离而定。当时，弗兰克的工作地点与市政厅相距15到20英里，他的行程时间为每天一个半小时，车资为1.3美元，公司对弗兰克的交通方式和路线没有限制。

初审法官认为这个案件的首要的问题是，弗兰克交通肇事行为是不是他的履行职务的行为？法官认为要考虑如下的因素：他的行为是否得到了公司明示或者默示的授权？雇佣性质以及工作的目的和责任是什么？雇员是否正在履行其职务？他的履职行为是否直接或者间接地增进雇主的利益？如果没有得到授权，那么事故是否与他的工作相关？结果，陪审团作出了有利于被告的判定，原告上诉，最后上诉到了加利福尼亚州最高法院，彼得大法官给出了他的法律意见书。

大法官认为，本案涉及雇主对雇员的替代责任理论。这个理论早期的说法是，如果雇员是为了雇主的"利益"，而且雇员为雇主所"控制"，那么当无辜的第三人受到损害的时候，雇主要因他选择雇员的过失而承担赔偿的责任。但是，现代替代责任的理由则是基于一种公共的政策，即"合理地分摊危险的损失"，也就是说，雇员职务行为所发生的损害赔偿实际上是雇主的一项商业成本。雇员的职务行为导致了损害，最好的办法是让雇主来承担该损失，而不是让无辜的第三人来承担，因为雇主可以通过价格、费用或者责任保险的方式来吸收和分摊该损失，最后让社会来消化该损失。大法官说，另外一个现代的理论是说，替代责任的基础不是雇主的控制和过错，而是其企业的危险事故。因此，我们不应该去寻找雇主的过错，而应该去寻找他所从事行业的危险性；不应该去探讨雇主是否可以合理地避免事故，而应该去寻找合法企业不可避免的风险和代价。

大法官说，本案另外一个具体的问题是：雇员"上下班的时间"是否属于履行职务的期间？通常的说法是"上下班"不是履行职务的行为，雇主因此不对雇员上下班期间所发生的损害承担替代责任。这个规则称之为"上下班"规则，其理由是：从雇员离去到他返回工作，他的工作处于"中止"的状态，而且他在来往期间并不是为雇主提供服务。不过，这个规则也存在着例外。大法官引用了两个先例来说明：如果雇主因企业的利益为雇员提供上下班的交通工具、汽油或者来往的时间，那么雇主就要承担替代责任。在这个案件中，弗兰克与公司的劳动合同明确规定了工作上下班的行程时间，这样，只要弗兰克在这段时间里是在实现这个目的，也就是回家，那么雇主对雇员的替代责任理论就可以适用。

大法官总结说，在这个案件中，适用替代责任的理论不存在着争议，因此，修改初审法院的判决，作出有利于原告的判决。*

所谓替代责任，有时也称为代理责任，是指雇员在履行职务行为的时候导致了第三人的损害，那么雇主对其职员的损害承担赔偿的责任。比如，北大车队的司机为北大开车，撞了清华的石狮子，其中，北大是雇主，司机是雇员，清华是第三人。根据替代责任，张三在为北大开车运货的过程中，导致了清华的损失，那么，北大作为张三的雇主，要对清华的损失承担替代的责任。这是一个世界通例，在大陆法系国家，它是一项特殊的侵权行为责任；在英美法系，这种替代责任近似于一种严格的责任。

为什么雇主要为雇员的侵权行为承担责任，历来就有三种不同的看法。按照英国法学家的看法，第一，雇主"控制"着雇员的行为，雇员按照雇主的意思行事，雇员实际上是雇主的代理人。这种理论有其不足之处，比如，工厂里的学徒工绝对按照师傅的旨意工作，木匠师父让徒弟打3厘米的孔，徒弟不敢打2.5厘米或者3.5厘米。但是，电脑工程师、医生和律师这样的雇员不可能按照老板、医院和律师事务所的旨意来工作。医院和律师事务所无法"控制"自己的雇员。第二，雇主在选择雇员的时候存在着"过失"，雇主应该选择有工作能力的人为他工作，因为雇主在选人上存在着过错，那么他应该为他的过错承担雇员的侵权责任。这种理论是想应用过错责任原则来解释替代责任，其理论上的难题是，雇主的"过失"在前且错在选人，雇员"过失"在后且错在行为，不是同一层面上的"过失"。第三，雇员的工作是在为雇主的利益在工作，因此雇员的工作实际上是雇主工作的一部分。这是一种现代的看法，是从经济关系和经济利益上来考察雇主／雇员的关系。雇主为雇员的侵权行为所承担的责任最后变成商业成本的一部分，最后通过价格让社会来消化这部分损失。本案是一个美国的案件，法官基本上如此总结了替代责任的三种法理基础，第一是"雇主选择雇员的过失"，第二是"合理分摊损失的公共政策"，第三是"公司活动本身的危险性"，最后一种观点有些新意。

这类案件在实践中经常的问题是：雇员的侵权行为是否是职务行为？不同的情况，适用不同的规则，在这个案件中，主要涉及"上下班规则"。依此规则，雇主对雇员上下班时所发生的侵权行为不承担替代责任，因为雇主／雇员关系所强调的是"工作时间内履行工作的行为"，工作期间不应该包括上下班的时间。这个案件中比较特殊，因为这个雇员上班时间没有那么严格，在这样的情况下，就要看具体的情况：从实质上看，雇员上下班是不是他工作的一部分？在这个案件中，法官持肯定的态度，其理由是，如果雇主对雇员上下班提供了福利，那么他就要承担替代责任。

* Himan v. Westinghouse Electric co., Supreme Court of California, 1970. 2 Cal. 3d 956, 88 Cal. Rptr. 188, 174 P. 2d 988

"用人不慎的代价"

甲公司是一个开发商，他把工程分包出去，其中一个工程给了财力不强的乙公司。乙公司为了减少成本，又把部分工程分包给了小公司丙公司。丙公司的雇员在工作的时候造成原告的损害。因为丙公司无法承担巨大的损失，原告把财大气粗的甲公司告上了法庭。甲公司认为，乙和丙公司都是经济上独立的承包商，原告与受害者都与甲公司无关，按照法律原则，开发商不为独立承包商承担替代责任；但是，原告认为，甲公司为了自己的经济利益，故意选择财力弱小的公司，这本身就存在着错误。以公正的名义，开发商应该承担赔偿责任。这就是下面这个案件最简单的描述。我们看具体的案件。

被告是一家开发商，是一个价值达150万美元的购物中心的所有人及总发包商。它将购物中心的铺路工程交由一家叫做松木的公司承担，19岁的原告就是这家公司的一个职员。被告知道或者应该知道松木公司会把工程转包出去，因为松木公司没有自己的卡车队。松木公司将工程转给了温索建筑公司，温索公司的卡车司机在工作的时候，卡车正好碾过原告的盆骨，原告的医疗费用为3.5万美元，但温索公司卡车责任保险只有1万美元，而标准的责任保险应该为25万美元。加之温索公司是一家财力有限的公司，原告得不到充分的赔偿。因此，原告将开发商告上了法庭，理由是：被告雇佣了经济上无赔偿责任能力的承包商，因为这个失职行为，被告应该承担原告的损害赔偿。地区法院作出了有利于被告的判决，判决理由是，一个开发商不为一个独立的承包商承担侵权行为的替代责任。原告不服上诉,后上诉到联邦上诉法院第三巡回法院,巡回法官亚当斯代表法院给出了判决书。

亚当斯法官说,本案所涉及的规则是雇佣人与独立承包商的责任关系,这个方面的一般规则是雇佣人不为独立承包商的过失承担代理的责任。但是,这个规则也存在着例外的情况,在如下三种特殊的情况下,雇佣人要对独立承包商的过失承担责任:第一,雇佣人对发生损害的过失行为保有控制权,第二,所雇佣的承包商为无能力人,第三,履行合同的行为本身是一种具有内在危险的活动。亚当斯认为,原被告双方争论的焦点是:被告雇佣一家经济上不能够赔偿损害的公司,是不是属于上述第二种例外?法官认为,新泽西州最高法院曾经用长篇大论来分析过这个问题,得出的结论是:"雇佣一个经济上无赔偿能力的承包商"等同于"雇佣了一个无能力的人",因此属于第二种例外。在那个案件中,主审大法官曾作出过著名的"附带评论":受伤害的第三人完全是无辜的,但雇佣人却有选择的权力,因此,依分配正义的观念,如果经济上无赔偿能力的承包商实施了侵权行为,那么由此发生的损失应该落在雇佣人身上。

就本案情况而言,导致了原告终身的残疾,由于独立承包商经济上的无赔偿能力,他得不到实际的赔偿。在这样的情况下,法官觉得有三个方面的理由应该由开发商承担赔偿的责任。第一,按照法律的精神,事故损失的负担应该由最适宜的当事人承担,而不应该由无助的受害人来承担。在这个案件中,承包商没有赔偿的能力,事故的负担要么落在开发商身上,要么落在受害人身上,比较而言,开发商是更理想的负担者,因为它是个企业,它可以通过商业活动或者责任保险将该损失消化。第二,按照侵权行为法的原则,谁有权控制导致事故的因素,谁就要承担该事故所发生的责任。本案事故原因有二,一是导致伤害的过失,二是过失地雇佣了没有经济赔偿能力的承包人,因此,开发商有理由承担责任。第三,新泽西州法院的一个观点是,谁是事故行为的受益者,谁就应该承担责任。开发商雇佣一个经济实力弱小的承包商,实际上是在降低它的开发成本,这是对开发商有利的,所以依据这一点,开发商也应该承担责任。

法官最后指出,上述三点都指向一个方向,这就是开发商要承担赔偿责任,因此修改下级法院的判决,作出有利于原告的判决。*

本案法官在这个案件中,至少涉及两个重要的理论:第一,如何区分雇主—雇员关系和开发商—独立承包商的关系?第二,如果让开发商承担独立承包商的侵权责任,那么它的法律理由是什么?

我们先看第一个问题,法律的基本原则是:雇主只为自己的雇员承担替代责任,而不为独立的承包商承担责任,区分两者的标准是:雇主签订合同购买了雇员的服务,雇主为了服务而与独立承包商签订了合同。雇员与独立承包商的区别在于,雇员在法律上不具备独立的人格,他所发生的法律关系应该由他的雇主来承担,这种观念来自早期手工业师傅与徒弟的关系。而独立承包商则是法律上独立的主体,他可以起诉、应诉和赔偿。但是,在实践中,区分雇主—雇员和开发商—独立承包商并非易事。传统上的区分尺度是"控制说",就是看一方是否控制着另外一方的工作?现代的区分尺度,则是"利益说",就是看双方的工作是否是一不可分割的整体。在这个案件中,法官持后一种观点,认定:如果雇佣人过失地选择了独立承包商,那么他也要承担赔偿的责任,这是雇佣人不承担责任之一般规则的例外,有法学家称之为"非代理的责任"。也就是说,用人失察,用人者要承担过失的责任。

再看第二个问题,这个案件揭示出来的道理是,当受害人得不到充分赔偿的时候,开发商是合适的损失承担者,这既可以说是一种公平的归责原则，也可以视为一种公共政策。早期的判例法很少抽象地探讨公共政策和公平正义问题。虽然从法哲学的角度看，法律与正义如同一对孪生兄弟。到了 20 世纪 60—70 年代，法学家和法官都喜欢用公平正义来解释新的公共政策。有的法学家把这种法律正义观直接追溯到古希腊的亚里士多德。亚里士多德有两个基本的正义，一是分配正义，二是矫正的正义。如果张三投资 99 元，李四投 1 元做买卖，后又挣了 100 元，这新挣的 100 元怎么分？如果张三 99 元李四 1 元，那么就合乎分配的正义；如果张三 50 元李四 50 元，那么就合乎矫正的正义。70 年代的法学家用这个分配的正义来解释侵权行为法的道德基础，在侵权行为发生前，张三李四是平等的。张三打了李四，意味着张三获益，李四受损，张三李四之间的比例失衡；为了新的平衡，就需要矫正，法律正好就是这样一个合适的矫正器。本案法官是与这种思潮有关联的，不同的是，法官没有抽象的说教。他分析到了几个法律的基本原则，首先，在无过错的两人之间，应该由有能力的人承担责任；其次，谁受益谁承担赔偿责任；再次，谁有控制权谁承担赔偿责任。法官视这些为一种公平。具体而言，法官分析了三个方面的因素，即成本的分摊、损失的最小化和受益人消化风险。

---

* Becker v. Interstate Properties, United States Court of Appeals, 3rd Circuit, 1977. 569 F. 2d 1203, cert, denied 436 U. S. 906, 98 S. Ct. 2237, 56 L. Ed. 2d 404 (1978)

"借用人员规则"

张三是甲公司的雇员,甲公司将张三和他开的车一并出租给乙公司。张三在为乙公司工作的时候受伤,他应该找甲公司赔偿呢?还是找乙公司赔偿?谁是出租期间张三的老板?这个案件讲的就是这个问题。我们看具体真实的案件。

原告是一家叫做清水钻井公司的职员,他为公司铺设水管。被告是一家设备租用公司,它向清水公司出租挖掘机及操作人员。两家公司租用合同规定,被告公司向清水公司提供挖渠所需要的设备及其操作员,设备和操作员的租借报酬以小时计算。清水公司要求渠深达6英尺,挖掘机操作员警告说,如果如此深的沟渠得不到支撑的话,就会有危险发生坍塌,但清水公司仍然坚持要求操作员继续挖掘。最后,沟渠坍塌,原告受伤。原告将被告告上法庭,他认为操作员的过失挖掘行为导致了他的伤害,而被告是该操作员的雇主,被告因此要承担替代责任。审判法院作出了有利于被告的判决,理由是:操作员虽然是被告的职员,但在本案中,他实际上是在为清水公司工作,因此被告对操作员的过失不承担替代的责任。原告上诉,最后上诉到阿拉斯加最高法院,马修大法官出具了法律意见书。

大法官说,本案件中涉及的法律问题是雇主对其职员的替代责任。按照传统的理论,如果雇员在履行职务行为的时候造成了他人的损害,那么雇主要承担赔偿的责任,有时这个规则被称之为"长官债责制"理论。现代的观点是，每个企业都有不可避免的损失，雇员过失行为导致的损害，实际上是企业的一种商业成本。因此，一个职员的过失行为导致了他人的损害，企业就应该承担这部分损失。不过，这个理论也存在着例外，本案涉及的"借用人员规则"就是一个例外。一个公司将其职员借给另外一家公司使用，如果这个职员造成了他人的损害，那么由哪一个公司承担替代责任呢？一般认为，在这样的情况下，该职员被认为是在为借入公司工作，因此应该由借入公司承担替代责任，而不是由借出公司承担责任。即使该职员仍然是借出公司的职员，仍然由借入公司承担责任。

有时一个职员同时为两个公司行为，借用规则适用的时候，一般只能够由一方承担替代责任。在这样的情况下，就要确定由哪个雇主承担责任？大法官分析了两种判断的尺度。按照传统的方法，法院要依据"控制"因素，也就是职员在履行职务行为的时候，谁控制着职员的行为？其理论根源在于"有控制权的人有义务避免损害的发生"。但在实际上，两个雇主可能都对该职员的行为有控制力。比如，一般雇主有权解雇该职员，而特殊雇主有权控制该职员的具体行为。当法院强调一般控制权的时候，一般雇主要承担替代责任；当法院强调特殊控制权的时候，特殊雇主要承担替代责任。因为几乎在所有的案件中，一般雇主和特殊雇主都对该职员有控制力，因此最后的结果就要依赖于法院在具体案件中所愿意强调的因素。另外一种方法是确定"利益"因素，也就是看该职员的行为使哪一个雇主受益？但是，问题仍然存在，因为在具体的案件中，一个雇员的行为总是同时增进了两个雇主的利益。

在分析了现有规则的不足之后，大法官提出了自己的看法。他认为，在借用规则之下，确立"单一"的责任是不恰当的，由此应该引进"连带和补偿的原则"。依照这个原则，损害赔偿要在相关当事人之间合理地分配。这种责任不再是单一的责任，而是双重的责任，这个规则的应用虽然并非易事，但它的确直接提供了可行的方案。大法官引用法学家的观点和相关先例来支持这个双重责任原则。

基于以上的分析，大法官最后的结论是：修改下级法院的判决，发回重审。*

大法官在这个案件中，并没有给出明确的答案，而是给了法律的指导。这些指导至少涉及三个方面的原则和规则：第一，雇主的替代责任，第二，借用人员规则，和第三，单一责任和双重责任。对于第一个问题，一般的原则我们已经在前面案件中反复提及，这就是，雇员的职务行为导致了损害，其雇主要承担替代责任，责任的基础早期是基于代理关系，晚些时候是考察商业企业应有的成本和收益，也就是我们前面提到的公共政策和公共正义。但是，这是一个基本的原则，在实践中，其适用会碰到千差万别的具体问题，"借用人员规则"就是一个例外。后两个问题就涉及这个问题。一般而言，借用人员造成了损害，应该由"工作时实际上的雇主"承担替代责任。如何确定这个雇主，本案大法官列举了两个判断尺度，一是"谁有控制权"？二是"为谁的利益"？但是，这两个尺度在实践中也难把握，因为此类标准同样抽象。因此，大法官最后采取的"连带责任"或"双重责任"，只不过是一个折中的办法。这种多方面考察认定"老板"的方法，是英国法和美国法共同的发展趋势。

上面这个案件是美国的案例，我们来看看英国的情况。在一个1968年的案件中，法官认为，确定雇主和雇员关系，可以从这样三个方面来看：第一，雇员同意他将为雇主提供劳动和相关技术，与此对应，雇主给雇员工资或者其他报酬。第二，雇员明确和隐含地表示同意受雇主的控制。第三，合同的其他条款与雇佣合同相一致。在借用规则方面，贵族院有一个1947年的典型案件。这个案件的事实是，甲公司雇佣了张三开起重机，甲公司把张三和起重机租给乙公司。甲与乙两家公司合同约定，张三是乙公司的雇员。但是，甲公司仍然给张三开工资，并有权辞退张三。张三工作的时候过失伤害了他人。问题是：谁为张三的侵权行为"埋单"？也就是问：谁是张三的雇主？贵族院提出了如下的原则：第一，甲公司与乙公司的合同条款不是决定性的。第二，甲公司负举证责任，来证明张三是乙公司的雇员。第三，如果只是出租劳务，那么租借者是雇主；如果劳务和设备一并出租，那么就很难说租借者能够控制设备使用的方式。最后，贵族院还是认定甲公司是张三的雇主，要对张三的侵权行为承担替代责任。

拿英国贵族院的看法来看上面这个美国的案件，得出的结论是一样的。美国案件中，大法官发回重审，实际上就是对下级法院判决的一种委婉的否定。按照法官们的思路，出租人员和机器设备，操作设备的人员仍然是原来公司的雇员；操作人员发生侵权行为，仍然由原来公司承担替代责任。

---

* Kastner v. Toombs, Supreme Court of Alaska, 1980. 611 P. 2d 62

"非代理责任"

雇主与雇员之间替代责任的基础是一种代理责任,也就是说,雇员代理雇主为雇主的利益工作,雇员带来了效益,雇主受益;雇员带来损失,雇主也随之受损。如果某企业主聘请一个独立的承包人,那么他们之间就不存在着代理责任,因为独立承包人是为自己的利益在工作,而不是为聘请他的人在工作。但是在特定的情况下,企业主聘请了独立承包人工作,即使没有建立代理关系,企业主也要为独立承包人的侵权行为承担责任,这就是所谓的"非代理责任"。我们看下面具体的案件。

被告聘请了一个飞行员,让他用飞机从空中为被告的农作物喷洒一种叫做异狄氏剂的杀虫剂。这种杀虫剂是一种剧毒物质,比DDT毒性还要高出许多倍。飞行员在喷洒该杀虫剂的时候,污染了原告的池塘、毒死了原告水里的鱼、使原告土地价值减损。原告将被告告上了法庭,但是被告辩称,飞行员是独立的承包商,他不是被告的雇员,因此,被告不因为独立承包商的行为承担替代责任。初审法院作出了有利于被告的判决,判决理由也是基于飞行员是具有完全责任能力的独立承包商,不是被告的职员。原告不服判决而上诉,此案最后上诉到亚拉巴马最高法院,萧斯大法官给出了判决书。

大法官说,本案所涉及的一般规则是:一个独立承包商的过失行为导致了原告的损害,那么他自己应该承担责任,与承包商签订合同的当事人不承担替代的责任。但是,这个规则也存在着例外,比如,如果立约当事人对损害行为人的行为方式负有责任,那么即使损害行为人是一个独立承包商,立约当事人也要承担责任。这也就是说,如果一个人雇佣一个独立的承包商从事一项本质上具有危险的作业,那么这个人不能够使自己免除责任。大法官说,这是亚拉巴马州和其他许多州都认可了的规则。美国《法律重述·侵权法》对这个规则的表达是:一个人雇佣一个独立承包商从事一项工作,这项工作对其他人有着特别的危险,而雇佣者知道或者有理由知道这项工作内在的或通常的危险性,或者,当他签订合同的时候考虑到或者有理由考虑到这种危险性,在这样的情况下,当承包人没有采取合理的预防措施而导致了他人实际损害的时候,雇佣者就要承担损害赔偿的责任。

大法官说,为农作物喷洒农药所引起的诉讼近来经常出现。许多法院都将这类活动视为具有内在危险的活动,或本质上具有危险性的活动,因此就使原有的代理理论出现了一些变化,直接的结果便是使被代理人也要为独立承包商的侵权行为承担责任。大法官认为,亚拉巴马的立法机关将杀虫剂和农药视为危险品,已经通过了成文法来管理其销售、分配和使用。依照立法机关的成文法计划,这些产品必须要在农业和产业部注册。每个产品都要有标签来表明其毒性程度,并警告该产品在使用时的内在危险性。购买者也还要得到许可。飞行员在喷洒农药的时候,还必须持有执照,必须要事先通过农业委员会的资格考试。

大法官说,我们认定:在空中喷洒农药是一种本质上危险的活动,因此,当土地的所有人让独立承包商在他的土地上使用农药的时候,他就不能够使他豁免于责任。我们这样认定的结果就使那些从事特别危害活动的人承担一种严格的责任,而不管他是否尽到了最高程度的注意义务。就土地所有人的责任而言,承担责任的尺度仍然是"合理性",这种责任虽然不是一种严格责任,但也要为他设立这样的一种注意的义务：当其土地上存在着危险活动的时候，他就有责任采取预防的措施来保证第三人不受到伤害或者损害。最后的结论是：修改下级法院的判决，发回重审。*

替代责任的一般规则是，雇主要为他雇员的侵权行为承担替代责任，但是，当侵权行为人是一个独立的法人或者说是一个独立承包商的时候，独立承包商自己要承担侵权责任，雇佣人不承担替代责任或者代理责任。这个规则也存在着例外。在特殊的情况下，雇佣人也要为独立承包商的侵权行为承担赔偿的责任，在法律上，这种例外规则称之为"非代理的责任"。也就是说，当雇佣人让独立承包商为他从事危险作业的时候，他并没有将他自己的注意义务转让出去，他还要保证独立承包商尽到合理注意的义务；如果承包商造成了损害，雇佣人不享有豁免权。当然，这个例外也有范围上的限制，这个限度是独立承包商所从事的活动是一种"本质上危险的作业"，或者说该作业具有一种"内在的危险性"。在本案件中，这种危险作业就体现在空中喷洒剧毒农药，此外，其他危险性作业还涉及机动车的安全保障、公共建筑物中的土地安全和高压强电的安全。

这种非代理的责任，同样出现在英国法中。区分雇员和雇主在维多利亚时代是容易的，因为那个时代的雇主准确地知道他雇员工作的所有层面。但是到了现代社会之后，在实践中有时候很难区分一个"雇员"究竟是雇员还是独立的承包商。典型的"雇员"是律师、会计师和计算机专家。1952年，在贵族院的一个案件中，丹宁勋爵曾经提出一个新的区分雇员和雇主的标准，那就是"商业整体尺度"。如果一个人的工作是商业固有的部分，那么他就是该商业的一个雇员。一个独立承包商可以为该商业工作，但是他的工作不是固有部分，而是辅助的部分。以此为基础，我们容易区分贴身司机和出租车司机，职业记者和投稿者。但是，在实践中，该尺度也很模糊。在英国，这种"非代理责任"最典型的案件，实际上就是前面我们专门谈到过的那个"有错没错都得赔"案件，也就是那个磨房主的水淹了矿产主的土地的那个案件。磨房主所雇佣的独立承包商修水库，因为独立承包商的过失没有填充地下竖井，结果导致矿产主的损失。按照替代责任原理，水磨房主不对独立承包商承担责任。但是，贵族院认为，水磨房主修水库是在做一件"本身危险"的活动，他因此对独立承包商承担注意的义务，对独立承包商的侵权行为承担赔偿的责任，这是一种严格的责任。

在替代责任最后，要对这种案件的归责原则做一个小的总结。从英美法的情况看，美国学者认为，替代责任的法理基础第一是"雇主选择雇员的过失"，第二是"合理分摊损失的公共政策"，第三是"公司活动本身的危险性"。英国学者的看法是，第一，雇主"控制"着雇员的行为；第二，雇主在选择雇员的时候存在着"过失"；第三，雇员的工作是在为雇主的利益在工作。除了雇主选择雇员存在过失论之外，其他的法理基础都将替代责任归为严格责任。在英美侵权行为法的著作中，一般都把替代责任当作严格责任。在大陆法系，传统上也将替代责任视为严格责任。以法国民法典为例，从1804年拿破仑法典到现在，法国侵权行为法一直将过错责任作为侵权法的主导原则，有时候称为一般性条款，但是，在过错责任之外，也永远存在着严格责任，在1904年的法典中，严格责任有动物侵害责任，火灾的责任和替代责任。替代责任包括师父与学徒的责任，教师和学生的责任。后来，又加上了产品责任。

* Boroughs v. Joiner, Supreme Court of Alabama 1976. 337 So. 2d 340

"我为老板而抽烟"

你花多少，老板给你报销多少，你得意；你抽烟把宾馆给烧了，老板还帮你赔偿，你可以得意忘形。这样的事不是每个人都可以碰到，这样的福也不是每个人都可以享。下面这个案件的主人公就是这样的一个人，虽然带点悲壮色彩。

盖茨克是维格林公司的一个地区经理，他住在原告的汽车旅馆里。盖茨克的一切开销，包括住房、生活费用、洗衣和娱乐的费用全部由维格林公司承担。他每天大约上午6点起床，然后去维格林公司下设的餐厅主持工作，从上午7点一直工作到半夜12点或者凌晨1点，此外他24小时随时电话处理他辖区内维格林公司餐厅出现的问题。维格林公司没有限制他工作的时间和地点。盖茨克自称他是一个"一天工作24小时的人"。

那天，大约晚上12点或者12点半，盖茨克和其他三位餐厅同事乘公司的车回旅馆。到旅馆后，盖茨克和其中的一个同事决定去马路对面的酒吧喝点酒。他们在酒吧待了大约1个小时，盖茨克喝了4杯曼哈顿人牌白兰地，其中3杯要的是双份。其间他们在谈论准备开一家新的餐厅的事，还询问酒吧服务员如何调酒以及价格，因为他们想在新开的餐厅里卖酒。大约凌晨1点15分到1点30分，盖茨克和他的同事离开酒吧回到原告的旅馆。证人证明在这个时候盖茨克行动正常，没有酒醉的迹象。盖茨克回到自己的房间，坐在桌子前开始填写公司设计的支出表格。这种表格要求填表者将每天的开销详细地记载下来，届时由公司偿还给填表者。盖茨克用 5 分钟填完了这份表。在填表的时候，他抽着一支烟。记录表明，盖茨克每天抽两包烟。旅馆的女服务员也证明平时在打扫房间的时候，她发现烟灰缸里全部是烟头和烟灰。有时在桌旁的塑料垃圾筐里也有烟头和火柴。

盖茨克填完表后上床睡觉，然后房间起火。盖茨克逃出房间，而火势迅速蔓延。火灾给原告旅馆造成了 330360 美元的损失。原告提供的专家鉴定表明，火灾发生于盖茨克房间桌子旁的垃圾筐里或者筐旁边，起火的原因是燃烧的香烟或者火柴。火灾后，塑料垃圾筐已经烧成了小圆块，对塑料筐的 X 射线照片也显示存在有香烟的过滤嘴和火柴。

汽车旅馆状告盖茨克和维格林公司。陪审团认定盖茨克承担 60% 的过失责任，原告承担 40% 责任。初审法官认定盖茨克的行为不是履行其职务的行为，因此判定维格林公司不承担雇主的替代责任。此案件最后上诉到了明尼苏达州最高法院。

州最高法院的斯科特法官说，要确定一个雇员的事故行为是否由他的雇主承担责任，主要是要看他的行为是否增进了他雇主的利益。按照代理法律重述的解释，问题的关键之处是雇员是不是在为他的雇主履行职务行为。其他还要考虑的因素是雇员是否有权利如此行为，还要考虑该行为是否在特定的时间和特定的地点作出。最后，每个案件的具体事实也是要考虑的因素。就本案而言，这里需要弄清的是盖茨克抽烟的行为是不是他的职务行为。法官说，对这个问题法院有不同的看法，一种看法认为抽烟行为不是职务行为，而是他个人的行为。虽然他抽烟的时候他在工作，但是这个行为并没有促进他雇主的利益。另外的一种看法则认为盖茨克抽烟是一种职务的行为，只是在其履行职务行为的同时发生了一点点的偏差。而且参考以往的类似先例，盖茨克抽烟的行为可以认定在其履行职务的范围之内。法官说，经过仔细的考虑，本法院接受第二种意见的推理，也就是认定抽烟是在他职务活动的范围之内。合乎逻辑的结论因此是：一个职员吃、喝和抽烟的行为是在寻找他的舒适生活，这些活动会稍微偏离了他的工作，但是就法律而言，他在得到快乐的时候并没有放弃他的工作。接着，法官还分析了盖茨克在酒吧与他的同事讨论新开一家餐厅，询问酒吧如何调酒和酒价格，他回到房间填开销表，以及每天24小时工作的事实，法官认为这些行为都可以视为旨在促进他雇主的利益。法官最后的结论是：盖茨克的过失行为是一种履行职务的行为。法院因此认定：雇主应该为他雇员抽烟的过失行为承担替代责任。*

这个案件又涉及侵权行为法中所谓"雇主和雇员替代责任"的问题，前4个案件把道理都讲过了，这里唯一的补充是，判决后，盖茨克也许可以自豪地说：我为老板的利益而抽烟！

---

* Edgewater Motels, Inc. v. Gatzke, 1979 277 N. W. 2d 11

结　语

本书从"杀了你，还是阉了你"开头，以"为老板的利益而抽烟"结尾，目的只有一个，那就是使本书显得"好玩"一点。

本书以英美侵权行为法案件为主题，适当展开，让大家对法律有个直观的了解。"侵权"本来就是一个模糊的概念，从字面上理解，就是"侵犯了权利"，在这个意义上，任何一种违法的行为都是对他人利益的一种侵犯。西方专门侵权法律的形成有人追溯到12—13世纪，有人追溯到18—19世纪，当然，每个时代"侵权法"的含义不完全相同。不管如何理解"侵权"这个概念，有一点则没有大的争议，那就是说：侵权法是英美法的基础部分。对于传统的法律部门，比如犯罪法、合同法、财产法和宪法等，侵权法与它们相互竞争、相互影响、共生共长；对于新兴的法律部门，比如行政法、劳动法、环境法和经济法等，正是侵权法的进一步专业化发展诞生了新的法律部门。从本书的一百多个案件中，我们可以发现这一点，侵权法的范围太广了。正如一个美国法学家所言：我们总想给侵权法一个定义，但我们总是没有成功，有时候我们扩大了它的内容，包含了许多不属于它的东西；有的时候我们缩小了它的内容，漏掉了许多应该属于它的东西。

本书的案件事实和法官所用的规则，以及简短的评论，我曾经在《人民法院报》"法治时代"连载过，曾经有若干家出版社愿意出版此书，甚至是按照通俗书而不是专业书籍来出版。把法律当作通俗读物来写，并不是一件容易的事情。自古罗马法开始，法言法语就开始不食人间烟火，拿破仑制定《民法典》的时候就幻想着让老百姓读懂，但是他也没有改变法律远离日常生活的特点。到法律发展到 21 世纪的时候，让法律真正还原成生活本身也只能够说是一个神话。

　　本书搜集的一百多个英国和美国的案件，主要包括了三类：一类案件是所谓 famous case，也就是在社会中有公众影响的案件；一类案件是所谓 principal case，也就是重要的案件，是那些具有典型意义，可以在大学课堂上讲授的案件；一类案件是所谓 leading case，也就是开拓法律"新世界"的创新案件。

　　所有这些案件，都是当初可以登在大报头版头条的重大事件。其原因在于：其一，它们是发生于日常生活中的事件；其二，原有的法律不足以解决新的法律问题，法官们创立新的法律原则和规则来处理生活中新的矛盾和冲突。就本书的每个案件而言，都有三个组成部分：第一部分是对案件事实的客观描述，每个案件都是一个完整、生动和典型的故事，也是我们每天都有可能碰到的生活难题，喜欢读离奇故事的人应该对这个部分感兴趣；第二部分是法官的判决，法官利用法律的智慧具体而详细地分析和处理法律的纠纷，通过法律原则和规则的分析，为我们处理同类问题提供了良好的指导。喜欢琢磨法律道理和对法律智慧感兴趣的读者，应该会被英国美国法官的睿智所打动。第三个部分是本书作者的评析。在这里，作者把具体的案件与法律的历史和法律的理论结合起来，在法律实践的基础上进行法律形而上学的思考。喜欢法律哲学的人，应该能够有所启发。

　　"读下去，你能够找到你想发现的东西！"